法槌落下

山东莱芜法官断案说法

李 杰 主编

法律出版社
LAW PRESS · CHINA

本书由山东省莱芜市中级人民法院法官及莱芜电视台编导共同完成。

编委会名单

主　编：李　杰

副主编：毕于军　魏传杰

委　员：王洪伟　尚海军　陶　钧　邹学博　郑智勇　郭奉璞
赵景来　陈　刚　李淑芹　李　琴　王农泽　刘念波
高新江　张正升　蔚大鹏　邢攸军　刘　伟　周　伟
谷体钢　孟凡虎

作者(按文章顺序排名)

作　者：刘永刚　周　伟　王　珊　柳俊海　吕　霞　李文超
崔永振　郭奉璞　马　蕾　朱　琳　于晓敏　高新江
张耀海　焦玉兴　孙　磊　巩其云　李逢春　李莎莎
孟凡虎　亓　珉　亓雪飞　尹祥丽　王　艳　王冠之
梁广新　鞠荣荣　赵兴剑　张正良　尚凤霞　吴　峰
鲁爱军　郭丰国　翟慎平　尹　腾　王　玮　万　东
焦玉兴　刘念波　许光国

序 言 /

寻找“感受公平正义”的途径

文/李杰

当这部书稿摆放在案头的时候,我的心情颇有些不平静。

原因在于书中选录的 50 则个案都是我所熟悉的莱芜法院系统的案例;这些案件的承办人也都是我所熟悉的法官。

近年来,莱芜法院系统每年审理的案件都在上万起。身为司法者,我们最为清楚的一个事实在于,几乎每一起案件都和当地民众的工作和生活密切相关。

面对不断上升的案件数量和隐藏在案件背后的复杂的矛盾冲突,我们深知必须让每一起案件的审判工作像习近平总书记要求的那样“努力让人民群众在每一个司法案件中都感受到公平正义”。在此基础上,我们也在不断思考另一个问题,即如何从这些已经发生的矛盾纠纷或惨烈后果中总结经验,让这些经验成为镜鉴,从而减少同类矛盾冲突的发生概率。

但是,如同众所周知的那样,司法的过程或者案件的审理过程如同医生诊断病情并对症下药一样,是一项高度专业化的工作,法官依照事实和证据审理案件后适用法律做出的判断,并非每一位非法律专业人士都能清晰明了。换言之,通过何种途径让人民群众从每一起司法案件中感受公平正义也非常重要。

我们找到的途径之一,是以直观的方式呈现典型案件的审理过程。有鉴于此,莱芜市中级人民法院和莱芜市电视台合作开办了“以案说法”专栏。

收录在本书中的50则案例，每一起都是从莱芜法院系统每年审理的上万起案件中精挑细选的典型案例。这些案例的脱颖而出，是在遵循“当地民众的生活密切相关”的原则上，经过了法官选送、电视台栏目组严格审核的遴选程序。在确定案例后，案例的展示过程紧紧围绕着案件输或赢的判决结果背后的司法过程展开。由于采用了生动的画面和通俗的语言，通过“以案说法”栏目展示的个案获得了民众的认可，其中一些案例在当地引起反响。事实证明，我们是在通过讲述莱芜法治故事的过程中，传播莱芜法治好声音。

经过一段时间实践后，“以案说法”栏目播出的案例产生了两方面的影响。第一，是对司法者的影响。通过典型案件的审判，充分展示自身的专业素养和能力，而这样的判例也能带动周围的法官提升自身的价值和能力。第二，是对民众的普法作用。通过发生在自己身边的案例宣传法律，效果远远超出照本宣科的法律灌输。

由于上述良好的正面影响和效果，加之电视节目播出后难以收藏等局限，大家产生了把“以案说法”栏目案例结集出版的提议。在达成共识之后，莱芜法院系统的法官和莱芜电视台的编导携手共同完成这项工作，即对50则案件重新按照文字版的模式进行深度加工。呈现在我面前的，就是这部凝聚了近40人心血的书稿。

在书稿中，50则案件被归入十个大类之中，包括刑事、劳动争议、房产纠纷、合同纠纷、交通事故、生命健康权、家事纠纷、土地纠纷、知识产权和执行。顾名思义，这些类别的纠纷和民众生活离得很近。正因为这些案件非常贴近生活，我们在通过案例展示司法过程并在“说法”的同时不忘“说理”，即讲法律背后的情理。

“说法”的内容，不仅贯穿在全文的字里行间，而且以“法官点评”的形式让法官对每起案件的判案要点进行梳理与总结。例如，《“神医”背后的真相》一文记录的案件是以盗窃罪对被告人进行惩罚，而通过“法官点评”告诉大家，为什么对被告人没有按诈骗罪进行处罚，而是按盗窃罪进行处罚。

“说理”的内容，体现在每则案例的最后，以“本案小结”的方式呈现，意在告诉大家如何避免案件中的悲剧重演。例如，在《抚恤金之争》一文末尾，就有这样一段话：“在这里，我们也提醒大家，回报父母的养育之恩是中华儿女的传统美德，因此，在生活中不要为了一点利益就见钱眼开，令老人心灰意冷。如果当初大家能够坐在一起，各退一步，好好商量，一家人也不用打官司，事情也不会变得这么糟糕。”

通过一个个案例可知，我们的“以案说法”工作，是在寻找民众“感受公平正义”的途径，也是在寻找司法工作与社会的连结点，是“法治莱芜”的体现之一。换言之，这是在践行习近平总书记对司法体制改革的要求，即“司法体制改革必须为了人民、依靠人民、造福人民”。(作者系莱芜市中级人民法院院长)

目 录 /

壹 刑事类

形形色色的刑事案件背后,是一桩桩各不相同的人间悲剧。心胸狭隘之人的一次纵火,转瞬之间夺去三条人命、毁掉两个家庭;冲动之人的一场饮酒,就成为杀害一名长者的借口……

司法的作用在于让罪恶制造者得到恰如其分的惩罚,但它并不能改写悲剧的结局。

01 一把火引发的命案

俗话说:“水火无情,人有情。”

莱芜市中级人民法院曾审理了一起因纵火引发的刑事案件。被害人家属在庭审现场号啕大哭,痛苦万分。犯罪嫌疑人的妻子坐在旁听席上也几度哽咽,心急如焚。初步了解,纵火的起因源于生活中一件非常小的琐事,一念之差让犯罪嫌疑人失去理智,让本该安居乐业的两个幸福家庭家破人亡。

2014年6月20日上午9时整,在莱芜市中级人民法院庄严的第一审判庭内,审判长宣读了对被告人高某某的判决书,当宣读到“判处死刑”时,旁听席上传来高某某妻子的哽咽声,她再也控制不住自己的情绪,大声哭了起来。

突如其来的火灾

事情还要从一场火灾说起。2013年1月2日晚上9时左右,莱芜市消防支队接到报警电话,钢城区某小区发生火灾,情况十分紧急,消防队员们冲出门,火速朝现场赶去。

“当时火很大,整个楼道浓烟滚滚。”事后消防员回忆起当晚的情景时说,而小区的一位大妈在接受记者采访时说:“消防队员扑了十几分钟才把火扑灭。扑灭后,当时就发现出大事了,在楼道里隐隐约约看见躺着个人,看不清楚一个人还是两个人,当时看起来人已经不行了。”

虽然悲剧已经无可避免地发生了，当记者走进小区采访的时候，依然能从大妈的语气中感受到当晚紧张和恐怖的气氛。

大火扑灭后，消防队员从火灾现场发现两具尸体，消防队员拨打了“110”报警电话。“110”指挥中心立即指挥干警到达现场，迅速封锁并展开现场调查。经过缜密侦查，确定这是一起人为纵火案，并很快锁定犯罪嫌疑人。纵火者是这个小区的居民高某某。

小区某居民：“当时听到这个消息很吃惊，这个人平时还不错，人也很老实，也没听说他和谁有矛盾，他怎么会放火？不可能。”

高某某的邻居反映，高某某平常为人处世还不错，不是那种火爆脾气，他怎么会干这种事呢？而在审讯中，高某某交代了放火的原因，谁都没想到他的作案动机竟然如此简单！

2013 年 1 月 2 日，高某某下班后和朋友聚在一起喝了点小酒，晚上 9 时左右骑着摩托车回家。他发现自己经常停摩托车的位置被别人占用了，而楼道内其他地方也放满了自行车，高某某就把自己的摩托车放到了其他楼道里。就在他准备上楼回家的时候，高某某越想越生气，头脑一热就做出了一个让他后悔一辈子的决定。

高某某：“那个放车的位置是我的，我经常在那个位置放车，不知是谁占了我的地方，我就想吓唬他一下，以后不让他再占我停车的位置。于是，我就从储藏室里拿出了树枝和报纸，放到他车上点着后，就回家了。”

看着木材点燃后，高某某就摇摇晃晃地回到四楼的家中。回家后不久，他发现楼道里滚滚的浓烟顺着门缝钻到了自己家里，感觉不妙的他拿起电话拨打了“119”火警电话。

高某某：“我发现情况不好，就报警了，当时没想到会出别的事，以为只是烧了一辆摩托车。”

高某某纵火后，悲剧已经无法挽回了。

高某某家对面住着一家三口。吃过晚饭后，一家人正在高高兴兴地看电视。这时，他们突然听到声音异常，开门发现楼道里发生了火灾。危急时刻，妻子让丈夫赶紧抱起孩子逃命。此时的楼道里已经布满了浓烟，丈夫抱着孩子在楼道没走几步就窒息昏倒在地，丈夫和孩子再也没有爬起来。

邻居："当时扑灭了火，发现一大一小被熏死了。后来，听说他的妻子住进医院。在住院期间，她听说丈夫和孩子都没了，就从医院的楼上跳楼自杀了。一家三口都死了，太惨了！"

如果高某某放车的地方不被别人占用；

如果高某某没有烧摩托车；

如果被害人不抱着孩子逃生；

如果……

也许这场灾难就会躲过。但如果毕竟是如果，当所有的因素巧合地遇到一起，一场悲剧就这样发生了。

三项辩护意见能否为其脱罪

法庭上，控辩双方围绕被告人高某某主观心态、客观行为及危害后果展开了激烈辩论，高某某的辩护人提出三项辩护意见：

一、指控高某某犯放火罪"证据不充分"。

二、高某某主观恶性小，并不希望发生被害人死亡的后果。

三、被害人自救不利是本案发生严重后果的重要原因。

高某某的辩护人说："监控录像只能证实高某某回家了，不能证实其他，证人张某的证词说，他看到的是一位'陌生人'，而不是'高某某'。辩护人之所以认为其主观恶性不深，依据是通过本案庭审来看，高某某主观动机只是想烧掉占了车位的摩托车，并不是追求本案这种惨重后果的发生，主观是间接故意。本案后果严重，但高某某主观恶性不深，应与放火报复杀人的行为相区别。"

对第一项辩护意见，公诉机关提供了"高某某本人的供述"以及"作案工具打火机、现场勘查笔录、小区大门监控录像"，还有"证人尚某、张某的证言"。

公诉人认为，高某某的犯罪证据确实充分，直接证据还有证人尹某某的证言，证实放火系高某某所为。另外，间接证据即客观证据可以和直接证据相互印证。

公诉人说："监控录像、通话清单都能证实高某某的作案时间。张某证言和高某某供述相互印证，可以证明晚上 9 时 30 分左右在楼下三单元门口看到高某某,关于案发现场勘查笔录,也可以证实起火点在一楼楼洞。经分析可以认定高某某是在踏板摩托车上点的火,这与高某某供述可以相互印证,足以证实高某某放火的事实。”

对第二项辩护意见,公诉人认为:“主观恶性是通过客观行为表现的。高某某作案时间、地点是在一个相对封闭空间内,晚上也不易被人发现,面对整个楼道里二十余人的生命可能受到严重威胁,他还是选择放火。而事后高某某虽然存在打报警电话的行为,但消防队员在晚上10时16分赶至现场,10时20分将火扑灭,而高某某打报警电话的时间是10时25分,不仅不对自己的行为进行弥补,反而是一种掩饰,高某某面对自己生活了二十多年的老邻居,仅仅因占用车位这一件小事,就采用放火这一恶劣行为报复,可见其主观恶性极其严重。”

对第三项辩护意见,公诉人认为:“高某某的放火行为给楼内居民安全造成严重威胁,被害人逃生行为是由火灾引起的。在这种紧急情况下,时间又是晚上,我们不应苛求被害人能准确选择逃生方式,放火行为本身已经具有了发生危害后果的可能,而且两个人的死亡也确实是由火灾造成的,绝不能因此认定被害人存在过错。”

在听取了公诉人和辩护人的意见后,法庭又听取了被告人高某某最后的陈述,书记员一一记录在案。

最后,审判长宣布,法庭会根据庭审查明的事实和证据依法作出认定和评判。本案的裁判结果待合议庭评议后,呈报审判委员会讨论决定,并择日宣判。

2014年6月20日,莱芜市中级人民法院依法对本案作出判决。

判决结果

被告人高某某犯放火罪,判处死刑缓期两年执行,剥夺政治权利终身,并限制减刑。

法官点评

莱芜市中级人民法院法官对本案做了如下点评:

小区监控录像、证人张某的证言证实被告人高某某在案发前回到小区并在17号楼出现,证实了被告人高某某有作案时间。证人尚某等人证言证实案发前楼洞内的车辆放置情况,结合被告人高某某的供述证实了案发的起因。火灾现场勘验笔录、搜查笔录、物证打火机、摩托车、尸体检验鉴定书,结合证人的证言及被告人高某某的供述证实了被告人作案的地点、作案工具、放火经过及犯罪后果。上述证据相互印证,能够形成完整的证据链条,足以认定其犯罪行为成立。因此,辩护人关于“指控被告人高某某犯放火罪的证据不充分”的辩护意见不能成立,不予采纳。

被告人高某某虽不积极追求被害人死亡后果的发生,但高某某无视他人生命财产安全,仅仅因为停车的位置被占,就在夜晚于居民楼内故意放火报复,足见其主观恶性之深。因此,辩护人的关于“被告人主观恶性小”的辩护意见不能成立,不予采纳。

经查,被告人高某某夜间在居民楼内放火,足以危害楼内居民的生命安全,紧急情况下被害人下楼逃生并无不当。因此,辩护人“关于被害人自救不利存在过错”的辩护意见不能成立,不予采纳。

被告人高某某无视他人生命财产安全,因琐事放火,致二人死亡,引发一人自杀身亡,其行为已构成放火罪。对于被告人的量刑,合议庭在综合评判其主观罪过、客观行为、犯罪后果及其认罪悔罪态度的基础上作出评判。鉴于被告人高某某能如实供述其犯罪事实并当庭自愿认罪,能依法赔偿被害人亲属经济损失,认罪态度较好,可对其判处死刑缓期两年执行,同时考虑其犯罪情节十分恶劣,后果特别严重,决定对其限制减刑。

本案小结

一场火灾,毁了两个家庭,要了三条人命。

在这里,我们提醒大家,一种不良的情绪,一个不好的行为,给社会和他人带来了巨大的危害。高某某心中的怒火不仅伤害了他人的生命,同时也毁掉了自己的幸福。高某某的案件让人感触颇深。可以说,在我们身边每天都会发生各种各样的矛盾,我们需要正确地把握日常生活中的点点滴滴,树立良好的价值观和生活习惯,不要被不良的情绪控制了自己,以免给我们带来意想不到的恶果。(文/刘永刚　周伟)

02 酒后的疯狂

俗话说："好言一句三春暖，话不投机六月寒。"

在日常生活中，与人交流是一门学问，可是，并不是所有人都掌握其中的技巧。在交流中，有时难免会发生误会，特别是在饮酒之后，有人会表现得更加冲动，一言不合就会大动干戈，甚至还会造成流血事件。请看接下来这起真实的案例。

2016年3月16日，莱芜市中级人民法院第一审判庭内，审判长宣布开庭审理一起故意杀人案。

倒在血泊中的岳父

被告人栾某，男，44岁，莱城区和庄镇人。

2015年2月17日，栾某因涉嫌犯故意杀人罪，被莱芜市公安局莱城分局依法刑事拘留，同年3月4日被依法执行逮捕。

审判长："被告人，刚才公诉人宣读的起诉书的内容听清了吗？"

栾某："听清了。"

审判长："指控你犯什么罪？"

栾某："故意杀人罪。"

审判长："下面由公诉人讯问被告人栾某。"

公诉人："2015年2月16日，你岳父王某是否在你家被害死亡，是被谁杀害的。"

栾某："是的，被我杀害的。"

王某凤是栾某的三姨子，也是本案受害家属方的诉讼代理人之一。

据她回忆，农历腊月二十八那天，早晨起床后，大姐夫栾某邀请丈夫去做客，在大姐夫的家中，几个人中午喝了不少酒。下午 2 时，大姐夫给父亲打电话，让父亲去他家中拿鸡。下午 3 时，父亲拿上给大姐夫家买的馒头和豆腐，骑着三轮车就去了大姐夫家中。

栾某："当时我在酒桌旁边坐着喝茶，我岳父进门后，让我平时少喝点酒，因为二十多天之前，我岳父说过我一次，也是嫌我喝酒。我一听他又说我，我就很生气，和我岳父吵了起来。当时喝了大约 1 斤酒，具体怎么厮打记不清楚了。"

事情的经过是怎么一回事呢？

在庭审中，公诉人员宣读了被告人栾某在公安机关做的第一次和第二场讯问笔录。

公诉人："我（栾某）印象中是因为我岳父嫌我这两天光喝酒，再就是嫌我买的礼花炮多，我们发生了争吵。我们一直吵到院子里。争吵之后，我跑到客厅。争吵之后还发生什么，我为什么跑到客厅，我在客厅干了什么，我想不起来了。"

争吵中，翁婿两人互不让步，这让栾某非常恼怒。两人从屋内吵到了屋外，这时失去理智的栾某，做出了一个举动。

栾某："后来我和我岳父互相换着骂了，还互相厮打了。我俩在厮打的时候，我看到院子里水井旁有斧子，我用右手拿起它朝我岳父砍了几下，我真记不清砍到哪里了。砍完后，我回到北屋，我也想不起来到屋里干了什么。"

在公安机关的笔录中，栾某交代，砍了王某后，自己就进了房间。当他从屋里出来的时候，就看到王某平躺在地上。当时他脑子里"轰"的一下，赶紧跑过去用右胳膊揽起王某的头。

栾某："我看到我岳父满脸是血，额头上有一道横的伤口，长约十厘米。当时，我岳父还有气，他说'我可是为了你好'。我感觉到情况不好，知道坏事了，我杀人了，我浑身发软，顺势躺在了我岳父旁边，直到我三姨子和她的丈夫去了。"

栾某的三姨子夫妇怎么会碰巧来到现场呢？

原来在王某去大女儿家后不久，王某的妻子打过电话。当时，接电话的是栾某，在通话过程中栾某说了一句狠话，让王某的妻子非常不安。

公诉人："下午4时左右，我想让老伴回家盖草棚子，当时我让外孙给他打电话，电话接通后我接过电话，是栾某接的，栾某在电话里说'我早处理了那老熊了'并挂了电话。"

打完电话后，王某的妻子赶紧找到三女儿，三女儿又给父亲打电话，这时，电话已经打不通了，王某的妻子就更担心了，就想让三女儿骑车载着她去看看。

王某的妻子："我的三女儿没同意，她把我三女婿从床上叫起来，两人就骑车走了，这时是下午4时30分左右。到了第二天早晨，我的亲戚来我家，我才知道老伴死了。"

王某的三女儿很快就赶到大姐夫的家中，一进家门就看到了血腥的一幕，父亲倒在血泊之中，而在父亲身旁，大姐夫栾某瘫躺在地上。栾某的三姨子急了眼，过去就找栾某算账。

栾某："我三姨子踢了我肩膀一脚，她哭着骂我是汉奸，说老人哪里对不住我。当时，我和我岳父吵架，包括后来我用斧子砍我岳父时，没有别人在场。不管我岳父身上有多少伤，肯定都是我弄的，因为没有别人到过现场，是我用斧头砍死了我岳父，只是我实在想不起来到底怎么砍的他了。"

在庭审中，栾某承认是自己杀害的王某。

专家出庭阐述鉴定意见

人命关天，要想确定一起杀人案的犯罪嫌疑人，单凭一份口供是不能最终定罪的，那么，公诉机关会给法庭提交哪些证据呢？

法官："下面请公诉人就指控的事实向法庭举证。"

公诉人："首先出示一份现场勘验检查笔录及一份侦查人员现场勘查时的同步录像，证实案发现场情况及侦查人员勘验检查及物证提取情况。"

法官："被告人有无异议？"

栾某："没有。"

法官:“辩护人有无异议?”

栾某的辩护人:“没有。”

法官:“诉讼代理人有无异议?”

被害人的诉讼代理人:“没有。”

为支持上述指控,公诉机关当庭宣读并出示了保暖内衣、斧头等物证。户籍证明、死亡证明等书证。证人王某玲、王某凤等人的证言。现场勘验、检查、辨认、侦查实验等笔录。法医学试题检验鉴定书、法庭科学 DNA 鉴定书等鉴定意见。手机通话记录等电子数据。被告人栾某的供述与辩解等证据予以证实。

庭审中,莱芜市公安局刑事科学技术研究所工程师王兵出庭,对现场所留血迹的形成进行了阐释和推演,科学地分析了该血迹的形成过程。

法官:“你作为痕迹鉴定专家,根据法律规定,你需要对鉴定意见作如实阐述。如有虚假阐述,要负法律责任,你是否听清?”

王兵:“听清。”

法官:“需要签署一份保证书。”

王兵:“好的。”

公诉人:“在 2015 年 2 月 16 日,你是否在和庄派出所参与了栾某的人身检查?卷内的两份说明是否由你出具,你参与了现场勘验检查,你是如何得出保暖秋衣是栾某作案所穿的衣服和根据血迹分布推断出案发现场情况的?”

王兵:“(我)参与了,我出具两份证据。一份是幻灯片,说明照片来源,对血迹的类型、栾某头部血迹、所穿衣服血迹、双手血迹、所穿黑色服装、死者王某照片、斧头照片、平面图进行说明。”

法官:“被告人对鉴定人的意见有无异议?”

栾某:“没有。”

法官:“辩护人有无异议?”

栾某的辩护人:“没有,应当把幻灯片当作证据提交。”

公诉人:“出示完毕后当作证据提交。”

法官:“诉讼代理人有无异议?”

被害人的诉讼代理人:“没有。”

醉酒可否减轻处罚

庭审中,公诉机关认为,被告人栾某故意杀人并致一人死亡,犯罪手段残忍,情节恶劣,后果严重,其行为触犯了《中华人民共和国刑法》第二百三十二条之规定,应当以故意杀人罪追究其刑事责任。

诉讼代理人认为,被告人栾某故意杀人,手段特别残忍,情节极其恶劣,后果极其严重,不能因酒后犯罪、与被害人有亲戚关系而从轻处罚,强烈要求法庭对其处以极刑。

被告人栾某对起诉书指控的事实与罪名均无异议。

栾某辩护人的辩护意见是,被告人的行为应定性为故意伤害罪。被告人因酒精刺激,在神志不清的状态下作案,无杀人动机和目的。被告人到案后配合公安机关调查,认罪态度较好,请求法院宽大处理。

公诉人、诉讼代理人和辩护人发表意见后,法庭认为三方对事实和证据不存在争议。随后法庭归纳了本案的三个争议焦点。

一、被告人的行为是故意杀人还是故意伤害。

二、被告人在醉酒状态下实施的犯罪行为,对行为人的处罚在适用法律方面存在争议。

三、在量刑方面,诉讼代理人建议对被告人处以死刑。

根据法庭总结的三个焦点问题公诉人发表意见。

首先,公诉人发表了意见。公诉人说:"如何区分故意杀人和故意伤害,关键是主观心态。就本案来看,栾某的行为反映了主观心态,其不供述具体作案细节,从作案工具和打击次数、力度来看,均反映了主观故意,其所选择的工具是斧头,砍击头部数下。其选择打击次数之多,力度之大,足见其主观是故意杀人。"

公诉机关认为,醉酒不能影响被告人刑事责任能力,不能因为是酒后作案,无法回忆起作案的状况而认定他无刑事责任能力,对醉酒者辨认及控制行为的能力与正常人有区别,对是否影响其量刑及适用刑罚,应结合其实施的行为和后果进行综合考量。

公诉人:"栾某曾因醉酒受过刑事处罚,从其造成的后果来看,醉酒不足以对其从轻处罚。对本案的量刑,建议结合具体情节、后果进行综合考量。其悔罪没有具体的体现，被告人并没用实际行为表现出对被害人家属的道歉及物质赔偿。”

法官：“下面由诉讼代理人发表意见。”

被害人的诉讼代理人：“被告人的供述反映其主观目的和动机就是剥夺他人生命。打电话时说‘已经把那个老熊处理了’，就说明已经杀害了，其话语显示出主观目的和动机就是杀害，其完全具备杀害被害人的主观故意，其行为就是故意杀人罪。”

法官：“辩护人还有无新的意见？”

栾某的辩护人：“结合案发后公安机关对栾某安、栾某京、栾某春、栾某爱的调查，可以看出栾某平时表现不错，就是酒后容易失态。”

法庭辩论结束后，被告人向法庭作了最后陈述。审判长宣布本案的裁判结果待合议庭评议后，择日宣判。

2016 年 5 月 16 日，莱芜市中级人民法院依照《中华人民共和国刑法》等有关法律规定，依法对案件作出判决。

判决结果

一、被告人栾某犯故意杀人罪，判处死刑缓期两年执行，剥夺政治权利终身。

二、作案工具斧子一把予以没收。

法官点评

莱芜市中级人民法院法官对本案做了如下点评：

本案中，被告人对岳父的善意规劝心生不满，双方发生争吵并互相厮打。被告人随手捡起院中的利斧朝岳父的头、面部猛砍数下，致岳父因严重颅脑损伤而当场死亡。从被告人砍击的部位、力度、次数以及被害人头、面部的伤情，不难看出被告人砍击的力度之大、次数之多，直接体现了被告人积极追求被害人死亡的主观心态，其行为符合故意杀人罪的法律特征，应当以故意杀人罪对其定罪处罚。辩护人的辩护意见不能成立，不予采纳。

关于栾某辩护人所称“被告人因酒精刺激，在神志不清的状态下作案，无杀人动机和目的”的辩护意见。我国刑法规定，醉酒的人也应当负刑事责任。被告人对岳父的规劝不满，直接用利斧将其砍死，杀人的动机和目的直接而明显。辩护人的辩护意见不能成立，不予采纳。

本院认为，被告人故意非法剥夺他人生命，致一人死亡，其行为已构成故意杀人罪。公诉机关指控的事实和罪名成立，本院予以确认。被告人在案发之前，面对亲人的善意规劝，却以利斧相加，后果特别严重，本应严惩，念他在到案后能如实供认自己的罪行并当庭认罪，且本案发生在近亲属之间，他的妻子能主动承担丧葬等费用，可对他判处死刑缓期两年执行。

本案小结

在这里我们给大家提个醒，酒虽是好东西，少喝两杯怡情，多喝两杯壮胆。如果像本案中当事人这样，酒后一言不合就冲动，酿成的惨剧也只有自己承担，希望这个悲剧能给人们一些警示。（文/刘永刚　王珊）

03 “神医”背后的真相

今天我们说的这件事，相信大家通过一些媒体报道也早有耳闻，就是“神医”诈骗，算是老生常谈。这些“神医”是如何设置陷阱的，让受害人一步步陷入圈套，他们的手法有什么高明之处？他们的犯罪行为又会受到什么样的处罚呢？请看下面这个真实的案例。

2014年10月22日，莱芜市莱城区人民法院刑事审判庭，开庭审理了被告人林某某、张某某、邵某某、常某某盗窃一案。

多名被告人相互推卸责任

本案的第一被告人，名叫林某某，48岁，家住福建省莆田市。法庭首先对他进行了调查。

公诉人：“林某某，前期你们是怎么预谋的？”

林某某：“他们三个女的在一起讨论后，分工是李某某分的，我负责看人。”

公诉人：“你负责什么？”

林某某：“看人。”

公诉人：“看人就是望风吧？常某某负责什么？”

林某某：“常某某负责看人，负责望风。”

林某某的辩护人：“她们三个女的去行骗的时候，她们到底怎么骗的？到底怎么跟被害人说，这个事情你知道吗？”

林某某：“她们具体怎么说的，我不知道。”

审判长:“在预谋的过程中,谁参与意见?”

林某某:“她们三个人。”

审判长:“哪三个人?”

林某某:“就是老李、老张和邵某某。”

在庭审中,林某某交代,他在本案中只是一个“无名小卒”,做的也只是最简单的事情——望风,可是被列为第一被告人的他,真的是只做了这些吗?

接下来,咱们再听听其他几名被告人是怎么说的。

经了解,第二被告人,名叫张某某,60岁,家住山东省滕州市。

公诉人:“你们前期是怎么预谋的?”

张某某:“林某某找的我,让我去挣钱,他和常某某一起商量完之后来找的我。让我在一个地方等着他,在车上林某某和邵某某,还有邵某某叫来的李某某商量后,让我装看病的,去和人搭讪。我也不懂得怎么去做,结果邵某某主动过去和受害人说话。”

林某某的辩护人:“你们作案过程中,谁负责分工?”

张某某:“林某某和李某某,还有邵某某。”

听张某某说,林某某是本案的策划者和指挥者,自己一直听他的指挥,事情是不是像她说的这样呢,接下来我们再听听第三被告人邵某某是怎么说。经了解,邵某某,50岁,家住湖北恩施土家族苗族自治州。

公诉人:“你们是怎么商量分工的?”

邵某某:“怎么分工的我不知道,我就听林某某的安排。”

公诉人:“是你们五个人一起商量的吗?”

邵某某:“是。”

公诉人:“你知道其他人的分工吗?具体干什么?”

邵某某:“不知道,他们说话我也听不懂,我也不知道。”

邵某某说自己听不懂山东方言,山东人也听不懂她的话,自己充其量也就是个听从安排的小角色、小喽啰。在庭审调查中,第四被告人常某某和第三被告人邵某某说法相同,认为自己只是个跟随者。

公诉人:“你知道他们是去骗人吗?”

常某某:“不知道,他们说的没这样详细,只是说让谁去问路,让谁去偷听谈话,就这些事,所以我听不出来他们是去骗人,从一开始到实施,我什么也没参与。”

公诉人:“你看到他们作案了吗?”

常某某:“没有。”

公诉人:“你知道他们怎么作案吗?”

常某某:“不知道。”

常某某说,自己经营了一家汽车租赁公司,亲戚张某某找他用车,他才加入了这个团伙,但自己只是负责开车,没有参与具体的诈骗。李某某和林某某才是这起案件的主谋。在案发前,李某某已被司法机关另案处理。在庭审中,这四名被告人竟然相互推诿。

郑大妈的意外邂逅

受害人郑大妈讲述事情的来龙去脉。

2013 年 12 月 6 日,63 岁的郑大妈,像往常一样准备去超市买菜。这时,一名中年妇女神色焦急地上前搭讪,打听居住在附近的一名“神医”。她说自己家里有病人,急需找到这位“神医”为家人治疗。

郑大妈回答:“不知道。这时从旁边过来了一个老太太,她说她知道,她说这位‘神医’医术很高,能治疗血压高、血糖高、血脂稠,并且药到病除。当时,我就想自己也有一点血糖高,我就跟着她去了。”

郑大妈对这名妇女的话产生了好奇,一下子来了兴致。三人当即决定一起去找“神医”看病,郑大妈没有注意到,她们的身后有一名形迹可疑的男子正步步紧跟,把她们的对话也是听得一清二楚。而此时的郑大妈浑然不知自己将要走入一个可怕的陷阱。

郑大妈与这两位陌生人拉着家常,很快就来到了一个居民小区。这时,从小区里走出一名自称是“神医孙女”的人,她热情地和带路女子打起招呼,还说起上次看病的事。

一番热情的聊天之后,“神医孙女”端详了一下郑大妈,很快便说出了郑大妈的年龄和来意,还说她有个儿子,把郑大妈说得目瞪口呆,这可真是神了!“神医孙女”解释说,刚才下楼前她爷爷告诉她的。这样一说,郑大妈心里那叫一个服气呀!还没见面,就把自己的情况掌握得一清二楚,看来此人还真是一位“神医”呀!

儿子将有血光之灾

虽然没见到“神医”，但是“神医”的神奇之处已让郑大妈佩服得五体投地。“神医孙女”先问了另一名妇女的情况，然后说她爷爷看病不要钱，只要拿出一定的诚心，就是把家里的钱财拿来，做“法事”破解一下，然后再原封不动地还给她，病也就好了。那名中年妇女听后，马上就回家拿钱去了。就在这时，“神医孙女”突然上下打量起郑大妈，把郑大妈看得心里发毛了，这到底是怎么回事呢？

郑大妈说：“她就说，你儿子有点血光之灾。当时听她这么一说，我就急坏了，那可怎么办呀？”

听说儿子有血光之灾，郑大妈吓得腿都软了。儿子的事就是天大的事，她还指着儿子给养老呢，儿子可不能有任何的闪失。这可怎么办呢？“神医孙女”告诉郑大妈，不要着急，虽然儿子有血光之灾，却有破解的办法。

郑大妈说：“她就和我说，你今天碰见贵人了，我能给你破解了。我说怎么破解？她说你回家拿点金银首饰，拿点现金，拿来我不要你的，给你‘烧吧烧吧’，破破‘妖气’，你回去就好了。她还告诉我，这事不能告诉家里的其他人，让我把手机关了。”

郑大妈一听这事有破解的方法，还凭空多了一位贵人，激动得连下跪拜谢的心都有，哪里还有明辨是非的能力。于是，在另一名妇女的陪同下，郑大妈把家里所有的金银首饰，连同二十多万元的积蓄，全部取了出来。她心急火燎地跟着那位贵人，又来到了“神医”居住的小区。这时“神医”依然没有出现，还是“神医孙女”在楼下接待了她。

郑大妈说：“我把二十万元钱拿出来之后，她又让我把手镯和项链给了她。‘神医孙女’说，她家不能随便进的，要不就不灵了，你在外面等着，在外面闭着眼睛磕九十九个头。说完了‘神医孙女’就上了楼，说去家中请她爷爷给我破解。”

就这样，郑大妈怀着一颗敬畏的心，把所有钱财和首饰都交给了“神医孙女”，让她来破解儿子的血光之灾。此时的郑大妈对“神医孙女”言听计从，趴在地上为儿子虔诚地磕头祈求。可是，郑大妈磕了十几分钟的头，也不见“神医孙女”下楼，于是她上楼寻找“神医”，在敲开了几户人家后，不但没有找到“神医”和他的“孙女”，连同她那份大大的“诚意”也不翼而飞。

郑大妈一下子慌了神，难道是遇到了骗子？这可是自己一辈子的积蓄，欲哭无泪的郑大妈联系了家人，在家人的陪同下报了警。

此时，这五名犯罪分子早已带着郑大妈的钱和首饰逃之夭夭了。随后，莱芜市公安机关立即成立专案组对案件进行侦查。2014 年 4 月，在山东滕州市公安的配合下，公安机关将四名嫌疑人抓捕归案。

公诉人：“对于赃款赃物的分配，你们是怎么商量的？”

林某某：“都是大家一起商量的，平分。”

公诉人：“首饰也是平分的吗？”

张某某：“金银首饰，我分了一点点。”

公诉人：“谁分的？”

张某某：“林某某分的。”

公诉人：“钱呢，怎么分的？”

张某某：“林某某和邵某某分的，给我多少我收了多少。钱我分了四万元，金银首饰我卖了 1600 多元。”

在这个并不高明的骗局里，郑大妈是怎么一步步跌进这个陷阱里的？我们再来梳理一下整个事件的来龙去脉。

莱芜市莱城区人民法院的法官说：“本案五名被告人，他们分工配合比较密切。首先由第二和第三被告人，贴近本案的被害人，套取被害人家庭的基本情况，然后由尾随的一名被告人，将听到的被害人的家庭情况，通过打电话的形式，告诉另外一名被告人，这名被告人冒充‘神医孙女’。在交谈中，她谎称郑大妈的儿子在几天之内必有‘血光之灾’，必须将家里的现金和贵重物品进行开光，这样就可以把灾气化解掉。郑大妈信以为真，将以上的贵重物品，交给她开光化解。然后，在郑大妈磕头祈福的时候，他们寻找机会携款潜逃。这名‘神医’其实并不存在。所谓的‘神医’，是本案的几名被告人虚构的。”

2014 年 11 月 12 日，莱城区人民法院依照《中华人民共和国刑法》第二百六十四条中的规定，作出判决。

判决结果

一、被告人林某某犯盗窃罪,判处有期徒刑3年3个月,并处罚金人民币2万元。

二、被告人张某某犯盗窃罪,判处有期徒刑3年2个月,并处罚金人民币2万元。

三、被告人邵某某犯盗窃罪,判处有期徒刑3年2个月,并处罚金人民币2万元。

四、被告人常某某犯盗窃罪,判处有期徒刑3年,并处罚金人民币2万元。

据了解,本案中另一名犯罪嫌疑人李某某已被另案处理。

面对判决,四名被告人流下了悔恨的泪水,即便他们的家人向受害人郑大妈做了一定数额的赔偿,也避免不了法律对他们的惩罚。

张某某:"哪怕拾破烂,我也得赔偿受害人的损失。"

常某某:"触犯了法律,我愿意接受法律的惩罚。"

老年人受骗的原因

近年来,莱芜市已连续发生多起"神医"诈骗案,受害人都是60岁左右的老年人,作案时间都是选择在白天,而且骗子们作案时手段并不高明。可是在短时间内,骗子为何屡屡得手?

原因一:老人和社会"交流"少

所谓的消灾诈骗并不是新出现的,早在几年前媒体就有过相关的报道。其实根本没有所谓的"神算",对方在和你攀谈过程中,另外一个人手持手机进行录音,将受害者的信息传递到团伙中,造成"神算"的假象。受害者多数都是和外界交流较少的老人,过于迷信。所以,建议家属应向老人传递相关知识,提高防范意识。

原因二:利用老人特别关注家人的心理

上了年纪的老人本身在心理上特别关注自身的健康和家人的安危,骗子就是抓住了这个心理。多数老人抱着"宁可信其有,不可信其无"的想法,愿意用自己最大的能力换取家人的平安健康。因此,建议子女们常回家看看,多和老人沟通,这样也能让老人安心。

原因三:骗子摸透了趋利避害心理

从心理冲突的角度分析,每个人基本都具备对风险的戒备和防范心理,上当受骗者也不例外。只不过他们的戒备心理在遇到多种需求和多种选择时,被弱化了。

法官点评

莱芜市莱城区人民法院法官对本案做了如下点评:

在本案中,五名被告人虽然虚构了事实,骗取了被害人的信任,说是由她临时保管这些现金和金银首饰,在开光消灾后再归还给受害人。但他们在拿到这些贵重物品后,趁其不备,携款潜逃,这属于是秘密窃取他人财物。所以,本案没有按诈骗罪对四名被告人进行处罚,而是按盗窃罪进行处罚。

本案小结

现在再回头看看"神医"行骗的过程,咱们感觉挺可笑的,而且是漏洞百出,可总有人深信不疑。本案中,这些所谓的"神医",其实正是利用了老年人对家人的担忧和迷信的心理,进行了诈骗。在此,我们也给大家提个醒,当您遇到这类情况的时候,千万不要听他们的忽悠。(文/柳俊海　吕霞)

04 讨债乌龙案

——记一起亲情背后的“妨害作证”案

亲情是人类与生俱来的一种情感，是维系社会和谐最基本的纽带，所有的情感得到升华后往往成为亲情，它是人间最美的一种情感。然而，当遇到债务纠纷、财产分割等问题的时候，人类的亲情和友情又显得那样脆弱，相互欺骗、尔虞我诈从未停止上演。下面要讲述的是一起发生我们身边的经济纠纷案件，而与之不同的是，这起案子因亲人的“帮忙”，最终演变成了犯罪。

2014 年 11 月 4 日，在莱芜市莱城区人民法院刑事审判庭内，审判长、人民陪审员共同组成合议庭，开庭审理了一起特殊案件。

消失的债务人

庭审中，审判长查明了第一被告人和第二被告人的身份。

秦某钢，男，汉族，初中文化，莱城某食品公司经理。

秦某辉，男，汉族，初中文化，无业。

两名犯罪嫌疑人都姓秦，他们是什么关系呢？

从公诉人宣读的起诉状中，人们能获取这样一段信息，本案是由莱城公安分局侦查终结，以秦某钢涉嫌妨害作证罪，秦某辉涉嫌帮助伪造证据罪于 2014 年 8 月 19 日向检察院移送审查起诉。

审判长：“被告人秦某辉退庭候审。被告人秦某钢，你对起诉书指控的事实及罪名有无意见？”

被告人秦某钢：“没有意见，起诉书指控的犯罪事实属实，中间说是我为了规避债务不属实,我是为了预防债主去我家打砸抢的情况出现,才让秦某辉顶名提起的虚假诉讼。”

审判长:“下面请公诉人讯问。”

公诉人:“你和秦某辉之间是否存在真实的债权、债务关系?”

被告人秦某钢:“不存在。”

公诉人:“你和钟某等人之间是否存在真实的债权、债务关系?秦某辉是否知道?”

被告人秦某钢:“存在,秦某辉前期不知道。”

庭审进行到这里,人们好像还是一头雾水,在庭审现场提到的钟某又是谁,他们和本案存在什么样的关系呢?

据了解,2012 年 7 月,被告人秦某钢和钟某、王某等五人在中国银行办理了“五户联保”贷款业务,后来秦某钢没钱归还,其他四个人为避免对自身“信用”受到影响,帮秦某钢还了贷款及利息。

钟某:“他如果还不上贷款,会影响到自己的信用。”

王某:“信用这个东西,不好惹的,赔了买卖也不能赔了‘信用’,最后没办法,我们替他还上了贷款。”

钟某等人帮秦某钢还上了贷款,事情并没有结束。

几天后,秦某钢家里突然来了几个人,带头的便是钟某,他们是来要账的,这些都在秦某钢的意料中,一个钟头过去了,几个人最后商定,由秦某钢支付钟某等四人每月 12500 元的利息,等到第二年五月银行恢复了秦某钢的贷款信用后,再由秦某钢向银行申请贷款,用来偿还四个人的本金。可一年过去了,秦某钢不仅没有支付他们的利息,还失去了联系。

钟某恼怒地说:“跑了,啥都没说就跑了,我们几个关系都不孬的,还不上款可以再商量,跑了算什么!”

为了讨回垫付的贷款,气头上的钟某找了十几个人,来到了秦某钢的家里,二话不说就搬出一张茶几和几把椅子,在秦某钢家门口的马路上打起了牌。即便是这样,事情也没有得到解决,秦某钢还是迟迟不还他们的钱,也不给说法。

无奈之下,钟某等人找了另外一个帮忙的人,直接住进了秦某钢的冷库,以此催着他还钱。可就在这时,一个名叫秦某辉的人突然站了出来,说这个冷库是他的,他还拿出了一份法院的判决书,将催债的人“骂”了出去,这又是怎么一回事呢?

2013年年初,法院曾审理了一起案件,原告秦某辉将秦某钢告上了法庭,起诉秦某钢欠他130万元。经查实,法院依法对秦某钢夫妇名下的冷库及房产进行了查封。随后,法院根据秦某辉提供的证据下达《民事判决书》,判决秦某钢限期归还欠款。同年11月,在执行过程中,双方达成了和解协议。

协议内容

秦某钢将冷库26年的使用权转让给秦某辉作为抵债,协议签订后,由双方自行履行。

串通制造虚假诉讼

这座冷库明明是秦某钢的,怎么转眼换了主人呢?

此时的钟某等人还被蒙在鼓里,可是隐隐觉得这里边藏着猫腻,立即将此事举报至莱城区人民检察院。检察院在调查取证阶段,秦某钢迫于各方面的压力,向公安部门交代了问题。

庭审中,公诉人向秦某钢提问了一个问题,对案件事实进一步调查。

公诉人:“秦某辉转给你的130万元,是他的钱吗,之后这些钱怎样处理的?”

被告人秦某钢:“钱不是他的,我找一个朋友借的。”

据了解,秦某钢为了逃避还款的责任,曾向一位朋友借了130万元,这位朋友很快就答应了秦某钢的借款请求,并按照秦某钢的要求,把这笔巨款打到了秦某辉的账户里。几个小时后,秦某辉将这笔钱转给了自己的妻子,随后,他的妻子又马上把这笔钱回转给秦某刚的朋友。秦某钢为什么这么做呢?在庭审中我们能找到答案。

公诉人:“当时为什么通过银行转账的方式来交易?”

被告人秦某钢:“我到立案大厅咨询如何立案,他们回复说,大额借债纠纷需要银行对账单才能立案,所以,我才用银行转账的方式来进行虚假交易。"

秦某钢为了转移财产,他与秦某辉串通一气,制造了秦某辉向秦某钢转账的银行信息。也就是说,这是一张价值130万元的虚假借条,秦某辉为什么会帮秦某钢的忙呢?

被告人秦某钢:"在立案前,我就告诉秦某辉我经营状况不好,欠了很多钱,如果有人来抢东西闹事,你就说法院把这些东西判给你了,让秦某辉出面替我挡一挡。"

秦某辉和秦某钢是什么关系,他为什么会心甘情愿的帮助做假证。法庭调查中,他又会说些什么呢?

审判长:"秦某辉,你对起诉书指控的事实及罪名有无意见?"

被告人秦某辉:"没有意见,内容属实。"

公诉人:"你和秦某钢什么关系?"

被告人秦某辉:"我媳妇的亲哥哥。"

公诉人:"当时为什么要和秦某钢串通制造虚假诉讼?"

被告人秦某辉:"当时秦某钢只是和我说想让我顶个名,他害怕别人来抢他冷库的东西,当别人来闹事的时候,让我拿着法院出具的判决书给其他债主看。"

公诉人:"你对秦某钢和别人的债权、债务知情吗?"

被告人秦某辉:"不知情。"

通过秦某辉在法庭上的陈述,我们得知,之所以他心甘情愿地帮助秦某钢做虚假借条,有一个特殊的原因,秦某钢是秦某辉的大舅哥。

一张虚假银行借条

近年来,类似的亲情犯罪有明显提高的趋势,他们往往顾及亲情或者面子,实施一些不计后果的帮助犯罪嫌疑人隐瞒事实、提供虚假证据等行为,给社会带来了巨大危害,也给家庭造成了无法弥补的创伤。秦某辉在庭审现场如实地回答了公诉人的新一轮问题。

公诉人:"你们之间是否存在真实的债权、债务关系?"

被告人秦某辉:"不存在。"

公诉人:"当时秦某钢和你说这些的时候,你同意了吗?"

被告人秦某辉:“当时秦某钢和我说通过法院走个程序,具体的都想不起来了,他怎么说,我就怎么干,都是他让我去做的。”

审判长:“刚才公诉人问你,你说因为秦某钢告诉你,是怕有人抢他冷库的东西,才指使你向法院提起的虚假诉讼。秦某钢当时有没有告知你,为什么有人要抢他东西?”

被告人秦某辉:“没有,他没有告诉我,我当时想帮帮他。”

一张虚假银行借条,制造了一起“讨债乌龙案”。

在秦某钢的细心谋划和秦某辉的全力配合下,致使莱城区人民法院查封了秦某钢自己名下的冷库及房产,也恰恰达到了逃避债务的目的。一份判决书仿佛昭示着逃避债务的合法性,这给社会造成了恶劣的影响,但法网恢恢疏而不漏,又怎容得下不法分子的犯罪事实。

法庭调查结束后,进入法庭辩论环节。

秦某钢的辩护人:“对罪名无异议。第一,秦某钢是自首。第二,秦某钢无前科,初犯,当庭自愿认罪,悔罪。第三,这一行为虽然造成法院错误裁判,但是,并没有造成不可逆转的后果,可以通过纠错系统进行改正。综上,建议对秦某钢定罪免刑。”

审判长:“秦某辉辩护人发表辩护意见。”

秦某辉的辩护人:“对罪名无异议。第一,秦某辉是自首。第二,秦某辉认罪、悔罪。第三,初犯。第四,犯罪前一贯表现良好。第五,主观恶性不大。第六,社会危害性小。综上,建议对秦某辉免予刑事处罚。”

审判长:“根据法律规定,被告人享有自行辩护的权利,两位被告人有无自行辩护的?”

被告人秦某钢:“我做这个事不是为了规避债务,而是为了预防发生恶性事件,我非常后悔,平常不学法不懂法犯了这个错误,我希望法庭能给我一个改过自新的机会,请求宽大处理。”

被告人秦某辉:“我现在知道做这个事违法,希望从轻处罚。”

2014 年 11 月 14 日,莱城区人民法院依法作出一审判决。

一审结束后,两名被告人以“量刑过重”为由向莱芜市中级人民法院提起上诉。二审法院审理后,维持了一审判决中对秦某钢的定罪量刑部分,又重新认定了秦某辉的自首情节,刑期由原来的 18 个月减少到14个月。至此，案件审理全部终结。

判决结果

一审：

秦某钢犯妨害作证罪，判处有期徒刑2年。

秦某辉犯帮助伪造证据罪，判处有期徒刑1年6个月。

本案中，秦某辉的妻子涉嫌帮助伪造证据罪，但情节轻微，不构成犯罪，对于她的违法行为，依照《中华人民共和国民事诉讼法》的有关规定，莱城区人民法院已作出其他处理。

二审：

维持秦某钢的定罪量刑。认定秦某辉有自首情节，判处有期徒刑1年2个月。

法官点评

莱芜市莱城区人民法院法官对本案做了如下点评：

秦某钢为规避债务指使他人作伪证、实施虚假诉讼，导致法院做出错误裁判，严重妨害人民法院的正常审判秩序，其行为已构成妨害作证罪，而作为妹夫的秦某辉帮助秦某钢伪造证据，实施虚假诉讼，其行为构成帮助伪造证据罪。两人之间的特殊关系是秦某辉触犯刑律的关键因素，秦某辉作为秦某钢的妹夫，在意识到秦某辉的犯罪行为的时，碍于面子，没能及时劝阻，反而帮助其实施犯罪行为，最终酿成苦果。

莱芜市中级人民法院法官对本案做了如下点评：

在本案中，之所以重新认定上诉人秦某辉的自首情节，是因为秦某辉经公安机关口头传唤到案后，如实供述了自己的罪行，系自首。但综合其犯罪情节及社会危害性，对其不宜适用缓刑。原审判决审判程序合法，对上诉人秦某钢定罪、量刑正确；对上诉人秦某辉定罪正确，但认定上诉人秦某辉不构成自首错误、量刑不当，应予纠正。

本案小结

近年来，亲情犯罪和亲情之间共同犯罪频发，引发了全社会的关注与思考，但真正做到预防和减少这种犯罪现象，需要组织和动员社会各方面的力量，共同参与、齐抓共管、多措并举、综合施策，才能用“道德”和“法律”真正构筑起亲情犯罪的“防火墙”，努力使这种犯罪给社会带来的危害性降到最低。另外，在生活中，我们有些事能帮忙，有些事不能帮忙，在遇到“亲情帮忙”时，一定要冷静思考，有时候学会拒绝，也是对美好亲情最有效的保护。（文/刘永刚　李文超）

05 被友情蒙蔽的双眼

有一种行为经常发生在我们身边，那就是“混江湖讲义气，为朋友两肋插刀”。但是，帮朋友讲义气也要有原则，否则，这种行为可能会酿成大错。莱城区人民法院就审理了一起案件，因为讲义气，为兄弟出头，一名市民因此站到了被告人席。

审判长：“莱城区人民法院刑事审判庭，今天在这里公开开庭审理由莱城区人民检察院提起公诉的被告人曹某某涉嫌犯合同诈骗罪一案。”

此时，坐在被告席上的曹某某蓬头垢面，胡子拉碴，一脸的狼狈相。很难想象他曾有一份非常体面的工作，收入颇丰。他到底碰到了什么事，让他落到今天这种地步？曹某某说，这都是帮忙惹出的麻烦。

不求利，只为帮朋友

2010年7月底的一天下午，曹某某的朋友张某某找到他，说自己需要一笔钱，想让曹某某帮个忙。

曹某某说：“我的朋友张某某去一家抵押公司，我帮他把一辆车给抵押了。”

把自己的物品用来抵押换钱急用，这是现在许多典当行开展的一项普通业务，因手续简便，贷款快捷，颇受欢迎。可是，张某某押车贷款可没这么简单，因为抵押的车不是他的。

曹某某：“他们最初的时候也办过这种业务，就是租了车去抵押，他们把手续做好后，让我冒充车主，帮助抵押借款。”

公诉人：“你说一下参与过的第一起租车借款事情？”

曹某某：“第一起，我没有去租车，伪造合同用我的身份证，我知道这件事，去时我没有下车。当时，张某某告诉我说，原先抵押过很多车，没有‘生面孔’了。让我去帮个忙，让我当车主，后来去济南，我只是去签个名字。”

原来，张某某的几个朋友都曾经假装车主抵押过车，在放贷公司已经成了熟面孔。为了让放贷公司不起疑心，张某某找来了“生面孔”曹某某。

在了解了朋友的来意后，仗义的曹某某拿出了自己的身份证，配合“哥们”伪造了所租车辆所有人的信息。篡改车主信息骗取贷款，虽然曹某某明知这是违法的，他为什么还会爽快地答应了朋友的请求？

审判长：“第一起借钱时，谁让你去的？”

曹某某：“张某某，他把我的身份证信息改成车主的信息后去借钱，我记得这次借了2.8万元，扣除利息，没有给我好处费。”

既然不是为了利益，不是为了好处，那是为什么呢？

曹某某：“我非常相信朋友。”

就算是相信朋友，也不能毫无底线。按照常理说，依曹某某这个年龄的生活阅历，不会做出这种蠢事。

曹某某：“当时他说是一个月以后就赎回来，当时他要不说一个月就赎回来的话，我也不会帮这个忙。”

张某某给曹某某吃了颗“定心丸”，曹某某也就相信了朋友一定能把钱还上，也一定会把车赎回来的。所以，即使知道张某某租车是为了骗钱，但为了维护朋友之间的友情，他决定出手相助。

公诉人：“你知道他们这是骗钱吗？”

曹某某：“知道。”

公诉人：“你为什么还要参与呢？”

曹红军：“我俩关系很好，他有困难我就想帮他一下。”

关系好就无法拒绝，对于仗义的曹某某来说，这就是他无条件帮助张某某的理由。

然而，曹某某的仗义相助让张某某不以为然，并肆无忌惮地加以利用。没过几天,张某某又一次找到曹某某,说以前去山东济南抵押了一辆旧车,放贷公司嫌车太旧,他想重新租一辆新车调换一下。这一次,张某某请求曹某某帮助的理由,相比第一次更显迫切和必须,更让曹某某无法拒绝。

曹某某:"原先他们自己从莱芜租赁公司租车,后来租赁公司的担保手续已经提升了,不是普通人能租出来的,必须要求国有企业或者国有正式职工担保才行,公务员最好。"

租赁汽车的条件一再提高,让张某某租车抵押的非法业务接连受阻,最终,张某某找到了当时还是国企员工的曹某某。在张某某花言巧语的攻势下,曹某某终于被友情蒙蔽。优越的工作关系和仗义的友情,成了犯罪分子违法犯罪的垫脚石。

曹某某:"我当时是在一个国企上班。他找到我以后,我去单位开了一个收入证明,就去做了担保。"

审判长:"第二起,租车的目的你知道吗?"

曹某某:"知道,租辆新的把先前的旧车换回来,租车要用正式工担保,我与张某某去的。"

公诉人:"你知道租车的目的是干什么吗?"

曹某某:"支付前一段时间租车的租赁费。"

公诉人:"前段时间的租赁费干什么了?"

曹某某:"租了车后,没有钱支付租赁费,通过再租车、再抵押偿还之前的租赁费。"

租车抵押,换取贷款

这些钱张某某一部分用来挥霍,另一部分偿还租赁公司之前的租车费用,然后,再租车抵押,再贷款挥霍,这样的恶性循环一直在继续。以前只想为朋友帮忙的曹某某,现在已经成了张某某租车诈骗可以依赖的"战友"。可是,张某某真的能游刃有余地操控这个越滚越大的骗局吗?

曹某某:"当第二起的时候,第一次租赁的车还没到期,他抵押的那个钱也没到期,我就大意了,因为没到期他不可能把车开回来,我又和他去租赁了一辆车。”

“相信朋友”，这是在庭审和采访过程中曹某某说得最多的一句话。到现在，我们真的不知道该给曹某某的仗义点个赞，还是该当头给他一棒，让他醒一醒。

曹某某：“我还是相信了他，又帮他做了第三次。”

接连三次，曹某某毫无条件，全力以赴帮助张某某，其中有一辆抵押车合同快到期了，因为无钱支付租赁费，张某某又一次找到了曹某某。

曹某某：“张某某给我打电话，说是没钱支付租赁费了，让我给租赁公司的账户打2000元钱，我就去打了。”

大家试想一下，如果正常情况下，自己有曹某某这样仗义大方的朋友，应该是一件挺幸福的事情。但是，张某某不仅没有珍惜这份友情，还继续愚弄他的这位朋友。不久后，再也无力继续这种骗局游戏的张某某，终于弃友而逃。

曹某某：“其实，他当初也没想着要骗别人的车，也是想在一个月之内给人家开回来，结果到了一个月以后，他没钱了就跑了，光剩下我自己了。”

在曹某某看来，也许最初的时候，张某某真的只想租车抵押，贷款救急。但是最后却演变成了肆意的抵押与挥霍，最终，已经没钱赎回所抵押的车辆。

曹某某：“当时我没参与担保的这辆车，我没赎回来。我参与担保租赁的那辆车，我自己都拿着钱给他赎回来了。赎回来后，我都给租赁公司送回去了。”

拿着钱赎车，然后，把车还给租赁公司。此时的曹某某依然没有意识到问题的严重性，他天真地认为把车赎回来，这事就算完了。但是，事情可不是他想得这样简单。

租赁公司说：“当时租我的车，其中有一辆到期了，但是他们以各种理由，拒不还车，我感觉有可能被骗了，我就通过车上的卫星定位，把车去开了回来，后来就联系不上他了。”

张某某逃跑了，让租赁公司也慌了手脚。为减少损失，他们通过车上的卫星定位，他们找回了一部分车。另一边，曹某某也在积极地找车、赎车,想方设法减少受害人的损失。虽然经过多方努力,但是,还是有一部分车没能找回来。

曹某某:“当时我就想,我有多大能力,能往回多赎一点,尽量挽回受害人的损失。可是他跑了以后,车找不着,我也没有办法。”

大家也许都有这种感觉,觉得曹某某挺委屈的,全心全意帮朋友的忙,到最后被朋友抛弃不说,还得替朋友收拾烂摊子。在庭审中,曹某某不止一次表达对张某某的信任,他和张某某是一种什么样的朋友关系呢?

曹某某:“他以前给我开车,后来就自己单干,然后,还借了我40多万元,到现在都没还。”

过去,曹某某有一辆大货车,用来跑运输,张某某曾是他雇用的货车司机。当年大方借给朋友巨款,现在又为朋友仗义出头,看来两个人的关系就是好。可是这么好的友情却被利用来犯罪,着实让曹某某伤心。

曹某某:“现在十分后悔,但是,后悔也已经晚了。”

曹某某现在复杂的心情估计我们也都理解,被知己好友抛弃,害得他锒铛入狱,这是他始料未及的。也许,唯有在高墙内,他才会有时间来反思这份扭曲了的友情。在庭审中我们了解到,张某某在案发后已被另案处理。

2015年5月13日,莱城区人民法院根据《中华人民共和国刑法》依法对曹某某合同诈骗一案作出了判决。

曹某某的经历,让我们唏嘘不已。其实在本案中,受害者不止曹某某一个人,还有汽车租赁公司和民间的小额贷款公司。针对本案,莱芜电视台记者走访了莱芜市多家汽车租赁公司,了解了这个行业的现状和所存在问题。

汽车租赁公司工作人员说:“这两年,汽车租赁太难干了,骗子的手法也越来越高明,有时真觉得防不胜防。”

汽车租赁公司经理:“车停在那儿,我睡不着觉,因为担心没生意。车租出去了,我更睡不着觉,因为害怕车被抵押或卖了。”

记者又走访了莱芜市几家典当行,他们也都是大倒苦水。

典当行经理:“我们典当行主要是为顾客救急的,他们手续齐全我们一般就会及时放贷。现在造假手段也很高明,有时对于他们所抵押物件的手续真伪性很难辨别。之前也有过他们造假来抵押车,后来真车主找上门来要车,闹得不可开交。”

曹某某:“我也提醒广大的朋友,结识朋友一定要交心,不要盲目地做一些不应该做的事情。现在十分后悔,但是后悔也已经晚了,现在心里很难受。”

判决结果

被告人曹某某犯合同诈骗罪,判处有期徒刑 3 年 4 个月,并处罚金人民币 3 万元。

法官点评

莱芜市莱城区人民法院法官对本案做了如下点评:

被告人曹某某,虽然没有获得实际的经济利益,但是,在共同犯罪当中,积极参与租赁车辆伪造车主信息,参与异地抵押借款,其行为符合合同诈骗罪的犯罪构成,应当以合同诈骗罪追究刑事责任。鉴于本案当中,两辆汽车均已被追回,同时曹某某归案以后,如实供述犯罪事实,均可酌情从轻处罚。

本案小结

今天的案例,让我们也再一次正视诚信这个话题。

现在,大谈建立诚信体系,提高人们的诚信意识,让每一个人的诚信记录都有据可查。我觉得这是朋友间最基本的信任和尊重,也得纳入诚信体系中。像张某某这样的人,就得把他拉入黑名单。这样,才能让那些仗义诚信的市民,成为弘扬诚信体系的正能量,共同构筑和谐社会。(文/崔永振　周伟)

06 游戏机背后的猫腻

近年来,有一种叫作赌博机的游戏机出现在游戏厅里,玩的人都觉得输赢靠运气,运气好的话可能赢上几把。可事实证明,这句话是错的,假如你和这种做了手脚的赌博机对弈,一定是逢赌必输。您别不信,看完本期案例,您就会了解其中的秘密。

2013年9月30日,上午9时整,在莱芜市中级人民法院第一审判庭内,审判长宣布开庭审理上诉人孙某、李某、张某等人涉嫌开设赌场罪一案。三名上诉人不服一审判决,提起上诉。

孙某,渔人码头动漫城经营者,家住济南市历下区。

李某,渔人码头动漫城经营者,家住济南市历下区。

张某,渔人码头动漫城员工。

陈某,渔人码头动漫城员工。

两个月获利60万元

审判长:“首先由审判员宣读莱城区人民法院(2013)莱城刑初字第×号刑事判决书。”

审判员:“2012年年初,被告人孙某、李某、陈某商议筹划在莱芜市开一家动漫城。三人商量由被告人李某投资30万元左右,被告人孙某、陈某负责日常经营管理。”

据调查,当时三人协商在盈利后,先由李某将投入资金收回,剩余盈利按照孙某分得40%,李某、陈某各分得30%的比例分红。2012年4

月，被告人孙某在莱城签订房屋租赁合同，开设渔人码头动漫城。几天后，被告人孙某招募被告人张某负责维修和调试游戏机设备。

审判员："2012 年 4 月，渔人码头动漫城开始营业，从这一年 6 月至 8 月，渔人码头动漫城内五台赌博型游戏机共盈利 592425. 35 元，其间，被告人陈某因工资问题于 2012 年 6 月初离开该店。被告人李某分四次从该店中取走非法盈利 172313 元。"

从 2012 年 4 月至 6 月，在短短的两个月里，渔人码头动漫城的赌博型游戏机竟然获利近 60 万元。

记者从网上找到了一段类似案件的视频。在这段视频中，记者化装成一般顾客走进一家商场，商场销售赌博机的店老板告诉记者，赌博机的程序自己可以设计，想让参与赌博的人赢，他就赢；想让参与赌博的人输，他就输。

动漫城里的这种游戏型赌博机，就是变形的老虎机。

2012 年 8 月，在接到群众举报后，公安部门对渔人码头动漫城进行了检查，发现该家动漫城设置了四台"摩尔乐园"单人型赌博游戏机和一台"渔民新村"大型赌博机，警方立即将工作人员带回调查。案发后，被告人李某、陈某主动投案自首。

2013 年 2 月，莱芜市莱城区人民法院开庭审理此案后作出判决。

一、被告人孙某犯开设赌场罪，判处有期徒刑 4 年 6 个月，并处罚金人民币 5 万元。

二、被告人李某犯开设赌场罪，判处有期徒刑 4 年，并处罚金人民币 5 万元。

三、被告人陈某犯开设赌场罪，判处有期徒刑 3 年，宣告缓刑 5 年，并处罚金人民币 3 万元。

四、被告人张某犯开设赌场罪，判处有期徒刑 3 年 6 个月，并处罚金人民币 3 万元。

不服一审，提起上诉

孙某等四人利用动漫城开设赌场，受到应有的处罚。一审判决后，孙某、李某、张某三人不服判决，向莱芜市中级人民法院提起上诉。

孙某:“量刑过重,从经营到案发,我没有获得一分利润。另外,四台摩尔乐园是合法的,经文化部门批准的。”

审判长:“针对孙某的上诉理由,检察员有什么意见?”

公诉人:“孙某,开设渔人码头动漫城,李某和陈某有没有分红?”

孙某:“一直没有。”

公诉人:“关于摩尔乐园,有没有上分、下分、退币功能?”

孙某:“有。”

李某是本案的第二位上诉人。在庭审调查中,他说,当初孙某提议开动漫城,自己曾经明确跟他们说过,要开设一家合法的动漫城,并没想开设赌场。他没有故意犯罪的恶意,因此,一审判决对他量刑过重。

李某的辩护人:“上诉人李某,你们到莱城经营动漫城后,购置‘渔民新村’这些设备,你是否知道是赌博机?”

李某:“不知道。”

李某的辩护人:“你什么时候知道这种行为是触犯法律的?”

李某:“在案发后。”

调查中,李某解释说在动漫城开业时,他还明确和陈某、孙某提出自己不参与管理。因此,他向法庭提出,自己在犯罪中起的作用较小,案发后自己还主动投案,积极退交违法所得,应对他从轻处罚。对于李某的辩解,公诉机关进行了讯问。

公诉人:“上诉人李某,从济南拉过来几部动漫机,原来没有退币口,到莱芜后才安装的,对吗?”

李某:“对。”

公诉人:“摩尔乐园有没有上分、下分功能?”

李某:“机器有退币功能我知道,上分、下分功能我后来也知道,但不代表我知道是赌博机,我在主观上没有故意犯罪的恶意。”

针对上诉人的意见,辩护人又对上诉人的意见进行了补充。

李某的辩护人:“对赌博型游戏机应鉴定,事实认定上证据有瑕疵,非法渔利含义不明确,是收入还是盈利。关于量刑同意李某意见,一审量刑偏重,上诉人自首及退赃情节在量刑时没体现,公诉机关的量刑建议应得到尊重,要求判处缓刑。”

张某是本案的第三位上诉人,他向法庭也提出意见,认为自己只是动漫城里的一名打工仔。在本案中,他既没有参与策划,也没有参与分成,自己的行为不能认定为主犯。对于张某的说法,公诉机关又进一步提出讯问。

公诉人:“上诉人张某,你原来供述提到‘渔民新村’‘摩尔乐园’也是你来维修和调试,这部分供述是否属实?”

张某:“不属实。‘渔民新村’难度不是我调的,是老板与厂家联系,厂家调好后,用手机发给我,我把数字输到赌博机上。我每月5500元工资,包括住宿费,其他人每月拿多少钱我不清楚。”

审判长:“公诉人有无证据出示?”

公诉人:“下面宣读张某2012年8月17日供述,孙某提到过他从事的技术是其他人不能掌握的,所以用高薪挽留。”

对于公诉机关的指控,辩护人认为,我国现行法律对开设赌场情节严重没有规定,上诉人张某应为一般情节。

张某的辩护人:“情节较轻,认罪态度较好,建议对张某判处缓刑。”

三名上诉人都认为量刑过重。孙某说,从经营到案发,他没有获得一分利润。李某说他没有故意犯罪的恶意。张某认为,他只是一个打工的,根据老板的指令工作,同时,动漫城没有未成年人参与,未造成严重后果。

二审判决出炉

面对三人的辩解,公诉机关会怎么说呢?

庭审调查中,公诉机关向法庭呈交了证人的证人证言、物证和书证。其中,有证人马某、王某、刘某等人证实,2012年8月到渔人码头动漫城一个叫“渔人新村”的游戏机上玩,并输了钱。另外,还有公安机关查获的两本记账本,证实渔人码头动漫城“渔民新村”赌博机的盈利数额,以及银行交易明细表等书证。

公诉人:“一审认定事实清楚,证据确实充分。上诉人的部分上诉理由不成立。一审认定数额正确,不构成开设赌场罪的上诉理由不成立,不属于情节严重上诉理由不成立,孙某、李某从犯意见不成立,张某从犯意见不成立,建议合议庭综合考虑。"

审判长:"辩论双方的辩护意见本庭已经听清,并已记录在案。辩论双方如果还有意见,可以在庭后以书面形式提交给法庭。法庭辩论结束。本案的裁判结果待择日宣判。"

2013 年 10 月 16 日,经合议庭认定,根据文化部、公安部联合下发了《关于进一步加强游艺娱乐场所管理的通知》规定,游艺娱乐场所一律禁止设置具有押分、退分、退币、退钢珠等赌博功能的电子游戏设施、设备。

审判员:"本案中渔人码头动漫城中的'渔民新村''摩尔乐园'游戏机,两款机型均具有退币及荧屏计分功能,应认定为具有赌博功能的电子游戏机。上诉人孙某关于摩尔乐园机型不属于赌博机、辩护人提出的需要进行鉴定的意见不能成立,不予采纳;另外,本案中上诉人孙某一直强调,在经营中没有获得一分利润,但在犯罪中,不管你有没有盈利,只要是犯罪,就要承担责任。"

对于李某辩称的无犯罪故意,法官:"在动漫城经营过程中,李某很了解经营状况,即使在经营之初没有犯罪故意,在营业过程中,其主观认识已发生了变化,具有了犯罪的故意。关于所起作用较小的辩称,法庭认为李某作为出资人。动漫城的幕后老板,虽未参与经营管理,但实际管理者孙某不定期向他报告经营情况,李某实际上是在遥控指挥动漫城的经营。他主动投案等事实可认定为自首,依法从轻处罚。"

在本案中,张某一直强调他只是一名打工者,最终法院认定他也是本案中的主犯。

法官:"被告人张某是李某从广州特聘的,赌博机的盈利全是凭张某的调试,在公安机关的案卷中,其供述游戏厅的其他人员无法调试机器,孙某等是用高薪将其留住的,他所从事的工作同样是共同犯罪不可或缺的重要组成部分,在共同犯罪活动中起主要作用的人员,依据刑法的相关规定应认定为主犯,但相对被告人孙某、李某作用较小,依法可酌情从轻处罚。"

法院认为,上诉人孙某、李某、原审被告人陈某以营利为目的共同筹划开设并经营管理赌场,供他人赌博。上诉人张某为经营赌场提供重要技术维护和帮助,四上诉人及原审被告人的行为均已构成开设赌场罪。原审法院认定事实和适用法律正确，量刑适当，审判程序合法。依照《中华人民共和国刑事诉讼法》第二百二十五条第一款之规定，裁定如下：驳回上诉，维持原判。

裁定结果

驳回上诉，维持原判。

法官点评

莱芜市中级人民法院法官对本案做了如下点评：

所谓开设赌场，是指提供赌博的场所及用具，供他人进行赌博，本人从中进行牟利的行为。开设赌场一般有两种方式：一种是开设者不直接参与赌博，以收取场地费、用具使用费或抽头获利；另一种是开设者直接参与赌博，如设置游戏机、吃角子机、老虎机或雇用人员与顾客赌博。

有时候，游戏机和赌博机很难区分，主要看是在赢钱还是在娱乐。可以说，在一台普通游戏机上安上一个电脑板，游戏机就马上成了赌博机。这样，经营者就可以用电脑板来控制机器，想让参与者赢多少就赢多少，想让参与者输多少就输多少。刚开始，经营者故意输点钱，让参与者尝到甜头，这样一来，赢了的人还想再赢，输了的人，就想捞回本钱。参与者不管是输了还是赢了，时间长了会越陷越深，最后输的却是自己。

本案小结

赌博或变相赌博害人害己，参与者往往会深陷其中，血本无归，有的甚至倾家荡产，家破人亡。在这里提醒大家，不管你是一个经营者，还是一个投资者或者打工者，只要是涉及参与到赌博场所，就是一种违法行为，将会受到法律的严惩；同时，也提醒广大市民，适当娱乐，远离赌博，才能深爱生活。（文/郭奉璞　李文超）

07 神秘的“斐梵国际”电子商务

众所周知，传销和变相传销具有严重的社会危害性，是一种扰乱经济秩序，影响社会稳定的违法犯罪行为。大量参与者往往是血本无归，深陷其中，不能自拔，有的甚至将自己的亲朋好友也拉入传销或变相传销的陷阱。下面要讲述的就是一起变相传销案。

被告人李某，女，山东省莱芜市人，斐梵国际俱乐部莱芜体验馆馆主，2012 年 5 月 20 日被刑事拘留，6 月 26 日被执行逮捕，2013 年 4 月 3 日被取保候审。

被告人王某，女，山东省临沂市人，斐梵国际俱乐部莱芜体验馆会员，2012 年 6 月 5 日被刑事拘留，7 月 12 日被执行逮捕，2013 年 4 月 3 日被取保候审。

审判长：“下面开始法庭调查，由公诉机关宣读起诉书。”

“斐梵国际”的美丽童话

公诉人：“‘斐梵国际’成立于 2005 年 10 月，是一个以善美精致生活体验馆为依托，以推销商品、开连锁店、为会员提供线下购物消费体验为形式，以发展人员的数量作为计酬、返利依据的组织。”

据了解，“斐梵国际”电子商务网站是中国香港人李某桦开办的，他以所谓的电子商务、3G 网店为噱头，在全国十几个省市以开展培训，发展下线进行网络营销。后来，其被山东省泰安市工商行政管理局、泰安市公安局依法认定属于传销组织。

2012年5月，在公安部的统一指挥下，北京、四川、山东等公安机关将主要犯罪嫌疑人抓捕归案。

2012年5月17日，山东省莱芜市公安局接到山东省公安厅转发的公安部通知后，将莱芜市涉案嫌疑人李某抓获。

公诉人："2008年11月，被告人李某加入'斐梵国际'，从事传销活动，通过发展直接、间接下线，升级为钻石会员，在2012年2月获得馆主资格。被告人王某是李某的体验馆会员。截至2012年5月，被告人李某直接或间接发展下线，共计320人，订单金额共计3325309元，其中，开卡金额3099875元，公司返还李某奖金共计286133元。"

2010年5月，被告人王某经李某介绍加入"斐梵国际"，直接、间接发展下线共192人，订单金额共计1883064元。

2012年6月，被告人王某到山东省莱芜市公安局投案。

公诉人："被告人李某、王某以推销商品、提供服务、开连锁店为名，要求参加者以缴纳费用购买商品的方式获得加入资格，并按照一定顺序组成层级，间接以发展人员的数量作为计酬、返利依据，引诱参加者继续发展他人参加，骗取财物，扰乱社会经济秩序，其行为触犯了《中华人民共和国刑法》第二百二十四条的规定，犯罪事实清楚，证据确实充分，应当以组织、领导传销活动罪追究其刑事责任。"

审判长："被告人听清了吗？"

李某："听清了。"

王某："听清了。"

审判长："指控你们犯什么罪？"

李某："组织、领导传销活动罪。"

王某："组织、领导传销活动罪。"

据了解，李某、王某都曾是一家保险公司的业务员，他们是如何进入传销组织、从事犯罪活动的呢？

李某："当时是泰安市的马某介绍我加入的。当时马某给我看了杂志，我认为是合法的。"

庭审中，李某说她并不知道自己在从事犯罪活动，她认为自己是受他人蒙蔽和欺骗的。这神秘的"斐梵国际"体验馆到底是经营什么业务，它怎么会让这么多人上当受骗呢，这种业务又为何涉嫌变相传销呢？

据了解，“斐梵国际”是一家披着合法外衣的电子商务公司，他们通过做宣传片、搞慈善活动等方式进行自我包装，让受害者产生信任，让许多不明真相的群众加入该组织，成为受害者，但随着时间的推移，有一部分人开始发展下线获取利益，逐渐欲罢不能，也成为施害者。

在这个组织中，参加人员购买产品套餐后，才能成为会员，开连锁店发展下线。当达到一定的级别后，其才有资格申请开设体验馆，才能成为“馆主”。

“金字塔”结构的奖励制度

公诉人：“李某，你们申请开体验馆，需要什么条件？”

李某：“达到子爵级别以上。”

公诉人：“晋级有什么要求？”

李某：“买够一定数量的产品，发展一定数量的会员，之后就可以进行升级。”

在百度百科上，这个自称是“一家提升全球女性幸福指数、塑造女性非凡人生为目标的‘斐梵国际’企业”，宣称其“是女性高端消费品牌的运营商，只做三件事：一是研发高端产品，二是打造高端品牌，三是为会员提供高附加值的增值服务”。

在公安部官方网站和新华网上，记者了解到他们研发的高端产品，实际上都是国内小工厂生产的，这些产品的成本价往往只占到出售价格的 10%甚至更低，3000 元的东西，价值只有几十元钱。而要购买这些所谓的“斐梵国际”高端产品，获得他们“高附加值的增值服务”，意味着消费者必须遵循一套游戏规则，即消费者购买 2980 元的产品成为“斐梵国际”银卡会员；消费 13980 元成为其金卡会员；再推广 4 个金卡，就成为钻石卡会员；再拉人，会成为男爵、子爵、伯爵等级会员，这其实是在变相收取入门费。

法官：“该传销团伙的作案手段颇为高明，他们采取虚实结合的方式，既在全国 17 个省份设有 69 家实体店——善美精致生活体验馆，又开设多家网络公司。所谓的‘网店’不过是幌子，宣称的‘国外名牌产品’几乎都是国内小工厂代为生产,该传销组织的生财之道并非卖产品,而是呈‘金字塔’结构的‘奖金制度’。”

据了解,加盟“斐梵国际”电子商务业务,金卡会员可以提其第一代下线管理消费回馈收入的30%,第二、三代的20%,第四、五、六代的10%。上线可享有16层下线当月消费额3%的奖励。就是在这种高额利润的引诱下,大量受害人趋之若鹜,纷纷拿出了多年的积蓄,甚至不惜四处举债,购买所谓的会员资格。

亲朋成为受害者

法官:“被告人在传销中,一般是介绍亲戚朋友参加授课沙龙、做美容体验、产品使用示范等,先是吸引这些人购买产品,然后告诉他们一次性购买价值13800元的产品,公司会赠送网站。通过这个网站,不但自己买东西省钱,还可以返利赚钱。如再介绍新的客户加入,就能根据发展客户的数量提取利润。”

在公安侦查案卷中,详细地记录了“斐梵国际”的规定,每发展一个会员上线都有提成,当月介绍的下线购物积分累计5000PV,可以得到奖励6000元。

在本案中,被告人李某为了升级,获取更高的会员资格、获得更多的提成,甚至自己掏钱为亲朋好友加盟办网站。

公诉人:“你替他们垫上钱开卡,这些也算入积分吗?”

李某:“也算。”

公诉人:“你替他们垫上钱开卡,公司给不给你们回馈?”

李某:“返给回馈,一个银卡返给600元,一个金卡返给1800元。返给的回馈都在我的电子钱包里。”

公诉人:“你一共发展了多少下线,回馈给你多少钱?”

李某:“我没有计算过。”

公诉人:“在机构里面,你总共提取了多少钱的报酬?”

李某:“十几万元钱。”

从2008年11月至2012年5月,被告人李某直接、间接发展下线达320人,订单金额共计3325309元。在庭审现场,公诉人向法庭提供了扣押的笔记本电脑、光盘、斐梵产品等物品以及李某和王某两个人的下线人员名单。奖金入账、奖金出账金额统计单、电子钱包明细单等书证、物证。被告人对上述证据没有异议。

审判长："由公诉人发表公诉意见。"

公诉人："各被告人认罪态度较好，可酌情从轻处罚，建议对各被告人适用缓刑。各被告人均有上线，综合全案来说也属于受害者，建议法庭可作为从轻处罚的情节。"

审判长："被告人自行辩护？"

李某："我也是受害者，我赔了十几万元，没有赚到钱，希望法院从轻处罚。"

王某："我认罪，感谢检察官对我们的理解，其实我们也是受害者，希望法官对我们从轻处罚。"

2013 年 7 月 18 日，莱芜市钢城区人民法院对此案作出判决。

判决结果

一、被告人李某犯组织、领导传销活动罪，判处有期徒刑 3 年，宣告缓刑 5 年，并处罚金人民币 15 万元。

二、被告人王某犯组织、领导传销活动罪，判处有期徒刑 2 年，宣告缓刑 4 年，并处罚金人民币 6 万元。

法官点评

莱芜市钢城区人民法院法官对本案做了如下点评：

《中华人民共和国刑法》第二百二十四条第二款规定：组织、领导以推销商品、提供服务等经营活动为名，要求参加者以缴纳费用或者购买商品、服务等方式获得加入资格，并按照一定顺序组成层级，直接或者间接以发展人员的数量作为计酬或者返利依据，引诱、胁迫参加者继续发展他人参加，骗取财物，扰乱经济社会秩序的传销活动的，处五年以下有期徒刑或者拘役，并处罚金；情节严重的，处五年以上有期徒刑，并处罚金。

这种犯罪的表现形式简单地说，一是被告人从事了传销活动。对于什么是传销，《中华人民共和国刑法》第二百二十四条明确了传销特征:(1)传销组织都有进门费,参加者要以缴纳费用或者购买商品等方式获得加入资格;(2)传销的组织结构特点是“按照一定顺序组成层级”;(3)传销组织计酬方式是“直接或间接以发展人员的数量作为计酬或者返利依据,引诱、胁迫参加者继续发展他人参加”。二是被告人是传销活动的组织者、领导者。传销活动的组织者、领导者就是指传销活动中起组织、领导作用的发起人、决策人、操纵人,以及在传销活动中担负策划、指挥、布置、协调等重要职责,或者在传销活动中起到关键作用的人员。

本案中,被告人李某、王某以电子商务形式推销商品为名,她们以高额返利为诱饵发展会员,并以会员所交纳的费用为计酬、返利依据,利用宣传购物返利、佣金奖励,在本案传销活动中,她们引诱参加者继续发展他人参加,起到策划、指挥和协调作用,扰乱经济社会秩序,其行为已构成组织、领导传销活动罪。

2013年6月,全国开展了一场打击传销的执法行动。其中,“翡翠环球网”传销案共发展19个省份1万余人,涉案金额5亿余元。上海城商城公司传销案共发展28个省份1.4万余人,涉案金额1.2亿余元。大部分的传销参与者,都无法像组织者宣称那样一夜暴富,更多的是散尽钱财,一贫如洗,甚至负债累累。

传销推销假冒伪劣产品,牟取暴利,偷逃税收,严重损害消费者的利益,影响正常的经济秩序,社会危害极其严重。

本案小结

非法传销,害人害己。

2005年12月1日,我国禁止传销条例正式开始实行,法律对于传销和变相传销的打击力度也正在不断地加大。在这里我们要提醒大家,无论你是在找工作或是在投资创业,一定要远离传销,只有踏实工作,用自己勤劳的双手,才能创造财富,创造未来。(文/马蕾　周伟)

08 伸向老人的“黑手”

来自公安部门的统计数字显示，近年来，一些诈骗案件的受害者当中，老年人的数量逐渐增加。针对老年人的诈骗行为，相关部门把它归结成四种类型，最为常见的有骗婚型、投资型、消灾型和医疗型诈骗。下面这起诈骗案件，并不属于上述的四种案件类型，但犯罪分子同样将“黑手”伸向了善良的老人。

庭审现场

2017 年 11 月 15 日，在莱芜市钢城区人民法院第四审判庭，公开开庭审理了一起诈骗案。

被告人李某，1970 年 4 月出生，莱城区茶业口镇人。

2011 年 12 月底，李某因诈骗被章丘市公安局行政拘留十二日，罚款 1000 元。半年后，他再因诈骗被淄博市劳动教养管理委员会劳动教养一年。2016 年 1 月 7 日，他犯诈骗罪被沂源县人民法院判处有期徒刑 1 年 6 个月，并处罚金人民币 20000 元。

审判员：“首先由公诉人宣读起诉书。”

公诉人：“经依法审查查明，2017 年 3 月至 6 月，被告人李某驾驶黑色两轮摩托车先后潜至莱芜市辖区多个乡镇，冒充被害人亲属以借钱办事为名骗取钱财，先后作案 22 起，骗取现金人民币 38250 元。”

公诉人依次宣读了被告人的 22 起作案情况。其中，诈骗所得最少的一起是 50 元，最多的一起是 7000 元，诈骗金额大部分在 500~2000 元。被害人年龄最小的 62 岁，最大的一位 91 岁。李某用什么方法和这些老人接触上的,他又是怎么实施的诈骗?

李某:“在大街上看到老年人,就过去和他说话,问他认得我吗。他要是认错了人,我就说,我过来办了点事,拿的钱不够,向他借两个钱,说有的,我就借钱,说没有钱的,我就走了。”

被害人都为老年人,平均年龄在75岁左右,而且被告人的犯罪手法也并不高明。他骑着摩托车走街串巷,当碰到老年人时,他会凑上前去主动搭讪,假装成被害人的亲戚,当被害人认错人之后,他会含糊其词地随声应和,最后以借钱办事的名义实施诈骗。

审判长:“起诉书指控你犯什么罪?”

李某:“诈骗罪。”

审判长:“你认为是否属实?”

李某:“罪名属实。”

审判长:“被告人,你可以对起诉书指控的犯罪事实进行陈述。”

李某:“不再陈述,起诉书中指控的22起,其中有3起不是我干的。”

庭审中,被告人认可19起,剩余3起并不认可。随后,公诉人对起诉书指控的犯罪事实讯问被告人。

公诉人:“你供述说,在辛庄镇大官庄村、南蛇沟村,羊里镇付家庄村,这3起诈骗自己没印象,属实吗?是这3起吗?”

李某:“对。”

公诉人:“你去作案的时候,一般是什么装备?”

李某:“就是骑着摩托车。”

公诉人:“什么样的摩托车?”

李某:“黑色的。”

公诉人:“你现在一共赔偿了多少名被害人?”

李某:“19个人。”

公诉人:“是你自己赔偿的吗?还是家里人替你赔偿的?”

李某:“家里赔的。”

在法官主持下,辩护人对被告人进行了发问。

辩护人:“对于起诉书指控的22起犯罪,为什么有3起诈骗的钱没有退?”

李某:“因为不是我干的。”

审判员:“法庭问一下被告人。在诈骗的过程中,你会主动告诉被害人你具体的名字吗?”

李某:“没有。”

审判员:“你在诈骗的过程中,有没有对被害人讲过你是他外甥亮子,或外甥女婿小玉等之类的话?”

李某:“没有。”

公诉人对被告人的犯罪事实向法庭举证。

公诉人:“首先是书证部分。被害人出具的谅解书和收条,证实2017年8月至9月,被告人赔偿了19位被害人的损失。”

公诉人还向法庭提交了李某的供述和辩解及被害人陈述等证据,被告人除了对3起诈骗有异议外,对其他的诈骗没有异议。针对这3起诈骗,辩护人为李某辩解,3名被害人在陈述诈骗者的外貌特征时,没有说出典型特征。因此,不能证实在那3起诈骗案中的就是被告人李某,但公诉人并不这么认为。

公诉人:“本案中被告人作案时的装束及作案工具本身就是一种典型的特征。被告人在作案时,通过被害人的言语了解其信息,进而加以利用,就是一种常见的诈骗手段。”

随后,辩护人向法庭提交了几份证据。

辩护人:“被告人已经对19位被害人全部退赔,并且获得了被害人的谅解。”

法庭辩论

法庭调查结束后,法庭进入辩论环节,公诉机关首先发言。

公诉人:“被告人李某的行为构成诈骗罪,犯罪事实清楚,证据确实充分。被告人诈骗数额较大,系累犯,应当从重处罚;被告人已赔偿19位被害人损失,可以酌情从轻处罚;建议对被告人李某判处有期徒刑一年四个月至一年十个月之间量刑。”

公诉机关指控被告人涉嫌诈骗22起。庭审中,被告人对19起诈骗供述和指认现场笔录、被害人的陈述及辨认笔录,没有异议,对诈骗亓某、闫某和朱某的3起表示没有印象。公诉人对此进行了反驳。

公诉人:"朱某和闫某能够辨别实施诈骗的人是李某,亓某虽然没有辨认出李某,但能够准确地描述作案人骑着黑色摩托车、戴红色头盔,与李某的装束一致,而且作案手法一致,应当认定为被害人。综上,应当认定被告人李某涉嫌诈骗22起。"

公诉机关认为,被告人诈骗金额38000余元,数额较大,关于量刑部分,被告人系累犯,根据《中华人民共和国刑法》第六十七条第一款的规定,应当从重处罚。

公诉人:"其诈骗的被害人多是60岁至90岁的老年人,根据2011年'两高'《关于办理诈骗刑事案件具体应用法律问题的若干解释》第二条规定,多次诈骗老年人的财物,应当酌情从严惩处。"

鉴于被告人已经赔偿了大部分被害人的损失,并取得谅解,公诉机关建议法院可以酌情从轻处罚。

公诉人:"除此之外,公诉人想对被告人说,你之前因为使用同样的手法诈骗被害人被判过刑,在间隔很短的时间内,再次使用相同的方法诈骗老年人的财物,希望你通过该次庭审,能够确实认识到自己的错误,以后依靠自己的劳动挣合法的钱,听明白了吗?"

李某:"听明白了,知道错了。"

对于李某的犯罪行为,辩护人发表了四点辩护意见。

第一,辩护人认为起诉书所指控的第2、9、16起,即受害人为亓某、闫某、朱某那3起诈骗,因证据不足不能成立。

第二,被告人在案发后如实供述了案情,认罪态度较好,依照法律的相关精神可以给予从轻或减轻处罚,请法庭在量刑时予以考虑。

第三,被告人虽然构成了诈骗罪,但其在案发后积极对各个受害人进行退赔,并且已经取得了所有受害人的谅解,有效地降低了社会危害性,可以酌情予以从轻处罚。

第四,被告人没有文化,家境贫寒,家中三个孩子都需要上学、花钱,作为一个农村家庭的支柱,被告人的经济压力巨大,而自己又缺少工作技能,一时糊涂走上了犯罪道路。现在,被告人已经深刻认识到自己的犯罪行为给被害人、社会造成重大经济损失及不良影响,请法庭给予从轻处罚。综上,被告人请求法院根据以上法定和酌定的减轻、从轻处罚情节，对被告人从轻或者减轻处罚，请法庭予以考虑。

庭后插曲

法官表示，经法庭调查，依法查明了被告人的犯罪事实。法庭辩论过程中，控辩双方充分发表了各自的意见，并由书记员记录在案，法庭会根据庭审查明的事实和证据依法作出认定和评判。

庭审结束后，为了让被告人感受到社会和家庭的温暖，更好地改正和认识自己所犯罪行，法庭同意被告人和家属在法庭上相见。

主审法官主动上前跟被告人家属聊了起来，朴实的言语中包含着深刻的道理，法官的一席话让在现场的每一个人都感受到了温暖。

被告人家属："他不识字，又没上学。"

审判长："上学不上学是一方面，现在就业机会很多，下一步坐完牢出来，哪怕出去干个建筑，一天还有一二百元钱呢。总比干这个强，再说干活赚来的钱花着也安心啊，家庭也稳定和谐。"

被告人家属："家庭压力很大，有三个孩子。"

审判长："你们家庭压力大，但是不能犯罪，法网恢恢疏而不漏，你今天得逞，可能明天就进监狱了。他出来以后，你们家里还得多规劝规劝，稳稳当当地找个工作，对他今后有好处。"

2017 年 12 月 11 日，莱芜市钢城区人民法院依法作出判决。

判决结果

一、被告人李某犯诈骗罪，判处有期徒刑 1 年 9 个月，并处罚金人民币 16000 元。

二、责令被告人李某退赔被害人亓某 1000 元、闫某 1500 元、朱某 1000 元。

三、被告人李某的作案工具黑色摩托车一辆及红色头盔一顶依法予以没收。

法官点评

莱芜市钢城区人民法院法官对本案做了如下点评：

本院认为，被告人李某以非法占有为目的，虚构事实，冒充他人亲属，骗取他人财物，数额较大，其行为已构成诈骗罪，公诉机关指控的犯罪事实和罪名成立，本院予以确认。

被告人多次诈骗老年人财物，多达22起，可酌情从重处罚；被告人系累犯，且前次刑期执行完毕距本次案发时间尚不足一年，依法应当从重处罚且不应适用缓刑；被告人归案后自愿认罪并如实交代了主要犯罪事实，依法可以从轻处罚；被告人积极退赔大部分被害人的经济损失并取得了大部分被害人的谅解，积极缴纳罚金，可酌情从轻处罚。综合全案，作出上述判决。

应该依法从重处罚的情节，就要从重处罚；应该酌情从轻处罚的情节，就要减轻处罚。办案法官说，唯有宽严相济，张弛有度，才能彰显法律的严肃，同时让法律变得有温度，不再冰冷。

本案小结

人老了，身体的机能逐渐下降，反应也越来越迟钝，有时候还会经常认错人。李某正是利用老年人的这些弱点，坑蒙拐骗屡屡得手，到头来却是鸡飞蛋打，锒铛入狱。在这里，提醒那些天天想不劳而获的人，法网恢恢疏而不漏。(文/朱琳　于晓敏)

贰 劳动争议类

在经济高速发展的背后，是数以亿计的劳动者的辛勤劳动。但是，随着用工主体、劳动环境、交通状况等复杂化，以工伤事故为代表的劳动纠纷居高不下。因此，保护劳动者不仅是政府、用工单位的责任，也是劳动者自身的责任。

09 下班路上

莱芜市雪野镇的居民韩某，最近遇到一件烦心事。他在下班的路上发生了交通事故，身体受到了伤害。他认为这次事故属于工伤，为此想与公司解除劳动关系，并让公司对他承担一定的赔偿责任。可公司却不同意，还把韩某告上了法庭，这是怎么一回事呢？

工伤认定的界定

2013年8月28日，在莱芜某公司加班的韩某于晚上11时30分左右驾驶摩托车下班回家，在回家的路上不慎发生交通事故。

韩某："在路过一个十字路口时，我前面有一辆车在拖车，两辆车中间有个钢丝绳，我没看见就撞到钢丝绳上去了。"

这时碰巧有同事路过，看到韩某受伤后，随即拨打了"120"急救电话，把韩某送去了该市人民医院。经医院诊断，韩某胃部破裂、全身多处外伤。住院期间，韩某光医药费就花去了家里5.6万多元，这对于家境不是很好的韩某而言，也是一笔沉重的开销。但令韩某心寒的是自己住院后，工作单位对他漠不关心。

韩某："出了交通事故以后，当时住院期间，我们经理就去过一次，之后再也没去过，公司也没作出什么赔偿。"

事故发生后，肇事车辆的车主对韩某进行了民事赔偿，韩某也依法获得了医疗费、残疾赔偿金、误工费、护理费、交通费、伙食补助费、精神抚慰金等20余万元。既然在这次交通事故中，责任双方是肇事司机和韩某，韩某也已经获得了赔偿，那他为什么还要向工作单位申请赔偿呢?

韩某:“出了交通事故之后,通过法律途径,对方(肇事车主)已经对我们进行了赔偿。但是,我受伤是因为工作的原因造成的,是在下班的路上受伤,这种情况应该构成工伤,所以,我申请公司对我进行赔偿。”

下班途中发生事故,用工单位也要承担责任?

韩某的这种观点对吗?这种情况属不属于工伤?他有权向公司申请赔偿吗?随后,记者联系了莱芜市一家律师事务所的律师,对相关问题进行了咨询。

律师:“是不是工伤,首先要确定受伤当事人和用人单位之间是不是存在劳动合同关系。在确定了劳动合同关系之后,我们还要确定,当事人是在什么时间,什么地点因为什么原因所受的伤。”

本案中,韩某与公司签订了劳动合同,这点双方都没有否认。但韩某是在下班途中受的伤,而且时间是在晚上 11 时多,原告公司方认为韩某受伤的时间、地点均不符合法律规定,且韩某在单位工作期间,单位已经为其安排了宿舍,不必每天从家里到单位往返上下班。这种情况会不会影响韩某的工伤认定呢?

律师:“最高人民法院对于上下班路上的工伤认定有明确规定,在合理时间内往返于工作地与住所地、经常居住地、单位宿舍或配偶、父母、子女居住地的合理路线的途中或者是从事属于日常工作生活所需要的活动,且在合理时间和合理路线的上下班途中所发生的交通事故,均可以认定为工伤。比如上下班有一个时间区域,可能早一点,可能晚一点;比如下了班以后,单位安排进行一段时间的加班,或者是等交通高峰时段过了之后再回家,这些都属于合理时间。”

如果有人在下班路上顺道买菜,这时突然受伤了,这种情况算不算工伤呢?

律师:“算不算工伤要看两大限定条件:一是要看当事人是不是在回家的路上发生的交通事故;二是当事人在这次交通事故中,他负什么样的责任。如果本人是非主要责任的一方,应该属于工伤;如果本人负有主要责任,这时就很难说了。”

为了维护权益,韩某向该市人力资源和社会保障局申请了工伤鉴定。2015 年 3 月 2 日，韩某之伤经鉴定后，市人力资源和社会保障局出具了《莱人社工伤认〔2015〕第 002 号认定工伤决定书》，认定韩某为因工负伤。2015 年 8 月 6 日，该市劳动能力鉴定委员会以《莱劳鉴〔2015〕第 208 号初次鉴定结论通知书》对韩某伤残鉴定为八级。

拿到鉴定后的韩某显得有底气了。

韩某随后向该市劳动人事争议仲裁委员会申请仲裁，请求解除自己和公司的劳动关系，并要求被申请人支付申请人医疗费、住院伙食补助费等费用和一次性伤残补助金、一次性工伤医疗补助金、一次性伤残就业补助金。韩某除了申请公司对他做出相应的赔偿，为什么还要申请和公司解除劳动关系呢？请看相关的法律规定。

职工因工致残被鉴定为七级至十级伤残的，享受以下待遇：

（一）从工伤保险基金按伤残等级支付一次性伤残补助金，标准为：七级伤残为 13 个月的本人工资，八级伤残为 11 个月的本人工资，九级伤残为 9 个月的本人工资，十级伤残为 7 个月的本人工资；

（二）劳动、聘用合同期满终止，或者职工本人提出解除劳动、聘用合同的，由工伤保险基金支付一次性工伤医疗补助金，由用人单位支付一次性伤残就业补助金、一次性工伤医疗补助金和一次性伤残就业补助金。具体标准由省、自治区、直辖市人民政府规定。

韩某："发生事故之后，现在身体状况也不适合上班，也上不了班。现在，我想和单位解除劳动合同关系，我已经认定工伤了，单位就应该赔偿我。"

韩某受伤后，公司的领导没有主动关心他，这让他对公司心灰意冷。同时，根据上述规定，如果韩某能和公司解除劳动关系，他就能拿到更多的赔偿。仲裁委员会会支持这样的请求吗？

2015 年 10 月 12 日，该市仲裁委员会作出《莱劳人仲案字〔2015〕第 53 号仲裁裁决书》。

裁决结果

裁决双方解除劳动关系。

被申请人支付申请人一次性伤残补助金 16060 元、一次性工伤医疗补助金 40600 元、一次性伤残就业补助金 64960 元。

驳回申请人的其他请求事项。

对簿公堂

仲裁裁决书下来后,韩某像是吃下了一颗定心丸,心想着自己的辛苦维权终于有了结果。有了工伤认定书和仲裁裁决书,这下雇用自己的公司还能说什么?!没想到的是,这家公司并不承认,还把韩某告上了法庭。

该公司代理人称:“本案被上诉人受伤的时间、地点均不符合上述法律规定,因此,上诉人认为被上诉人不构成工伤。”

经过庭审调查和辩论后,一审法院作出判决。

判决结果

一、原告莱芜某公司与被告韩某解除劳动关系。

二、原告莱芜某公司支付被告韩某一次性伤残补助金16060元、一次性工伤医疗补助金40600元、一次性伤残就业补助金64960元,共计121620元。于本判决生效之日起15日内付清。

三、驳回被告韩某的其他诉讼请求。如果未按本判决指定的期间履行给付金钱义务,应当依照《中华人民共和国民事诉讼法》第二百五十三条之规定,加倍支付迟延履行期间的债务利息。

庭审纪实

该公司不服一审判决,向莱芜市中级人民法院提起上诉。二审法院会支持他们的上诉请求吗?

2016年3月11日,莱芜市中级人民法院第五审判庭内,审判长宣布开庭审理上诉人莱芜某公司与被上诉人韩某劳动争议纠纷一案。

审判长:“现在开庭。首先由上诉人陈述上诉请求及事实和理由。”

上诉人:“申请依法撤销一审法院判决。第一,被上诉人申请认定工伤超过工伤认定时效。第二,最高人民法院《关于审理工伤保险行政案件若干问题的规定》对职工上下班途中遭受交通事故伤害是否构成工伤问题，做出详细的司法解释。本案被上诉人受伤的时间、地点，均不符合上述法律规定。”

韩某：“一审法院认定事实清楚，证据确实充分，适用法律得当，要求维持一审判决。”

根据双方的意见，法庭归纳了争议的两个焦点：

一、原审法院认定被上诉人提起劳动仲裁、认定工伤时未超过仲裁时效的认定是否适当；

二、原审法院判决上诉人支付被上诉人工伤补助金等三项是否适当。

庭审中，双方都没有提交新的证据。上诉人针对焦点问题发表了意见。

上诉人某公司代理人表示：“韩某受伤的时间为 2013 年 8 月 28 日，2015 年 3 月 2 日劳动部门才作出工伤认定，超过法律规定一年的工伤认定期间。”

韩某：“我受伤的时间为 2013 年 8 月 28 日，应该是 2014 年 8 月 28 日之后才超出一年的期间。我提出工伤认定的时间是在 2014 年 8 月 19 日，并没有超出一年的期间。行政机关受理工伤认定是在 2015 年 1 月 19 日，生效的时间是下达决定书的时间，即 2015 年 3 月 2 日，这和我无关。”

审判长：“根据《中华人民共和国民事诉讼法》第一百四十一条的规定，法庭征求各方最后意见。”

上诉人：“撤销一审判决，依法改判。”

韩某：“驳回上诉，维持原判。”

2016 年 3 月 15 日，莱芜市中级人民法院依法作出判决。

判决结果

驳回上诉，维持原判。

法官点评

莱芜市中级人民法院法官对本案做了如下点评：

本案中，劳动行政部门已经认定了韩某构成工伤，这家公司认为韩某工伤认定已超过工伤认定时效且不构成工伤，系对劳动行政部门的工伤认定不服，应当通过行政复议和行政诉讼解决。但上诉人未在法定期间提起行政复议或者提起行政诉讼，而在工伤保险赔偿民事案件中提出异议，对此不属于民事诉讼审查的范围，本院不予审查。另外，庭审中这家公司对韩某各项工伤保险待遇赔偿计算的数额无异议。因此，一审判决认定事实清楚，适用法律正确，依法应予维持。这家公司的上诉理由不能成立，其上诉请求不予支持。

本案小结

韩某的维权之路可真是一波三折。在此，我们提醒大家，在外工作一定要与用人单位签订劳动合同，如果没有签订劳动合同，韩某这次维权也不会顺利成功；同时也提醒用人单位，一定要为员工购买保险，一旦出现事故，通过保险理赔也能减轻企业的负担。（文/高新江　张耀海）

10 难以认定的工伤

近年来,随着我国城市化进程的加快,从事建筑施工、外墙装饰等高危行业的工人越来越多。由于这些行业普遍具有高度危险性,行业管理水平较差,加之个别工人自我保护意识薄弱,事故有时难免会发生。那事故发生后,在什么样的情况可以认定为工伤呢?

安装工的诉求

2015年10月28日,莱芜市中级人民法院第四审判庭内,审判长宣布开庭并依法公开审理上诉人朱某某与被上诉人大金安装公司(以下简称安装公司)劳动争议一案。

审判员:“首先由上诉人陈述上诉请求及事实和理由。”

朱某某:“上诉请求:申请撤销莱城区人民法院的民事判决,依法认定2014年11月15日,朱某某与安装公司存在劳动关系。”

在法官的主持下,被上诉人也陈述了答辩意见。

安装公司代理人说:“我单位从来没安排朱某某去工地工作,我们不存在任何关系,请求法院驳回上诉人的请求,依法维持原判。”

根据上诉人的上诉请求及被上诉人的答辩意见,审判长归纳了本案的争议焦点:2014年11月15日,上诉人朱某某受伤时与被上诉人安装公司是否存在劳动关系。

审判员:“首先,上诉人针对焦点问题发表意见。”

朱某某的代理人:“关键要看2014年11月15日之前,双方是否存在劳动关系。截至2014年11月15日,双方有没有解除劳动关系。”

审判员:“被上诉人针对焦点问题,发表意见并提交证据。”

安装公司代理人:“上诉人与被上诉人从未建立过劳动关系,根本不存在解除的问题。上诉人受伤与我单位没有任何关系。”

在法庭调查中,当事人的说法却截然相反。

朱某某说,他是安装公司的员工,事故发生后,公司不管不问。安装公司却说,他们单位一直没有这名员工,双方更不存在任何关系。这到底是怎么回事呢?

2014 年 11 月,朱某某被安装公司派到某工地施工,11 月 15 日上午,当他爬到九米高的脚手架上面进行施工时,脚手架突然断裂,一下子把他摔了下来。受伤后,朱某某被工头李某某送往医院治疗,诊断为右足开放粉碎性骨折。在医院里进行了 40 天的治疗后,朱某某找到了安装公司,向安装公司讨要说法。

朱某某:“我是利用自己父亲的关系把这个工程包过来的,还替它(指安装公司)招了几个工友。出了这个事,公司也不管了。本来说给我点好处费,结果啥也没给。”

为了维护自己的权益,朱某某向劳动人事争议仲裁委员会提出申请,要求确认与安装公司存在劳动关系。2015 年 5 月 15 日,经过调查,劳动人事争议仲裁委员会作出裁决书。

裁定如下

裁定朱某某在某工地施工期间与安装公司不具有劳动关系。

仲裁裁决出炉后,朱某某不服裁决,向莱城区人民法院提起了诉讼。2015 年 7 月 15 日上午,莱城区人民法院审理了此案。庭审中,朱某某认为自己去工地施工是安装公司安排的,请求法院认定他和这家公司的劳动关系。朱某某为什么不直接要求赔偿,却先要提出和公司认定关系,这中间有什么说法?我国法律又是怎么规定的呢?记者来到了一家律师事务所,咨询了相关的法律规定。

律师:“在这起案件中,上诉人起诉的是安装公司,诉讼请求是确定自己跟这家公司存在劳动关系,为什么他提出这个诉讼请求呢?因为,如果能确定他们之间存在劳动关系,上诉人就可以申请做工伤认定，有了工伤认定就可以申请赔偿金。如果双方不存在劳动关系，上诉人就没法申请工伤认定，他的权利就很难得到保障。”

2015 年 8 月，莱城区人民法院公开审理了此案。在经过法庭调查和辩论后，同年 8 月 24 日，莱城区人民法院依法作出判决。

判决结果

一、原告朱某某与被告安装公司在 2014 年 11 月 15 日朱某某受伤时不存在劳动关系。

二、案件受理费 10 元，由原告负担。

五份证据

一审判决后，朱某某不服判决，向莱芜市中级人民法院提起上诉。于是，有了文中开篇的庭审现场。

在这次庭审中，安装公司向法庭提交了五份证据。

证据一：在仲裁时，朱某某书写的《劳动争议仲裁申请书》中称一个名叫李某某的人为经理，从朱某某书写的该申请书的内容看，朱某某与李某某形成劳务关系，其与李某某是雇佣关系，朱某某与安装公司没有任何关系，更不存在劳动关系。

证据二：安装公司的工商档案及股东名册，证实李某某所承包工程为中转包的工程，与安装公司没有任何关联性。朱某某受伤的地点及时间，也不是在安装公司工地工作时所形成的。

安装公司还提交了证据三、证据四，证明朱某某受伤地点及时间均是在李某某个人承包工程期间形成的，李某某所承包的该项工程与安装公司没有任何关系。在法官的主持下，朱某某针对安装公司的四份证据，发表了质证意见。

朱某某：“对证据一的真实性无异议，该证据并不能证实被上诉人声称的相关观点。对证据二的真实性无异议，该证据与该案认定上诉人与被上诉人之间是否存在劳动关系没有关联。”

朱某某表示，证据三、证据四为复印件，根据民事诉讼证据规则，不能与原件核对无误的情况下，不能作为证据使用。随后，安装公司申请一位证人出庭作证。这位证人名叫李某某,也就是朱某某在施工工地上的负责人,他会怎么说呢?

法官:“被上诉人有无发问问题?”

安装公司代理人:“你是否在某工地承包过工程?”

证人李某某:“以前承包过,是通过另一家公司承包的。”

安装公司代理人:“朱某某是否在你承包的工地上出的事?”

证人李某某:“2014 年 11 月 15 日 9 时左右,朱某某摔断了腿,我把他送往了医院。”

安装公司代理人:“朱某某住院期间的医疗费是由谁付的?”

证人李某某:“我。”

安装公司代理人:“你与安装公司的法定代表人有何关系?”

证人李某某:“没有关系。”

证人出庭,让案情有了新的变化。

调查中,证人李某某承认,朱某某是在自己施工的工地受的伤,他当时是从另一家公司承包过来的工程,并带领朱某某等人施工,该工程与安装公司没有关系。证人李某某和朱某某两个人之间是什么关系呢?

安装公司代理人:“你何时认识的上诉人?”

证人李某某:“2000 年左右,当时我们一起打工认识的。”

安装公司代理人:“你如何给上诉人支付的医疗费?”

证人李某某:“前两次是我自己去付的,第三次我委托魏某去支付的。一共付了医疗费 17000 多元,单据可以找。”

安装公司代理人:“你是如何给上诉人发放工资的?”

证人李某某:“每天一结。”

法官:“证人,你主张朱某某是你雇佣的,你是否给他考勤?”

证人李某某:“没有考勤,是按天结算的。”

证人李某某在回答了审判员和上诉人的提问后,审判员让证人核对笔录、签字、捺手印后退庭。随后,审判员让当事人发表了意见。

法官:“上诉人对证人证言发表质证意见。”

朱某某:“证人作的大部分是虚假陈述,属于伪证,法庭不应采纳。李某某故意隐瞒事实,虚假陈述,上诉人要求法庭查清事实,对其作出相应处罚或移交相关职能部门进行处理。”

安装公司代理人:“对证人证言没有异议?”

上诉人认为证人做的是伪证,那上诉人有什么证据呢?审判员围绕案件的相关问题,对上诉人进行了发问。

法官:“上诉人,你受伤的工地,你是否知道是谁在施工。是否有证据向法庭提交。”

朱某某:“安装公司第二股东告诉我,该工地是公司在不锈钢厂承包的工程。没有证据提交。”

法官:“上诉人,一审中你提交的考勤表是哪里来的?”

朱某某:“是施工员吕某提供给我的。”

法官:“上诉人,你受伤的医疗费是由谁支付的?”

朱某某:“公司的财务人员给我支付的。”

法官:“被上诉人对上诉人陈述有无异议?”

安装公司代理人:“有异议。上诉人在一审中提供的出勤明细表,我单位不知道是谁出具的,我单位也没有吕某这个人,我单位没有任何工作人员为上诉人支付过医疗费用。”

上诉人认为,不管有没有吕某,与该案中认定上诉人与被上诉人之间是否存在劳动关系没有必然联系。

法官:“上诉人,你方主张 2013 年 5 月 1 日已经被被上诉人录用,是否有证据向法庭提交?”

朱某某的代理人:“有,山东某钢铁机械化料场工地登高人员明细表一份,证实朱某某自 2013 年便在被上诉人处工作。”

上诉人提交了一份山东某钢铁机械化料场工地的人员明细表,以此证明与安装公司存在劳动关系,但山东某钢铁机械化料场与本案又有什么关系呢?

朱某某的代理人:“山东某钢铁机械化料场是安装公司承办的一个工程,经人介绍朱某某在这里干电焊工,并缴纳了保险。朱某某通过这件事证明自己是安装公司的员工,并存在劳动关系。”

圆满结局

法庭调查结束后,在审判长的主持下,双方展开了法庭辩论。

法官:"上诉人发表辩论意见。"

朱某某的代理人:"我方认为该案认定双方在 2014 年 11 月 15 日上诉人受伤时是否存在劳动关系,关键不能看工地是谁承包的,应当看 2014 年 11 月 15 日之前双方是否存在劳动关系,在上诉人受伤时,双方有没有解除劳动关系。上诉人是受被上诉人安排到工地工作,在工作时受伤,依法应认定 2014 年 11 月 15 日上诉人受伤时双方存在劳动关系。"

法官:"被上诉人发表辩论意见。"

安装公司代理人:"无论通过一审庭审上诉人提交的证据,还是今天的法庭调查,上诉人提交的证据均不能证实上诉人与被上诉人存在劳动关系,相反通过被上诉人提交的一系列证据及证人李某某的陈述,能够证实上诉人与被上诉人不存在劳动关系,请求法庭依法判决驳回上诉人的上诉,维持一审判决。"

庭审结束后,在法官的调解下,最终李某某赔偿给朱某某 3 万元补偿款。本案虽然没有判决,但也算有了一个圆满结局。

法官点评

莱芜市中级人民法院法官对本案做了如下点评:

本案的争议焦点问题是双方是否存在劳动关系。通过庭审,朱某某所提交的证据不足以证明他跟安装公司存在上述关系,证据无法形成完整的证据链条,不具备劳动关系的要素。现有证据对朱某某不利,如果判决很可能维持原判。这样一来,朱某某不能确定劳动关系,他也就不能申请工伤赔偿。

本案中朱某某诉讼确认劳动关系的目的是为了确认工伤,获得工伤赔偿。法庭直接围绕朱某某的赔偿诉求进行调解,最终促成李某某与朱某某达成赔偿协议。因为二审朱某某的诉求是确认劳动关系,李某某由于不是案件的当事人,法院不能对双方达成的赔偿协议进行确认。在诉求实现的情况下,朱某某于 2015 年 11 月 25 日向本院申请撤回上诉。

本案小结

案件虽然结束了,在这里也给广大市民提个醒,在打官司前,要先了解相关的法律知识,一定要弄清楚诉讼对象,然后再进行维权。同时,我们还提醒广大市民,在工作中一定要注意自身安全,提高安全意识,尽可能避免不必要的损伤。(文/焦玉兴　张耀海)

11 推卸不掉的责任

外出打工,如果受了伤,如何进行维权呢?

这次的当事人名叫朱某,2012年6月,他在雇主赵某的安排下,来到一家企业进行施工,在施工过程中朱某意外受了伤。为了得到赔偿,朱某将雇主赵某和施工单位某建筑公司告上了法庭。

刷漆工 脾破裂

上午8时30分,莱芜市中级人民法院第二审判庭内,我们见到了当事人朱某,向他了解了当时的情况。

朱某:“6月4日8时上班以后,老板安排我们几个人去刷漆,我爬到架子上,下面有拉架子的人员,施工地正好是一个斜坡,我在上面刷漆的过程中,我没说让他拉架子,下面工友就拉了。我制止的时候已经晚了,他一拖架子就滑出去了,把我摔出去五六米远,接着去市人民医院做检查,脾破裂。”

出院后,朱某找到雇主和施工单位某建筑公司,要求他们进行赔偿。他认为这次事故的原因不是自己造成的,如今受了伤,花了钱,遭了罪,公司一定要给自己一个说法。

朱某:“现在免疫力很低,经常感冒,重体力活我也干不了了。我找他们,他们一直拖着,没办法了,我才起诉。”

2014年7月2日,朱某将某建筑公司和雇主赵某告上了法庭。莱城区人民法院对此案进行了公开审理,在法庭调查和辩论后,一审法院依法作出判决。

判决结果

一、赵某于判决生效之日起三日内赔偿朱某误工费、护理费、住院伙食补助费、残疾赔偿金、鉴定费、精神抚慰金、交通费等经济损失共计40138.81元。

二、某建筑公司对上述款项承担连带清偿责任。案件受理费2590元,朱某负担1680元,赵某、某建筑公司负担910元。

推卸不掉的责任

一审判决,朱某承担45%的责任,某建筑公司和赵某承担55%的责任。拿到判决书后,朱某心里非常失落。

朱某:“我对赔偿有异议,我认为我没有责任。我干活受伤,他们该赔偿我,再说我占的这个比例太大了。我认为我没有责任。”

据了解,朱某受伤后被诊断脾破裂、肋骨骨折、胸腔积液。通过司法鉴定,鉴定朱某脾切除构成七级伤残、肋骨骨折构成十级伤残。如今,朱某留下了残疾,势必会影响今后的工作和生活,只拿到4万多元的补偿,他觉得不公平。于是,朱某向莱芜市中级人民法院提起上诉。可在这时,作为被告的赵某和某建筑公司也提起上诉。

赵某:“他是2012年6月受的伤,2014年7月才告的我们。这么长时间,我认为早超过诉讼时效了。”

某建筑公司:“判决书上说我们要承担连带责任,我们已经把工程承包出去了,他受伤跟公司有什么关系?!”

2015年6月9日,莱芜市中级人民法院开庭审理上诉人赵某、朱某、某建筑公司提供劳务者受害责任纠纷一案。

审判长:“现在进行法庭调查。”

法官:“首先由上诉人陈述上诉请求及依据的事实和理由。”

朱某的代理人:“上诉请求,一、依法撤销一审判决。二、诉讼费用由对方承担。事实与理由:上诉人朱某受雇刷漆工作已经一年有余,一直是按雇主要求进行施工,何况造成此事故是由他人违章拉脚手架,造成上诉人的伤害。上诉人自己并不存在任何过错。根据法律规定应由雇主承担全部责任,一审法院判决两被告55%的责任是适用法律严重错误，二审法院应予纠正。”

朱某认为自己不存在过错，雇主赵某应承担全部责任，一审法院判决自己承担45%的责任是不恰当的，二审法院应予纠正。在法庭上，赵某和某建筑公司也分别做了陈述。

赵某的代理人：“2012年，赵某承包了某建筑公司的刷漆工作，雇用了朱某从事该工作。朱某在施工过程没有按要求佩戴安全帽及安全带，在施工过程中违规操作，在脚手架移动过程中没有下到地面，致使他受伤。因此，赵某不应该承担责任。”

某建筑公司的代理人：“赵某与朱某之间存在雇佣关系，赵某是朱某的雇主。我公司将刷漆的零活交给赵某，赵某又私自雇用了朱某，现在出了事故，应当由赵某承担责任。”

据了解，在朱某住院期间，赵某支付了全部的费用，并安排人进行护理。后来，赵某还差人送钱进行了赔偿。

赵某代理人：“朱某出院后，赵某两次送去2000元，作为赔偿费用，朱某没有提出其他要求，在2012年8月至9月期间，朱某继续来公司工作。10月工程完工后，他也没有对赔偿提出异议。朱某是在2014年6月27日才提起上诉。我认为已经超过了诉讼时效，赵某履行完成了与朱某的口头协议，不承担朱某的一切上诉请求。请求撤销一审判决，驳回朱某的诉讼请求。”

赵某认为，他已经进行了赔偿，不应该再承担责任。

同时，某建筑公司也认为自己不该承担连带清偿责任。因为自己雇用朱某与某建筑公司无关。对此，朱某提出了不同的意见。

朱某代理人：“理由如下：一、赵某主张双方早已调解结案，这是没有的事。赵某支付的2000元是营养费，不是补偿金。一审查明赵某在一审未提出对诉讼时效的抗辩理由，且一审中赵某对朱某提供的电话录音证据予以认可，足以证实朱某的诉讼时效发生中止、中断事由。二、一审法院判决某建筑公司承担连带责任具有事实和法律依据。赵某在承揽刷漆零活时没有相关的资质。”

对于雇主赵某陈述的诉讼请求，某建筑公司同意赵某的上诉意见。并陈述了三点依据的事实和理由：

一、朱某起诉某建筑公司主体错误，某建筑公司不应承担责任。某建筑公司交给赵某的刷漆零活不需要任何资质,无相关法规要求。

二、本案已超诉讼时效。2012年6月4日,朱某受伤,直到2014年6月27日提起诉讼,远远超过一年的诉讼时效。

三、一审认定某建筑公司与赵某承担连带赔偿责任没有法律依据。

雇主赵某对某建筑公司提出的诉讼请求没有异议,而作为雇员的朱某反驳了这一观点。

朱某代理人:"根据相关法律规定,某建筑公司应当将工程发包给具备相应资质的单位,某建筑公司发包给无资质的赵某违反法律禁止性规定,一审判决某建筑公司承担连带责任,适用法律正确。某建筑公司称他们作为被告主体错误,不应承担责任的理由不成立。"

根据三名上诉人的上诉状以及答辩意见,法庭归纳了争议焦点:

一、朱某对损害的发生有无过错,是否应当承担部分责任。

二、赵某与朱某对本案是否已经调解完毕。

三、朱某的起诉是否已超过诉讼时效。

四、某建筑公司是否应当承担连带赔偿责任。

审判员:"依法庭归纳的焦点问题,下面依次进行法庭调查,首先由上诉人朱某对焦点问题发表意见。"

朱某代理人:"焦点一,朱某对损害的发生自身没有过错,整个施工是由雇主安排,而且是由他人拉动脚手架,造成该事故发生。焦点二,赵某与朱某对人身损害赔偿事宜,从来没有达成调解协议。焦点三,朱某出院后,对赔偿事宜一直与赵某联系协商,赵某一直同意回莱芜商谈具体事宜,直至朱某起诉。"

针对朱某的意见,雇主赵某和施工单位某建筑公司却认为,朱某在发生事故时自身存在过错,并且在住院治疗后,朱某和赵某已经达成了赔偿协议。

赵某代理人:"赵某与朱某在出院后已达成协议,如果没有达成协议,朱某出院后就不可能到工地干活。"

某建筑公司:"朱某存在重大过错,赵某为其提供了安全帽,朱某自已不戴,朱某应当下来脚手架后,再让别人移动,他为了省事,让他人移动,自已存在过错。"

对于这个问题,法庭进行了调查。

法官："朱某，在事故发生时，你是否佩戴安全帽及系安全带。"

朱某："赵某没有提供安全帽，没有佩戴。"

法官："朱某，脚手架移动时，你是否在脚手架上。"

朱某："在移动脚手架时，人不下来，这是老板安排的，可以节约时间，多干活。"

法官："赵某有无异议？"

赵某："有异议，朱某陈述与事实不符，施工过程中需要佩戴安全帽。脚手架移动过程中是不安全的，工人必须离开脚手架才可以移动，朱某严重违反操作规程。"

在法庭调查结束后，法庭进入辩论环节，三方上诉人的意见均同上诉状和答辩状及质证意见，由于当事人不同意调解，法庭不再主持调解。2016年6月25日，莱芜市中级人民法院依法作出判决：驳回上诉，维持原判。

为什么二审法院驳回三方的上诉请求，有哪些法律依据呢？接下来就给大家介绍一下相关的法律。

法条链接

《中华人民共和国侵权责任法》第三十五条规定"个人之间形成劳务关系，提供劳务一方因劳务造成他人损害的，由接受劳务一方承担侵权责任。提供劳务一方因劳务自己受到损害的，根据双方各自的过错承担相应的责任。"

最高人民法院《关于审理人身损害赔偿案件适用法律若干问题的司法解释》第十一条规定：雇员在从事雇佣活动中因安全生产事故遭受人身损害，发包人、分包人知道或者应当知道接受发包或者分包业务的雇主没有相应资质或者安全生产条件的，应当与雇主承担连带赔偿责任。

法官点评

莱芜市中级人民法院法官对本案做了如下点评：

在本案中，朱某和赵某已经形成了劳务关系，朱某因劳务造成损害，作为雇主他应当承担相应的责任；在施工过程中，某建筑公司明明知道赵某没有相应的资质，还把工程承包给他，也应当与雇主承担连带赔偿责任；而受害人朱某在劳务中因没有尽到注意安全的义务，他也存在一定的过错，也该为自己负责。因此，他们三方对于这起事故谁也推卸不了责任。

朱某一审提交的通话录音等证据，能够证实朱某在事故发生后向赵某主张权利，一审认定朱某的起诉未超过诉讼时效是正确的。根据最高人民法院《关于审理民事案件适用诉讼时效制度若干问题的规定》第四条："当事人在一审期间未提出诉讼时效抗辩，在二审期间提出的，人民法院不予支持，但其基于新的证据能够证明对方当事人的请求权已过诉讼时效期间的情形除外。"赵某在一审庭审中未提出诉讼时效的抗辩，二审中主张朱某的起诉已超过诉讼时效，但未提供新的证据予以证实，本院不予支持。

本案小结

安全无小事、责任大于天。

虽然二审维持了原判，朱某得到一部分赔偿，但这次事故给他带来的痛苦，将会对他刻骨铭心。在这里我们也提醒大家，不管是在生活中，还是在工作中，一定要注意安全，只有平安健康，一个家庭才能幸福美满；只有平安无事，一个企业才能持续健康发展。（文/孙磊　李文超）

12 工伤认定之争

什么是工伤？工伤如何认定？

关于这个话题，过去我们也报道过很多案例。大家都知道，在自己的工作岗位上受了伤，这种情况是名副其实的工伤，可如果当事人是在工作单位，却不在自己的岗位上受了伤，这种情况还算不算工伤？这种串岗行为是否直接影响工伤的认定？

职工串岗的工伤认定

时年50岁的董某，是泰安某物业公司的一名工作人员，2013年，根据公司的安排，董某在莱芜市钢城区某小区内从事保洁工作，负责该小区七号和八号楼的楼道卫生保洁工作。

董某的代理人："董某是泰安某保洁公司的一个保洁员，2013年12月6日，在清理卫生时，董某帮助同事清理六号楼中单元二楼存放的装饰模板和瓷砖，她们将存放的这些东西搬至西户，在搬运木板子时不慎从二楼摔至一楼，摔成重伤。"

事故发生后，董某的同事刘某拨打了"120"急救电话，将董某送至医院，经医院诊断为高位截瘫，如今三年过去了，至今董某仍然昏迷不醒。为了高昂的医疗费，董某的家人想尽了所有办法，借遍了亲朋好友，也没凑齐治疗费用。更让董某家属气愤的是，这家保洁公司在出事后却拒绝赔偿。

董某的家属认为，"去了医院后，这家物业公司的经理给了2000元钱医疗费就不管了。我们没办法了，找了很多次他都不给出医疗费，后来泰安这家公司就直接不管了。”

说到这家物业管理公司，董某的家属满肚子气愤和委屈，出了事不管不问也就算了，他们甚至不承认双方存在的劳动关系。2014 年 9 月 25 日，董某的家属向钢城区人社局申请工伤认定，钢城区人社局经过审查，2015 年 7 月 13 日作出钢城人社工伤认定，认定董某是因工负伤。裁决结果出来后，物业公司不服裁定将钢城区人社局和董某起诉到钢城区人民法院。

钢城区人民法院审理后，经审判委员会研究决定，依法作出判决：

驳回原告泰安市某物业公司的诉讼请求。

案件受理费 50 元，由泰安市某物业公司负担。

董某的代理人：“他们借口董某是串岗，不愿意承担责任。”

这家物业公司一口咬定董某不是在自己的工作岗位上受的伤，还说董某是因个人行为受伤，并不是因工作行为而受伤。那串岗受伤能否认定为工伤？下面我们就链接一条法律规定。

《工伤保险条例》第十四条第一项规定：

在工作时间和工作场所内，因工作原因受到事故伤害的，应当认定为工伤。

董某的代理人认为，工作原因与本职工作是两个不同的概念，两者不能混同，用人单位认为工作原因就是从事本职工作是对工作原因的限制解释，这种观点没有法律依据。职工串岗虽然违反了规章制度，但客观上，如果串岗从事的工作与其本职工作也具有一定的关联性，其行为目的仍是为了用人单位的利益，并非为自己谋取私利，应当认为属于工作原因。

人社局的代理人：“作为劳动部门，董某受到伤害以后，董某的家属向我们提出工伤认定申请，我们对董某受伤情况作出调查核实之后，对董某作出受伤害是工伤的决定。”

董某的家属：“我们现在已经没钱治疗了，以后最起码也要有生活保障啊，她现在不能动，得有人照顾她的生活，照顾她吃喝拉撒睡。”

争议焦点

工伤认定下来之后，这家物业公司仍然不予认可，也拒绝承担事故的责任，还将人社局和董某一起告到了法院。

人社局的代理人："咱这个工伤的决定是一个具体性的行为，具有可诉性，也就说物业公司不认可第三人董某所受之伤是工伤，他们可以告到法院来。"

2016年7月25日，莱芜市中级人民法院第三审判庭内，审判长宣布开庭审理了上诉人某物业公司与被上诉人钢城区人力资源和社会保障局、被上诉人董某工伤认定纠纷一案。

审判长："下面陈述行政争议，由上诉人陈述诉讼请求、依据事实和理由。"

物业公司的代理人："一审法院认定事实不清，应当依法予以纠正。一审法院回避了董某摔伤并非在工作地点这一焦点问题。一审法院适用法律错误，判决驳回上诉人的诉讼请求缺乏法律依据。"

人社局的代理人："工作场所是一个宽泛的概念，并不能简单地理解为就是某一地点，董某受伤的地点是帮助同事工作时的地点，理应理解为董某的工作场所。"

根据三方的陈述及答辩，法庭归纳了本案的争议焦点。

一、原审第三人董某是否在工作场合内因工作原因受到伤害。

二、被上诉人钢城区人力资源和社会保障局的工伤认定程序是否合法。

审判长："首先调查第一个焦点问题，由被上诉人先陈述并提供证据。"

钢城区人社局的代理人："证据一，董某的同事江某某、刘某，证明材料一份，我们对江某某、刘某询问笔录各一份。证实董某是在帮助其同事工作时受到伤害"。

人社局在对案情调查时，董某的同事刘某作出证明，当时是刘某所负责的六号楼内摆满了木板，影响了走廊内的正常通行，董某为了帮助她，两个人将木板搬运到中单元西户，在搬运时受了伤。然而物业公司也提交了一份证据，同样是来自刘某和江某某的证明。

物业公司的代理人："2013年12月6日，员工刘某证明一份，证明她与董某到业主家中拾捡纸箱皮时，董某自二层摔落至一层受伤过程。说明董某是因私事擅自进入业主家中，并非是工作指派或工作需要。

视听资料一份，刘某和张某某录像录音，证明刘某并未邀请董某帮忙打扫卫生，刘某到业主家中后，董某是自行跟随而至，两人的确是在业主家中二楼拾捡纸箱。”

董某的拾纸箱皮行为，是工作需要，还是出于私心，想通过卖纸箱皮得利，证人的两次供述，为何会截然相反？

董某的家属：“物业公司安排刘某和江某某这样说的，威胁她们说出这种事，她要是死了怎么办，赖上你们，你们能拿起钱了吗，然后，刘某和江某某就按物业公司的要求说的。”

审判长：“被上诉人对上诉人证据发表质证。”

人社局的代理人：“该证据非刘某所书写，且在我们对刘某调查时，也对该证据进行说明和解释，该证据举证形式不合法应作为无效证据。证据三，我们认为对刘某进行调查时，刘某也对该份证据进行了合理解释。”

物业公司提交的刘某的证明，内容并不是刘某书写，虽然是刘某本人签字，但是证人刘某在被调查时作的询问笔录中予以了否认，且刘某给董某出具的证言与物业公司出具的也不一致。所以被上诉人董某认为，该证据并不是刘某的真实表示。

董某的代理人：“物业公司写好的这份见证人内容让刘某签名，并且上诉人告知刘某，如果说第三人受伤是帮助其清理楼道存放的装饰材料造成伤害应由刘某承担责任，物业公司告知刘某无论在什么场所都要按今天签订的内容对外宣传，说董某是串岗，脱岗拾纸箱皮，刘某为了不承担事故责任，所以在对外宣传时将第三人受伤是串岗和拾纸箱皮造成的。其次上诉人提供的该证据是见证人，从见证人的形式上看也不符合相关规定，见证人应当有两人以上，见证内容要合法真实，上诉人为了推卸责任，在事先写好的不真实的内容上，让所谓的见证人签名实属伪证。”

证明虽然不是刘某本人书写，见证人处却是刘某本人签字，刘某作为一名完全民事责任人，她在证明上签字就应该明白这是具有法律效益的，是真实意思的表示。物业公司还认为，录音录像可以证实第三人的受伤经过并能证实上诉人并没有威胁过刘某，是经过刘某及张某某同意后进行的录音录像，被上诉人在调查笔录中，对刘某的询问及刘某的解释，并不能推翻上诉人提交的证据的证明内容，董某代理人主张刘某是被公司胁迫仅是个人猜测，没有任何证据证实。

审判长："上诉人，对刘某和张某某录音录像是否征求意见？"

物业公司的代理人："征求过意见，是经过她们同意。"

审判长："上诉人，征求意见的过程在录音录像中是否体现？"

物业公司的代理人："如果她们不同意，我们无法录音录像。"

审判长："原审第三人，有无证据证明上诉人对刘某进行胁迫等。"

董某的代理人："刘某说的，录音录像是偷拍的，刘某看到录像后非常气愤，偷拍录像刘某不知道，这是间断录得。"

对于焦点问题二，被上诉人工伤认定程序是否合法。双方随后也都发表了意见。

物业公司的代理人："上诉人对程序问题有异议，被上诉人在人社局的调查笔录中，对刘某和江某某的询问笔录形成时间有重合部分，不符合工伤认定程序中需两名人员进行询问的规定。"

人社局的代理人："两份证据在时间上重合五分钟，我们先对刘某进行询问，笔录完成后，再让刘某进行笔录核对时，然后对江某某开始了调查，我们认为时间上是有五分钟重合，但证明效力与举证形式均符合证据要求。"

2016 年 8 月 29 日，莱芜市中级人民法院依法作出判决。

判决结果

驳回上诉，维持原判。

法官点评

莱芜市中级人民法院法官对本案做了如下点评：

《工伤保险条例》第十九条第二款规定，职工或者其近亲属认为是工伤，用人单位不认为是工伤的，由用人单位承担举证责任。本案中，对于董某受伤的原因，人社局提供了证据，证据之间能够相互印证，证实董某是在工作时间因帮助同事工作受伤，属于因工受伤，证据充分。虽然物业公司提交的刘某的证言和对刘某的录音录像证实，董某在事故发生时是捡纸箱，与董某提供的抬木板的证言不一致，但是无论董某是抬木板还是捡纸箱,都没有证据证实董某不是因工作原因受到的伤害。物业公司所举的证据不能证实董某所受伤害不是工伤,其认定董某所受伤害不是工伤的理由,依法不予支持。

工作场所是指与职工履行工作职责相关的场所,本案中,董某受伤的地点虽然不是在她负责的该小区7号楼和8号楼,但是她受伤原因在帮助同事工作过程中受伤,客观上与本职工作有一定的关系,实际上也是为了完成公司工作。上诉人关于董某受伤地点不是工作场所的主张,法院不予支持。

本案小结

为了让职工有一个安全的工作环境,也为了避免各种纠纷,各行各业都制定了安全工作守则或规章制度,然而制度是管理的基础也是为了更好地为人民服务,如果一个企业不能保护维护员工的合法权益,又谈何发展壮大。这里我们提醒用人单位,出现事故后一定要积极应对,而不是玩擦边球,推脱责任。也提醒所有从业人员,在工作时要保护好自己,再多的赔偿也换不回一个健康的身体。(文/巩其云　王珊)

13 承揽与雇佣　赔偿大不同

有两起事故，两名受害人因为赔偿问题分别打起了官司，虽然他们都是在工作中受了伤，法院的最终判决却截然相反，一个输了官司，一个赢了官司，这是怎么一回事呢？

改建猪圈惹祸事

2014年3月，家住口镇的陶某，在给邻村李某振改建猪圈时意外受伤，陶某要求李某振为他承担医药费。双方对赔偿金额争议很大，在多次协商没有结果的情况下，陶某把李某振告上了法院。

原告陶某："我给李某振修理猪圈，李某振提供材料、工作地点、工作和设施，我提供体力劳动。你说我们这是什么关系？是他雇用的我，我们之间形成的是雇佣关系而非承揽关系。"

李某振回忆，2014年3月，他找来了邻村的李某民和陶某等人帮忙，让他们为自家的猪圈开天窗。上午8时，李某民和陶某来到他的养殖场进行施工，刚开始工程进展很顺利，但谁也没想到，就在施工接近尾声时，一场意外事故发生了。

被告李某振："当时我回房间给他们端水，就听见外面扑通一声，随后传来了一声惨叫。然后我就跑出来，看见陶某就摔倒在地上，问他敢动吗，他说自己不敢动了。"

原来开完天窗后，陶某需要用铁丝拧住天窗，他就去对面的平房上拿钳子，在行走时不小心一脚踩在石棉瓦上，一下子就从房檐上摔了下来。事情发生得太突然，陶某躺在地上不敢挪动，李某振一看陶某伤的非常严重,就马上把陶某送进了医院。

陶某:"当时从屋上摔下来,就不敢动了,到医院里一检查,小腿直接摔的骨折了,伤的非常严重。"

陶某受伤后,在医院治疗了 30 多天。他身边一直需要有人照顾,更不要说打工赚钱了。可自从住院后,李某振只为他支付了一次医疗费用,就再也没有来过。更让陶某气愤的是,李某振在结算工钱时,竟然把医疗费也给扣了出来。

陶某:"我很生气,决定去找他理论理论。找到他以后,我就说我给你干活受了伤,你看怎么办,我在院里受罪先不说,待了这么多天,也花了不少钱,本来就没挣多少钱,这回全搭进去了,这个医疗费你得出,我这属于工伤。我来来回回医疗费就花了三万多元啊。结果他说就赔一万,我不愿意。"

一方只赔偿一万元,一方坚决不同意。

就这样,双方较上了劲。话不投机,李某振也生了气,他对陶某说,你不是嫌少不要吗?我一分钱也不给你了,是你自己不小心受的伤,又不是我造成的,如果你不服气,你就去法院告我。

无奈之下,陶某把李某振告上了法庭。

莱城区人民法院审理后认为:陶某与李某振之间形成的是间接的承揽关系而不是雇佣关系,根据最高人民法院《关于审理人身损害赔偿问题司法解释》第十条规定:承揽人在工作过程中造成自身损害的,定作人不承担赔偿责任。对于这种结果,陶某很不服气。

陶某:"我给李某振干活,李某振给我工钱,他这不是雇我是干啥?我们之间怎么成了承揽关系。我不服,咱在莱城区法院打不赢官司,咱就到市里告他去。"

庭审交锋

2014 年 12 月 4 日,在莱芜市中级人民法院第一审判庭,审判长宣布开庭审理上诉人陶某与被上诉人李某振提供劳务者受害责任赔偿纠纷一案。

法官:"现在开始法庭调查。"

法官:"被上诉人李某振,你和谁联系猪圈开窗倒垄。"

李某振:"我找的李某民,其他人是李某民联系的,需要多少人由李某民定,价格是李某民与我商量的,每人每天 90 元,不是 100 元。"

根据被上诉人所述,李某振与李某民之间形成了雇佣关系,他与陶某没有直接关系。陶某对这种观点并不同意,他认为李某民在这中间只是起到一个告知的作用。对于陶某的说法,李某振提出异议。

李某振:"有异议,干活是由李某民告诉陶某的,李某民告知陶某在李某振的养殖场有活,大工每人每天 100 元,小工每人每天 80 元,陶某有时间就跟随李某民干活。"

法官:"上诉人,你去干活,你的报酬与谁结算?"

陶某:"李某民与李某振结算后,李某民再付款给我。"

根据薪酬结算,可以看出,陶某与李某振之间没有直接关系。上诉人陶某不受被上诉人李某振指令和安排,同时他也不和被上诉人李某振结算劳务报酬。

法官:"上诉人,你陈述一下你是如何受伤?"

陶某:"下午 5 时左右,工作进行最后一项,需要用铁丝拧住天窗,我想从房顶上下去,到屋里拿钳子,不小心一脚踩在屋檐的石棉瓦,就从上面摔下来了,当时踩石棉瓦是必经之路。"

陶某还认为,如果李某振及时提醒他注意安全,事故就不会发生,李某振在安全提示方面存有过错,自己是没有过错的。李某振在调查中却说,他当时已经提醒了陶某,而且当时陶某完全可以选择其他路线下来,完全可以避免受伤。

李某振:"开完天窗后,需要到对面的平房上面拿钳子,当时有两个梯子,上诉人陶某完全可以从梯子上下去,然后再进院子里拿,他为了走捷径选择迈过去,从而踩塌了石棉瓦,摔下来受伤。"

法庭辩论结束后,根据相关法律规定,法庭征求了双方的意见,双方都不同意调解。2015 年 1 月 8 日,依照《中华人民共和国民事诉讼法》有关规定,莱芜市中级人民法院依法作出判决,判决如下:

驳回上诉,维持原判。

法官点评

莱芜市中级人民法院法官对本案做了如下点评：

本案中，李某振与案外人李某民联系的猪圈改天窗、倒垄等事宜，李某民又联系陶某前去完成工作，用工时间由施工人员自己掌握，上诉人陶某不受被上诉人李某振指令和安排，也不与李某振结算报酬，李某振与李某民之间存在的是承揽关系。陶某与李某振之间即不是雇佣关系，也不是承揽合同关系，仅存在间接承揽合同关系。

本案小结

虽然不甘心，最终陶某还是没打赢官司。

案件审理后，二审法院维持了原判，认为李某振和陶某之间存在的只是间接承揽合同关系，不存在雇佣合同关系。因此，李某振对陶某的损失不用承担赔偿责任。那什么才是雇佣合同关系呢？接下来，我们再给大家讲一个类似的案例。

装修工的自白

时年28岁的徐某，家住沂源县徐家庄。

2014年5月，他到莱芜一家装饰公司打工，从事装修工作。这年8月，装饰公司承揽了一项工程后，公司负责人安排他去现场施工。在施工过程中，徐某脚下的施工架突然断裂，站在上面的徐某从架子上摔了下来。

徐某："受伤之后，我无法再正常工作，前前后后住院40多天，公司也给我支付了住院期间的全部医疗费。康复出院后，我去做了伤残鉴定，鉴定结果：构成十级伤残。"

徐某拿着鉴定书，找到装饰公司讨要说法，他认为自己是在工作中受的伤，并且事故责任不在于他，因此主张公司赔偿自己伤残赔偿金和住院期间的误工费，但双方一直没有达成一致意见，随后徐某一纸诉状将装饰公司告上了法庭。

徐某："2014年8月开的庭，当时莱城区人民法院查看了我提交的证据，调查了我和装饰公司的关系，认定我和公司存在雇佣关系，最后的判决是我赢了。装饰公司赔偿我伤残赔偿金 13980 元、误工费 766 元、鉴定费 700 元等共计 15446 元。”

一审判决后，装饰公司不服判决，向莱芜市中级人民法院提起上诉，他们认为徐某受伤后，公司已经尽到了义务，已经给徐某支付了全部的医疗费用，徐某不应该得寸进尺，不应该再提其他的要求。那徐某的要求过分吗？接下来，我们回到庭审现场。

2014 年 10 月 6 日，在莱芜市中级人民法院第一审判庭，办案法官对本案进行法庭调查。

审判长：“首先由上诉人提供证据。”

装饰公司的代理人：“一、我们认为，上诉人与被上诉人之间只是存在劳务关系，并不存在雇佣关系。一审法院却认为上诉人与被上诉人之间形成雇佣关系错误。二、一审法院判决适用法律错误。综上所述，一审法院判决认定事实不清，证据不足，适用法律错误，故依法提起上诉，请求二审法院依法改判。”

审判长：“被上诉人进行答辩。”

徐某的代理人：“我们认为，上诉人对‘劳务关系’存在误解。‘劳务关系’是我国在侵权责任法第一次立法中采用了该术语，它替代了‘雇佣关系’等术语。‘劳务’与‘雇佣’的含义无本质差别，在我国立法及司法实践中，二者的含义其实是相通的。”

对此，徐某的代理人又做了解释。

徐某的代理人：“在一审判决书中已认定徐某受雇于装饰公司，且徐某受伤后，装饰公司将徐某送至医院并支付了医药费，足以证明装饰公司与徐某形成雇佣关系。”

法庭辩论结束后，双方都不同意调解。

2014 年 10 月 16 日，莱芜市中级人民法院依照《中华人民共和国民事诉讼法》有关规定。

判决结果

驳回上诉，维持原判。

法官点评

莱芜市中级人民法院法官对本案做了如下点评：

本案中，徐某在这家装饰公司打工，他干什么工作，什么时间工作，都受到公司的控制、支配，因此他们之间的关系是雇佣关系。根据《中华人民共和国民事诉讼法》有关规定，雇员在从事雇佣活动中受伤，雇主应承担赔偿责任。

讲完了这两个案件，可能大家还是存在不少疑惑，同样是打工，同样是在工作，同样是出了事故，为什么判决结果不一样？为什么认定的劳动关系不一样？承揽关系和雇佣关系有什么区别？接下来，我们就给大家介绍一下。

雇佣和承揽区别

一、当事人之间是不是存在控制、支配和从属关系；

二、当事人之间是不是一方指定工作场所、提供劳动工具或者设备，限定工作时间；

三、当事人之间是定期给付劳动报酬，还是一次性结算劳动报酬；

四、当事人之间是持续性提供劳务，还是一次性提供劳务；

如果当事人之间存在控制、支配和从属关系，由一方指定工作场所、提供劳动工具或设备，限定工作时间，定期给付劳动报酬，所提供的劳动是生产经营活动的一部分，可以认定为雇佣。如果不符合以上条件，则认定为承揽。

法官点评

雇佣关系中的雇主对于雇员造成第三人损害以及自身损害，都要承担赔偿责任。在承揽关系中定作人对于承揽人在工作中造成第三人损害和自身损害均不承担责任。除非在定作人对定作、指示或者选任有过失时，才承担相应的赔偿责任，这里定作人所承担的责任也是有限的过错责任。

本案小结

承揽与雇佣，赔偿大不同。

在这里，我们也提醒广大观众，如果遇到类似的纠纷，一定要先搞清楚双方的法律关系，然后再做打算，否则徒劳无功。同时，我们还要提醒用工单位，一定要给雇佣人员购买保险，这样才能让双方解除后顾之忧。（文/李逢春　张耀海）

叁 房产纠纷类

房产，可谓中国公民当今最为普遍且最具代表性的私有财产。由于房价上涨、房子在居住之外的功能等因素，房屋纠纷成为近年来急剧增加的纠纷类型。

大家急切地拥有房屋的心情情有可原，但在做与房屋相关的决策时还要多了解房屋的属性。

14 房权之争

莱芜市中级人民法院审理了这样一起案件，市民钱某装修好了一套楼房，准备在这套楼房里迎娶新娘，可就在这时，突然来了一名不速之客，不仅把楼房的门锁给换了，还搬到楼房里居住，无奈之下钱某只好把对方起诉到法院。

2016年6月22日，在莱芜市中级人民法院第二审判庭，开庭审理了上诉人钱某与被上诉人徐某返还原物纠纷一案。

各说各理

上诉人钱某，钢城区颜庄镇桑子峪村村民。

被上诉人徐某，钢城区颜庄镇埠东村村民。

审判长："首先由上诉人陈述上诉请求及依据的事实和理由。"

上诉人钱某："2016年3月16日，我回家发现自家的门锁被他人换掉，3月19日徐某强行住进我的房屋。徐某的行为已经构成严重的侵权行为，而且徐某自行换掉我家门锁，给我造成了直接的物质损失。"

钱某说，那天他回家开门时，发现自家门锁被别人换了，敲开家门后，他发现徐某在家中坐着，徐某还对他说这套房子是自己的，他有权在这套楼房里居住。在多次驱赶徐某无果后，钱某拨打了"110"报警电话。徐某为什么会赖着不走呢？咱再听他是怎么说的。

被上诉人徐某："派出所去的时候，我给民警看了一个证明，人家民警一看不敢管了，他们说我们没有权利管，就让钱某到法院起诉我。我第二天又去了派出所，派出所说，你有这个手续，你可以居住。”

徐某手中拿的是什么，竟有如此大的分量？

原来，本案双方争抢的这套楼房，位于颜庄镇埠东村，而钱某也不是这套房子的第一任业主，最早购买这套房子的人是埠东村的村民赵某；而徐某手中拿的证明，是埠东村村民委员会出具的书证，证实该涉案房屋赵某还没有交足全款，根据村民委员会的自治规定，没有发放业主证，这套楼房的产权仍属于埠东村委集体所有。

被上诉人徐某：“只要交不够钱，房子还是村里的，只要不发业主证，你没有权利转卖，业主证就是村里发的。”

这套楼房既然是村集体的，上诉人钱某怎么会住进来，被上诉人徐某为什么也来争抢这套房子？

被上诉人徐某：“赵某是干房屋装修的，当时他接了一个大工程，让我给他借的钱，我从女儿手里拿了 2 万元，兄弟那里拿了 2. 2 万元，我自己的 1. 8 万元，一共是 6 万元，借了以后第一年、第二年还了利息，一共三年，后来没算利息，我向他要钱，他说我没有钱还你，你起诉我就是了。”

赵某，埠东村村民，涉案楼房的最早购买者。

2013 年，赵某向徐某借款 6 万元，也不知什么原因，债务一直没有偿还，徐某无奈之下起诉了借债人赵某。

被上诉人徐某：“这就是耍赖，所以后来我起诉了赵某，我没办法，我只能起诉，我的朋友亲戚都说，你不起诉他，时间长了就要不回来了。”

在徐某诉赵某一案中，法院依据徐某提供的证据，判决赵某应偿还徐某的本金和利息。随后，徐某向法院申请查封赵某购买的楼房，就在进入执行程序时，这时钱某出现了，他提出来这个房子是他的。对于钱某的这种说法，徐某存在不同观点。

被上诉人徐某：“他（钱某）说买了赵某的房子，他说我侵害了他的权益。可是钱某买的房子，也不合法，赵某还欠了村里 4 万多元房款，他凭啥卖给你房子？”

回顾一审

赵某卖给钱某楼房，违反法律规定吗？

徐某强行搬进钱某已经装修好了的楼房，会不会侵犯了钱某的权益？据了解，本案于2016年5月，在钢城区人民法院审理过一次，接下来我们去回顾一下当时的庭审过程。

2016年5月4日，钢城区人民法院对这起案件开庭审理。

审判长："由原告、被告围绕本庭总结的第一个焦点问题向本庭提交证据，并说明证据来源和证明内容。"

钱某代理人："证据一，莱芜市公安局钢城分局110出警现场情况登记及处结备案单两份，证实被告徐某自行换掉原告家的门锁。证据二，农村房屋买卖合同一份，2013年12月16日原告钱某与卖方赵某达成关于颜庄镇埠东新区房屋买卖合同，该买卖合同中有两位见证人亲自见证并签字盖章，证实该涉案房屋已经由钱某取得所有权。证据三，赵某出具的证明一份，证实他收到钱某房屋款15万元。"

庭审中，原告钱某提交了相关证据，证实房子已经由原房主赵某卖给了他，但被告徐某并不同意原告钱某的这种说法。

被告徐某代理人："对于证据二，农村房屋买卖合同有异议。一、原告钱某其户籍所在地为颜庄镇桑子峪村，他所购买的房屋位于颜庄镇埠东村新区，该买卖行为违反了《土地管理法》第六十三条的法律规定，即非本集体组织成员不得购买该房屋。二、卖方赵某对于该出售房屋尚未足额缴纳房款，房屋所有权仍归赵某所在的集体组织，即颜庄镇埠东村民委员所有。赵某与钱某的房屋转让买卖行为应属无效。"

庭审中，被告徐某也提出了质疑，他说："赵某是钱某的亲舅，与本案原、被告之间均存在利害关系，其所出具的书面证明证言不能作为有效证据使用。"

舅舅欠人钱，被起诉查封房子后，外甥出来说房子是自己的，徐某的这种质疑也是无可厚非。随后，徐某又提交了证据，证实自己并没有侵犯到原告钱某的权益。

徐某代理人："证据一，钢城区人民法院执行裁定书一份，证实该涉案房屋是在(2016)鲁1203执13号案件当中的被查封财产,被告徐某出入该涉案房屋以及对该涉案房屋的监管对原告不构成侵权。证据二,颜庄镇埠东村民委员会出具的书证一份,证实该涉案房屋尚未交足全款,根据村民委员会的自治规定,尚未发放业主证,此楼房的产权仍属埠东村委集体所有,同时证实赵某无权对该房屋进行转让或者买卖。证据三,户籍证明一份,证实本案原告户籍地为钢城区颜庄镇桑梓峪村,不属于颜庄镇埠东村该集体组织,不享有该涉案房屋的受让权。"

一审中,双方各说各理。钱某认为,他与别人签订的房屋买卖合同,并不违反法律强制性规定,他支付等价,已经取得房屋所有权,对该房屋享有使用权,而被告徐某认为,钱某与赵某的转让行为违反法律规定,且未经得埠东村委同意,应属无效。在听取了双方的观点后,一审法院将会如何认定呢?

一审法院认为,钱某与徐某诉争的房屋系农村住宅,钱某所提供证据,无法证实他是房屋的合法所有人,因此对钱某要求徐某返还房屋的诉讼请求,不予支持。

法条链接

根据《中华人民共和国土地管理法》第六十二条第三款规定:"农村村民住宅用地,经乡(镇)人民政府审核,由县级人民政府批准;其中涉及占用农用地的,依照本法第四十四条的规定办理审批手续。"及《中华人民共和国物权法》第九条第一款规定"不动产物权的设立、变更、转让和消灭,经依法登记,发生效力;未经登记,不发生效力,但法律另有规定的除外。"

根据以上法律规定,钱某对诉争房屋无所有权,也无权向徐某主张其侵占房屋的损失。2016年6月,钢城区人民法院作出判决,驳回钱某的诉讼请求。

维持原判

一审判决之后,钱某不服判决,向莱芜市中级人民法院提起上诉。

钱某代理人:“一审判决认定事实错误,请求依法改判。”

徐某代理人:“一审认定事实清楚,程序合法,适用法律正确,证据确实充分,请求驳回上诉人上诉请求,维持原判。”

根据钱某的上诉以及徐某的答辩,法庭归纳了争议焦点,即徐某的行为是否构成侵权,应否返还房屋。

钱某首先发表了意见并提供了新的证据。

钱某代理人:“有新证据,莱芜市冠栋家具公司销货单一份,载明2015年4月13日上诉人从该公司购买过1.8米床一张,送货地址是钢城区颜庄镇。”

钱某提供的证据,分别是家具公司销货单,证实其已经入住房屋,锁具维修部出具的收据,证实徐某损坏而维修门锁发生了修复费用400元,房屋照片3张,证实钱某已经对涉案房屋进行了简单的装修,同时证实被上诉人入住该房屋的事实,还提供了户籍信息、户口本一份证实其父亲已经交付了相应的房款。法庭随后对钱某询问了几个问题。

审判长:“上诉人,你对一审中埠东村村民委员会在2015年1月28日出具的证明,证明房款赵某没付清,有没有意见。”

钱某:“不清楚,我们已经把房屋的款项交付给赵某,赵某是否给埠东村村民委员会我不清楚。我支付的房款是现金。”

审判长:“上诉人,现在你是否还在那个楼房里居住。”

钱某:“是的,被上诉人徐某只是在里面住了一段时间。”

审判长:“上诉人,你方实际居住控制该房屋,为何还提起诉讼。”

钱某:“是我方一直占有房屋,被上诉人徐某时不时去把门锁用胶水灌上,影响了我的正常居住,因此要求排除妨害,返还原物。”

审判长:“上诉人,你与赵某是什么关系。”

钱某:“他是我舅舅。”

法庭调查和辩论结束后,由于一方当事人不同意调解,法庭不再主持调解。本案将由合议庭评议后,择期宣判。

2016年6月27日,莱芜市中级人民法院依法作出判决。

判决结果

驳回上诉,维持原判。

法官点评

莱芜市中级人民法院法官对本案做了如下点评:

本院认为,涉案房产是钢城区颜庄镇埠东村委在本村集体土地上开发的,没有房屋产权所有证和土地使用证,是小产权房。国家一直禁止小产权房在本集体经济组织之外交易,钱某不是该村集体经济组织成员,在这次房产交易中,不仅违反现行国家政策,也损害了其所维护的社会公共利益,依照《中华人民共和国合同法》第五十二条的规定,钱某、赵某签订的《农村房屋买卖合同》应认定为无效合同,钱某不能成为涉案房屋的合法所有权人。

本案中钱某的诉讼请求是要求徐某搬出楼房、返还楼房,但钱某庭审中明确认可房屋一直由本人占有,不存在返还原物请求权的基础。因此,一审判决驳回钱某诉讼请求并无不当。钱某的上诉理由不成立,对他的上诉请求不予支持。

本案小结

由于不符合国家的政策,最终原告输了官司。

在此提醒大家,在购买楼房时,千万不要认为签了合同就万事大吉,咱还要了解一下国家的有关政策,做到心中有数,否则就可能引来不必要的麻烦。(文/李莎莎　孟凡虎)

15 谁占了谁的房？

近年来，由于商品房房价的不断飙升，而小产权房相对便宜，为了住房需求，许多人放弃了大产权房，转向价格便宜的小产权住房。可是您知道吗？由于小产权房没有房产证，在购买后很容易引起纠纷。这不，市民李某就遇到了一件闹心的事，他购买了楼房后，却惹出了一起纠纷，这是怎么一回事呢？

莱城区人民法院牛泉法庭开庭审理了一起侵权责任纠纷案。

审判长：“今天法庭调查重点为，原告、被告之间是否存在侵权法律关系、侵权行为，该侵权行为发生的时间、地点、原因、后果，原告要求被告停止侵害、排除妨害，赔偿损失有无事实及法律依据。”

接着，审判长要求原告向法庭陈述诉讼请求及事实和理由。

一套房屋，两名主人

原告李某：“2015 年 6 月 3 日，我购买了位于牛泉镇金牛小区八号楼西单元五层东户，被告郭某无故去骚扰，说这套楼房是他的，并且无故给房屋换锁，他的行为严重地侵犯了我的合法权益。诉讼请求：依法判令被告停止侵害、排除妨碍、赔偿原告损失，依法确认原告购房合同及手续。”

李某说，2015 年 6 月 3 日，他从原房主田某手中购买了一套小产权房，在签订了购房合同后，还让开发商盖了章，并让该小区物业出具了一份证明，证实该房屋已过户给他。郭某多次到家中进行骚扰，严重侵犯了他的合法权益;对于李某的说法,被告郭某提出异议,他说自己才是这套楼房的真正主人。

被告郭某:“我是2015年8月21日在建安公司购买的这套楼房,位于金牛小区八号楼某单元五层东户,我有建安公司给我开具的正式收据两份,并且收据中明确写明了房屋位置。在2015年9月,李某无故将我的房屋换锁,我来看我的房屋,遭到李某的阻止,他说如果我再将锁换回,他接着再换回来。”

一套房子,两名主人。

一方说,他是从原房主手中购买的。另一方说,他是从开发商那里购买的。一套房产怎么会被卖了两次呢,这其中又发生了什么事情,他们之间是否存在误会,我们来继续关注庭审。

审判长:“下面由原告举证。”

李某:“我方申请证人马某出庭作证,其可以证实门锁被换,现在门还在现场。我方要求郭某赔偿门锁损失1000元。”

原告接着出示了购房发票、物业水电单据九张。购房正式发票三张,金牛小区物业证明一份。田某(房屋卖方)身份证复印件一份。住宅楼购置协议书一份,甲乙双方房屋买卖合同一份,房屋买卖收据一份,房内物品清单一份,卖方田某搬家的视频优盘一个。卖方房屋认证书一份。

审判长:“原告,你提交以上证据,想证实什么?”

李某:“一、证实我有建安公司的正规购房合同,建安公司不收回此协议书之前私自将房屋卖给郭某是不合法的。二、证实2010年至2015年10月的一张物业单据,足以推翻郭某的理论。三、本人拥有与卖方田某的个人购房合同,足以证明自2010年至2015年10月,此房均为田某居住。四、此搬家视频足以推翻郭某称其在家中居住由我换了锁的主张。”

原告李某出示的这些证据,目的是证明该套房屋归谁所有,听起来与本案的调查重点,双方之间的侵权责任纠纷并无直接关系,那李某为何提交这些证据,他想要证实什么呢?

李某:“我与郭某素不相识,我购买的田某的房屋,并且有购房合同、发票及个人购房合同,郭某无故将此房屋换锁,并钉住房屋的门,这是一种妨害他人入住行为，并三番五次去影响此房屋入住人，这是我诉讼的理由。我有以上证据证实房子是我的，郭某现在已经将房屋换锁，将房门钉住，侵害了本人的正常生活。”

对于原告的陈述，被告提出异议。

郭某认为，“一、李某拿出的所有单据只能证明该房屋以前为田某所有；二、田某与其签订的买卖合同我认为是假的，因为田某不可能将价值 30 万元左右的房屋及车库 8 万元卖给李某。”

郭某说，在支付了 183769 元房款后，建安公司给他开了两张收据，这收据可以证明他已购买了该房产。另外为了要回房子，在 2015 年 10 月 18 日，他就把李某告上法庭，但在那次开庭后，李某却将该套房屋转卖给了该小区物业负责人马某。

郭某：“李某提供的物业证明，我认为是无效的，因为李某卖给马某房屋，马某是物业经理，他们之间买卖房屋不合法，他低价将房屋卖给马某，马某又高价将房屋出卖给别人。建安公司根本没有给李某开过任何收据及证明，因此我认为李某不能证明该房屋属于他所有。我认为房屋是我的，因此李某的起诉不成立。”

被告郭某提交了两份证据，一份是建安公司开具的购房款收据两张，另一份是建安公司出具的房屋证明一张。通过这两份证据，郭某想证实房屋属于自己所有。原告却认为被告提供的证据不足。

李某表示，“郭某提供的证据不能证实房屋是他的，如果此房归郭某所有，被告能否提供打款收据，并且我认为卖房有前有后，作为第三方某建安公司应当让其出庭。”

申请追加、庭外调查

法庭围绕争议焦点，随后询问了原告、被告几个问题。

审判长：“被告，原告向法庭陈述中，说你对房屋进行了换锁，用钉子将房门钉住，该情况是否属实。”

郭某：“属实。”

审判长：“你在换锁时，是你自己去的还是与其他人去的。”

郭某：“我是叫的开锁公司的去的，他把我的房屋证明及身份证进行了拍照才开的锁,当时没有其他人在场。”

审判长:“你去换锁时,房屋内有无人居住?”

郭某:“因为我进不去家门,我换了锁,之前我进去看过,没居住过,我换锁是 2016 年 1 月左右,当时有人居住。”

审判长:“原告、被告,本案涉及房屋的建设单位及田某,原告、被告是否申请追加田某、建安公司到庭参加诉讼。”

原告:“要求庭外调查,不需要当庭进行。”

被告:“要求庭外调查。”

这套房子归谁所有,目前还真不好说。

如果要想弄明白,必须要把整个事件的核心人物,卖房子的田某和建安公司一起叫来,大家坐一起说说,也许事情就清楚了,可是原告、被告却要求庭下调查,法庭决定休庭调查后再次审理。

2016 年 4 月 21 日,在莱城区人民法院牛泉法庭继续开庭审理原告李某诉被告郭某侵权责任纠纷一案。

审判长:“法庭休庭期间于 2016 年 4 月 6 日向涉案房屋所在的物业工作人员王某进行了调查了解,并于 2016 年 4 月 7 日向涉案房屋开发商建安公司经理雷某进行了调查了解,并派员就涉案房屋的现状进行了勘察,涉案房屋现在没有人居住。下面法庭宣读调查笔录。”

审判长:“原告李某,发表质证意见。”

李某:“王某所陈述属实,田某将房子卖给我后,我从物业过的户,而且我与田某过户时加盖了公章。建安公司所出具的三份发票都在本人手中,并没有丢失,三张发票与房屋购买协议书我已提交法庭。因此田某与郭某去建安公司开具发票、后补发票实际是个幌子。”

对于原告李某的说法,被告进行了反驳。

郭某:“我认为王某说的不正确,我方声明一点,王某与买房的马某是夫妻关系,我认为她这样说的目的就是从李某手里购得房屋,之后再高价转卖。建安公司经理雷某给我开的购房款收据白纸黑字,而且他们也有收据的原底子,他想抵赖是不可能的,我把购房款交到建安公司,他们才给我开具购房款收据。”

李某提交了与雷某的电话记录,证实建安公司并没有出示相关转卖房屋证明,但被告郭某却并不认同原告的这种说法。

郭某："我有建安公司给我开具的证明，建安公司经理雷某虽然陈述我没有交给他钱，但我方有单据，有他公司的公章，我可以申请鉴定，雷某不能抵赖。雷某说我不是把钱给的他，是田某给的他，那他为何给我开具收据，而且收据中也说明了房屋位置，他这样说我认为是在逃避责任。"

庭审中，郭某也提交一份证明，证实内容为："2010 年 2 月 1 日，田某购买金牛小区房屋一处，位于八号楼某单元五层东户及车库，因田某房款未交够，在 2015 年 8 月 21 日田某与公司退房，我公司将该房出卖给郭某，特此证明。"落款为某建安有限公司，时间为 2015 年 11 月 18 日，并加盖了公章。

郭某："我于 2015 年 8 月 21 日购买此房屋后，居住一直受到李某的阻挠，而且李某也证明不了田某是将房屋卖给他的，所以我没有侵犯他的权利。"

田某有没有将房屋卖给李某，田某有没有因为欠房款而向建安公司退房，建安公司是不是在田某退房后又将房屋卖给郭某。由于建安公司的负责人和原房主田某都没有出庭作证，本案依然没办法判断该套房屋归谁所有。

庭审结束前，法庭重申了让田某出庭作证的必要性。

审判长："请双方于庭后十日内寻找田某，并进行协商处理你们之间的纠纷，原告、被告是否同意法庭意见。"

原告："同意。"

被告："同意，田某跑了，可能会找不到，我尽力找找看看。"

庭审 10 天后，由于双方仍没有找到田某进行出庭作证，2016 年 5 月 16 日，莱城区人民法院依法作出判决。

判决结果

驳回本案原告李某对被告郭某的诉讼请求。

法官点评

莱芜市莱城区人民法院法官对本案做了如下点评：

通过双方提供的现有证据，综合审查、分析判断，原告的证据不能推翻被告的证据，被告的证据也不能否定原告的证据。原告的证据涉及案外人田某是否购房及购房后与原告李某之间的房屋买卖是否合法有效、是否涉及其他法律关系等问题，且被告郭某就李某提供的证据所发表的质证意见有一定的道理，能够引起对李某购房行为的合理性怀疑。

被告郭某提供的证据也涉及田某是否购房、有无退房、与郭某之间是否存在其他法律主张问题，而且，通过双方提供的证据及陈述，总感到原告、被告、田某、建安公司之间，有着无法说清的问题，使法庭感到原告、被告双方均没有如实的向法庭陈述、向法庭隐瞒了事情的真相。

对一方当事人为反驳负有举证证明责任的当事人所主张的事实而提供的证据，经过法院审查并结合相关事实，认为待证事实真伪不明的，应当认定该事实不存在。即原告没有充分、充足、无可辩驳的证据，来支持其诉讼请求，因而，不能依法判令被告郭某停止侵害、排除妨碍、赔偿损失。

本案小结

小产权房无保障，购买须谨慎。

在这里我们也提醒大家，购买“小产权房”即使没有遇到骗子，也至少面临三大风险。一是购买的房子没有产权保障。二是遇到纠纷时缺少法律支持。三是由于“小产权房”不能像商品房那样进行抵押，如果购买这样的房子，到银行也不能抵押贷款。（文/亓珉　孟凡虎）

16 旧事重提只为房

俗话说得好，账目清，好弟兄。

您可别不信，今天就给大家讲述一个故事，主人公是几个堂叔兄弟，他们因为四十年前的一件事，双方产生了纠纷，闹得不可开交。是什么样的事情，让双方的矛盾事隔多年都没有得到解决？

2016年4月20日，在莱芜市中级人民法院的第二审判庭，开庭审理上诉人亓某法与被上诉人亓某柏等兄妹六人返还原物纠纷案。

亓某柏，一审中的原告，他代表兄妹六人参加庭审。

亓某法，一审中的被告。

庭审开始，双方当事人就因为一处房子争论不休，他们都说这套房子是自己的，这是怎么一回事呢？

借住 or 购买

上诉人亓某法："房子是我买的，我花了5000元买的这三间平房，当时就是因为没写合同，写了合同的话，能到了这一步吗？"

被上诉人亓某柏："本来是我们的房子，借给你住的，你住了这么多年，反过来你又和我们要这么多钱，我们是不同意的。"

一方说是借出去的，一方说已经购买了。接下来，我们就先请两位当事人来还原一下事情的经过。

被上诉人亓某柏说，父亲原是莱芜市钢城区汶源街道北丈八丘村的村民，后来在沂源县参加了工作。1973年，父亲向村里申请下来了宅基地,计划盖八间房子,他们弟兄四人每人两间。

亓某柏:"我爷爷在家里时,他的老房子不能住了,这样我父亲就打了八间的地基,盖了三间房,让我爷爷先住着,八间房一共600多平方米,另外还在院子里栽上了123棵树。"

当时由于年龄小,亓某柏兄妹几个都跟随父亲在沂源生活,房子盖好以后,亓某柏的爷爷一直在此居住。几年后,爷爷去世,房子就闲置了下来。

亓某柏:"1978年的时候,我爷爷就去世了,这房子就闲下来了。因为当时的观念和现在的不一样,如果是现在的观点,我们就把房子房门一锁,放在那里就行了。"

亓某柏说,那时在农村很多人都有一种思想观念,就是房子不能长期闲置着,必须有人住,有人住家里才会有"人气",因此亓某柏的父亲就想找个人来看家。

亓某柏:"这样就叫我的亲大伯,就是我父亲的哥哥过来住,因为我大伯孩子比较多,他没时间过来住。"

就在父亲找不到合适的人选时,亓某柏的一个同族堂哥亓某法找上家门,说自己刚结婚,想独立门户,无奈家里房子紧张,所以想到亓某柏家里来借住,同时也给他看着这几间房子。

亓某柏:"他是我远房的一个哥哥,他就买了一条烟,过来和我父亲商量这件事,这个事就成了。当时父亲的意思就是'你家里比较困难,你先来住着,过来给我看家',于是他就搬过来住了。"

一方想要找人给自己看房子,另一方正好需要一个住处,于是两家人各取所需。对于亓某柏的这种说法,亓某法也是比较认可,他没有提出不同的意见。

亓某法:"那时候,我大伯(老房主)对我很好,免费让我住,我也很感激,每一年我都去他家好几趟,拿着土产花生、煎饼,一年我去好几趟。"

亓某柏:"因为当时的情况和现在的情况不一样,让他给看家时,没有签合同,也没有立字据,当时没有文字的东西,全是一家人坐在家里商定的,当时在场的有我大娘家的我哥我姐,还有我父亲,加上这个哥哥亓某法。"

虽然没有签合同,但双方还是口头约定了协议和规定。

亓某柏:"我父亲就说了,'这样就让你先住了,住个五年你别嫌少,住个十年也别嫌多,什么时候我需要的时候,让你搬出去,你就得走。'当时我这个哥哥亓某法表态说行,这样就住进去了。"

事情进入僵局

亓某法在亓某柏家的房子里住下来了,这一住就是十几年,刚开始双方倒也相安无事。

亓某柏:"我父亲到了快退休的时候,过去和他商量这个事,说我快退休了,我准备回来住。"

父亲退休后,随着年龄增加,对故土也越来越依恋,想着落叶归根,回到老家居住。按照当初的约定,亓某柏的父亲想让侄子亓某法搬出去,把房子还给自己,但事情并不顺利。

亓某柏:"我这个哥亓某法当时就不同意了,他的意思是不搬出来,他说暂时没地方住。我父亲说,我可以和村里再商量一下,再给你划个宅基地,我帮着你,给你盖间房子。"

这个建议,亓某法竟然拒绝了。

由于亓某法不同意搬走,这件事就暂时放下了。可是这却就成了亓某柏父亲的一块心病。

亓某柏:"后来我父亲临终的时候,把我们兄妹几个叫到跟前,说我们老家盖的房子,这是我留下的东西,你们以后要回来。"

面对父亲的遗嘱,亓某柏和兄妹几人就商量,无论如何,老家还是要回的,这老房子也必须要回来。1999 年,亓某柏就找到了亓某法商量,说你已经免费住了二十多年了,能不能把房子还给我们。

亓某柏:"开始商量的时候,大哥大嫂就说,我们不能白在这住了这么多年,你得给我看房费,我们给你们看了这么多年的房子。"

给自己家看了二十多年的房子,要点劳务费也不算过分。亓某柏和兄妹商量后,就让亓某法出个价钱。

亓某柏:"我说你要求看房费,你得有个数吧,他就写了一个 20 多万元,这个数我们接受不了。"

这个要求出乎亓某柏兄妹的意料，本来还想补偿给亓某法一点费用的想法也荡然无存，并且这个要求把他们激怒了。

亓某柏："我们的房子，让你在这住着，你还要看房费，我们是不同意的。要是按照现在的说法，我们还得要租赁费呢，我们不和你要租赁费就不错了。"

就这样，事情进入僵局。

亓某柏："正在僵持着，我们正在要房的时候，亓某法在我父亲之前打好的三间地基的基础上，他又盖了三间房子。"

2014 年，亓某法开始盖房子，就在新房要封顶的时候，亓某柏兄妹几个赶回了老家，阻止了亓某法，不同意亓某法盖房子。

亓某柏："咱们正在交涉着，还没有交涉清楚你又盖，你这样对我们很不尊重，我们不同意这个事，就把这个事给压下来了。"

亓某柏说，后来他还多次委托兄弟去做工作，但不管谁去做工作，房子就是不给，在这期间，亓某法还是把房子给盖起来了。

亓某柏："这种情况下，我们忍无可忍就起诉他了。"

2015 年 10 月 29 日，亓某柏兄妹六人，一纸诉状，将亓某法起诉至莱芜市钢城区人民法院，请求归还独院一处、平房三间、树木 123 棵，价值约 2 万元，并停止侵权、排除妨碍、恢复原样。

一审法院经过审理后，下达了民事判决书。

判决结果

一、亓某法于判决生效之日起 30 日内停止侵权，搬出居住的位于钢城区的院落一处。并将该院落及房屋三间返还给亓某柏及其兄妹。

二、驳回亓某柏兄妹的其他诉讼请求。

一审判决后，亓某法不服，将亓某柏兄妹六人起诉至莱芜市中级人民法院。请求撤销一审判决，依法驳回亓某柏等人的诉讼请求。

主审法官："亓某法陈述上诉理由。"

亓某法的代理人："涉案房屋亓某法是在 1978 年进去居住的，1980 年，也就是两年后，从他叔叔手里购买了这几间房屋。"

亓某法："这三间屋，我这是花了 5000 元买了。当时手里没有那么多钱,我还向同村村民借过钱。董某某(村里的人),他借给我了 4000 元,我和兄弟又凑伙了几个,凑了 5000 元。"

他的这一说法,立刻遭到亓某柏的反驳。

亓某柏的代理人:"在 80 年代,花 300 元就能盖三间房子,你会花 5000 元买三间屋吗?"

亓某柏表示,既然你说房子已经买了,你就拿出当时买房的证据。对于亓某柏的质疑,亓某法也作了解释。

亓某法:"当时没写合同,写得话我能到了这一步吗?"

拿不出任何证据来,亓某法的辩解显得苍白无力。这时,亓某法的代理人却从另一个角度来为他辩解。

亓某法的代理人:"现在,亓某柏等人都生活、工作居住在城市,他们不属于北丈八丘村集体经济组织成员,国家有规定,宅基地以外土地归集体所有,亓某柏等人都不在村,他们无权拥有。"

亓某柏的代理人:"亓某柏虽都在外工作,仍然有权继承父母在老家的房产。"

法庭上,亓某法代理人又向法庭提交了新的证据。

亓某法代理人:"有新证据,照片一张是涉案房屋三间,为土坯墙结构,窗子已由亓某法更换为塑钢窗,瓦面已经多次修整,并在院里打了深水井,建设院墙及小偏房。"

亓某法:"除了那三间屋,院子、井,连大门都是我修建的,我要是不买了,我投入这么多钱干啥?"

亓某柏却坚持认为,亓某法这是想把自家的房子据为已有,他们也向法庭提供了证据。

亓某柏的代理人:"汶源街道办事处北丈八丘村的开的证明一份,证明 1973 年划宅基地时,亓某柏家的宅基地的四邻是谁。"

维持原判

双方当事人向法庭提交的证据,经过质证,双方当事人都提出异议,主审法官决定待合议庭结合其他证据评议后再予以认定。

审判长:"法庭调查结束。现在进行法庭辩论。"

审判长:“亓某法发表辩论意见。”

亓某法的代理人:“对涉案房屋的买卖,应当尊重农村历史状况予以确认,以便于维护物权稳定和亓某法的合法权益,亓某柏所说的宅基地是他们父亲为兄弟四人申请的,与事实不符。那时,他们的个人身份不具备申请农村宅基地的情况,不可能申请宅基地后长期闲置,请求支持亓某法的上诉请求。”

审判长:“亓某柏发表辩论意见。”

亓某柏的代理人:“依据《中华人民共和国土地管理法》的规定,中国的宅基地的实行是地随房屋走,一审中证人证言、村委的证明都足以证明涉案房屋是六原告的房产,按照《继承法》的规定,一审中六原告应继承父母的财产。”

2016 年 5 月 20 日,依照《中华人民共和国民事诉讼法》第一百七十条第一款第一项、第一百七十五条之规定,莱芜市中级人民法院作出判决。

判决结果

驳回上诉,维持原判。

法官点评

莱芜市中级人民法院法官对本案做了如下点评:

本院认为,双方当事人对涉案中的三间平房是亓某柏等人的父亲所建都没有异议,本院予以认定。亓某法主张于 1980 年购买了三间房产,但没有提交充分证据予以证实,本院不予认定。六名被上诉人虽在外地工作,但他们在父母去世后,作为合法继承人,他们依法享有上述房产的所有权。

在亓某柏向亓某法主张权利后,亓某法继续占用上述房产,没有法律依据。一审判决亓某法搬出并返还房屋三间,符合法律规定。一审判决对亓某法另行修建三间房屋的归属未作出明确的处理,双方可以协商或另行诉讼解决。本案中亓某法的上诉理由不能成立,本院依法不予支持。一审判决认定事实清楚,适用法律正确,依法应予维持。

本案小结

不管房屋是借住，还是已经进行了买卖，如果当年双方签下协议，相信只要能够拿出合同，事情也就会一清二楚，也就避免了这场费时又费力的诉讼。当然，通过这个案例，也让我们更进一步的认识到了签合同的重要性，在这里我们还是要提醒大家，空口无凭，有些事还是要立字为据。（文/亓雪飞　吕霞）

17 该不该退还的定金

在我们身边，不少购房者会遇到这样的难题，这边首付已经交了，那边银行却因不良信用记录被拒绝贷款，结果房子没买成，还引起一场纠纷。在这种情况下首付或定金还能退回来吗？

2016年5月30日，莱芜市中级人民法院开庭审理了上诉人朱某某与被上诉人某房地产公司房屋买卖合同纠纷案。

贷款买房受阻

审判长："现在开始进行法庭调查，首先由上诉人陈述上诉请求及依据的事实和理由。"

朱某某："一审判决认定事实错误，没有充分查明案件的问题，错误地驳回了上诉人的请求，请求贵院查明事实撤销一审判决，依法改判。"

审判长："下面由被上诉人陈述答辩意见。"

某房地产公司："导致本案商品房买卖合同没有签订的原因，是上诉人朱某某个人征信有问题，上诉人所主张的被上诉人夸大宣传误导消费者主张没有事实依据，根据上诉人朱某某个人关于放弃定金的意思表示以及《合同法》的规定，被上诉人没有返还定金的义务。"

一方要退定金，另一方却不给。

朱某某说，这都是因为他买房子惹出来的麻烦。2015年10月，朱某某和妻子计划改善一下居住环境，于是两个人在考察了几栋楼盘后，来到了某房产售楼处，在了解了楼房的户型和价格后，两人决定购买。可是朱某某在购房前心中还存在一个顾虑，于是他就咨询了售楼中心的售房顾问。

朱某某："我问售楼处的顾问，我说两年之前因为给人担保打过官司，我留下了不良信用记录，现在不知道删除了吗，他问官司你赢了吗，我说打赢了，他说你打赢了你怕啥。"

手里有一些积蓄，可由于资金不足，朱某某打算按揭购房，之前他与银行有过经济纠纷，又担心自己在银行有不良记录，如果贷不下款来，就没办法买房子，这时候售楼顾问的一句话，让朱某某吃了一颗定心丸，当即就签订了定购协议，交付了定金。

朱某某："我当时就毫不犹豫地签订了定购协议，既然能贷下款了，我就放心了，接着就交付 1 万元定金。"

双方在签订的定购协议中，第四条第三款写明，签订《商品房买卖合同》时，乙方需按相应的付款方式向甲方缴纳签约应付款：一次性付款的，须付清全部购房款。按揭或公积金贷款付款的，按银行要求付足首付款。

在签订协议后的一周内，朱某某按照按揭付款的银行要求分两次支付了房屋的首付款共计 32 万元，可是后来他在准备签订《商品房买卖合同》时，银行那边却遇到了麻烦。

朱某某："10 月 11 日和 12 日，不到七天我就向房地产分两次缴纳 32 万元首付。11 月我去打印个人征信的时候，在农行发现有不良记录，去办贷款，在多家银行都办不下来。"

贷不下款来，没有钱，拿什么买房子？

朱某某夫妻两人商量，决定放弃购买这套楼房。朱某某来到该房地产公司要求退还他们已支付的房款和定金，双方多次经过协商，最终没有达成一致的意见。

朱某某："在调解过程之前，开发商给我留了三条建议。第一，让我全款买房。第二，顶别人名义贷款买房。第三，如果坚持要退房的话让我付 10%违约金，7 万元。"

朱某某对该房地产公司给出的三条建议非常不满，他表示全款买房自已没有这个能力，不然当时也不会决定按揭来购房，而让别人冒名贷款也是违法的，自己也不同意这么办，并且他认为自己只是签订了一个定购协议，房地产公司没理由扣除他7万元违约金。随后，朱某某又找寻其他途径力求维护自己的合法权益。

朱某某："我就找消协，调解不成，而且对方还强迫我写了一份退房申请表，按他的意思写的，让我放弃定金1万元。"

2016年1月，朱某某在房地产公司的要求下写了退房申请表，并按对方的要求，写下了"可以放弃定金1万元"的这句话，该房地产公司表示，填了申请表就可以退回房款。十几天过去了，朱某某依然没拿到房款，朱某某于是将该房地产公司起诉到莱芜市莱城区人民法院。要求房地产公司返还购房款33万元。在开庭前，该房地产有限公司退还了朱某某购房款32万元。2月26日，在开庭时朱某某当庭变更诉讼请求，要求法院判令该房地产有限公司返还购房定金1万元。

一审法院审理后认为，双方是在平等自愿的基础上签订的《定购协议》，对双方当事人都具有法律约束力。在协议中双方约定，"如乙方（朱某某）逾期付款或不履行本《定购协议》约定条款，则视为乙方单方违约，乙方所缴纳的定金不予退还"。朱某某在交付购房定金后，因其征信问题未能办理银行按揭贷款，导致房屋买卖合同未能签订，该情形符合双方关于违约条款的约定，所以朱某某应承担相应的责任。

2016年3月，莱城区人民法院依照《中华人民共和国合同法》有关规定，判决如下：

驳回朱某某的诉讼请求。

一审判决后，朱某某不服判决，向莱芜市中级人民法院提起上诉，请求撤销一审判决，依法改判。

退不回的定金

朱某某为什么要提起上诉呢？

既然是定金，违约后对方就有权利不还。原来，朱某某认为售楼顾问当初要不是向他承诺可以帮助办出贷款，他也不会如此干脆的签协议付了定金。如今，因征信问题办不下贷款来，这也不全是他的责任。现在自己又被强迫签了退房申请，他才是真正的受害者，因此这1万元的定金他一定要追回来。

在二审法院审理过程中，朱某某向法庭陈述了自己的理由。

朱某某："如果不是开发商承诺可以办理贷款，我不可能签订定购协议的，他们夸大宣传，误导我致使我相信他们的承诺，签订了定购协议，因此我没有过错，我要求返还定金，应依法支持。"

房地产公司："被上诉人没有返还定金的义务。一审认定事实清楚，程序合法，适用法律正确，证据确实充分，请求驳回上诉人上诉请求，维持原判。"

根据上诉以及答辩，法庭归纳了三个争议焦点。

一、被上诉人在房屋销售过程中有无欺诈或虚假宣传行为。

二、争议款项是定金，还是购房款。

三、双方解除购房合同后，争议款项是否应返还。

审判长："首先由上诉人对焦点问题发表意见。"

上诉人朱某某："被上诉人承诺，即使征信有不良记录银行仍可以办理按揭贷款，被上诉人明知我的征信有问题，仍然与我签订定购协议，说明被上诉人有欺诈消费者行为，如果不是被上诉人承诺可以办理贷款，我不可能签订定购协议的，被上诉人夸大宣传，误导我，致使我相信被上诉人的承诺，签订了定购协议。"

上诉人朱某某认为房地产公司存在明显的欺诈行为，如果不是他们的承诺，自己也不会签订定购协议，而且房地产公司还说不填写放弃定金 1 万元，就不会退 32 万元首付，对于上诉人朱某某的这种说法，被上诉人不予认同。

房地产公司："我方不存在虚假宣传的行为，定购协议上显示的 1 万元是定金不是购房款。被上诉人认为贷款只是支付购房款的一种方式，还有其他方式，按揭贷款能不能正常从银行贷款并不必然导致商品房合同是否顺利签订，因此上诉人主张的按揭贷款没有办下来，被上诉人强买强卖是没有法律依据的。"

朱某某一直在强调，自己是在对方的胁迫下，签订了写有放弃 1 万元定金的退房申请，那他有没有证据？审判长进行了调查。

审判长："上诉人和被上诉人对未签订购房合同的原因，双方分别陈述一下。"

朱某某:“当时被上诉人让我去找中国银行办按揭贷款,银行说有不良记录不会放款,被上诉人又让我去农信社,说农信社可以审批,农信社工作人员答复,只针对信用卡逾期未还款的才放款,你这种不良记录我们不能放款。”

房地产公司:“不清楚什么原因。我们多次要求上诉人签订合同,上诉人未来办理。”

审判长:“上诉人,定购协议中要求你提供的征信报告,你是否提交。”

朱某某:“向被上诉人出示过征信报告,但没有给被上诉人,被上诉人知道这个问题。也看过该报告,并让上诉人到某农信社找徐经理,而且向我提供了徐经理的电话号码。”

上诉人朱某某提交的这份征信报告,没有在被上诉人手中,单纯通过这份证据,怎么能证实这份报告已经提交给被上诉人,被上诉人当即就提出了反驳意见,认为上诉人提供的带有农信社电话号码的信息,即便是公司员工提供,也只是一根线索,与本案无关。

审判长:“上诉人发表辩论意见。”

朱某某:“上诉人购买房屋,已经向被上诉了解了购房事宜,被上诉人也承诺能够办理按揭贷款,虽然没有签订房屋买卖合同,但是这不是上诉人的原因,也不是故意违约,因此本案应该按照相关法律规定,将该定金返还给上诉人。”

庭审结束后,由于双方均不同意调解,法庭决定择期宣判。2016年6月21日,莱芜市中级人民法院依法作出判决。

判决结果

驳回上诉,维持原判。

法官点评

莱芜市中级人民法院法官对本案做了如下点评:

本案中,朱某某称签订定购协议之前,该房地产公司给予其口头承诺,即便有不良记录也可以帮助办理贷款,但该承诺并没有落实在定购协议之中,上诉人没有证据证实真实性,因此不能认定是房地产公司有夸大宣传和欺诈行为。

依据双方的《定购协议》，争议款项 1 万元是双方为保证签订正式《商品房买卖合同》的成约定金，在双方未签订正式的《商品房买卖合同》前，这 1 万元仍然是定金。

双方解除定购协议后，朱某某在退房申请表上明确注明"定金可以放弃"，该条款是双方协商的结果，当时朱某某既可以签署该申请达成协议，也可以寻求其他途径解决双方争议，而且，朱某某主张是被胁迫签订的，也没有足够的证据来证实。因此，该房地产公司依据朱某某的承诺扣除定金并无不当，上诉人朱某某理由不能成立，他的请求不予支持。

本案小结

朱某某心中纵使有委屈，因没有确凿证据证实对方的口头承诺，自己签下的合同还是要自己负责。在这里提醒广大市民，不管是买房子，还是购买其他商品，可不要听信卖家的口头承诺，一旦发生纠纷都是空头支票，无从考证，一切承诺都要落实到合同上。在签合同时，如果需要支付定金，要三思而行，签订之后，就要按照合同来履行自己的义务，否则很可能就会遭受不同程度的经济损失。（文/李莎莎　王珊）

18 担保，抵押了谁的房？

在民间借贷或金融贷款中，为了降低风险，债主在放贷前往往会要求借债人找一个担保人，用房产等资产作为抵押，以此增加保险系数。可在我们现实生活中，总有个别的借款人和担保人，为了逃避债务和责任，有的远走高飞，有的转移财产，遇到这种情况，债主借出去的钱，还能不能追回来呢？

2015年4月，在莱芜市中级人民法院的第二审判庭内，审理了一起案外人执行异议纠纷案。

借债人逃跑

审判长："现在开庭，请各方当事人发表意见。"

上诉人魏某全："这房子，我哥哥已经转让给我了。"

被上诉人魏某安："这套房，我已卖给了我弟弟，现在这房子早已不是我的了。"

被上诉人高某："他兄弟俩这个买卖，根本就不属实，他无非是想虚构房屋买卖事实，来逃避执行他的财产。"

高某提到的这兄弟俩名叫魏某安和魏某全，他们之间和高某是什么关系呢？三个人提到的这套房是谁的？这件事还要从三年前说起。

被上诉人魏某安："高某借款给的别人，我当担保人，现在借款人无力偿还，可能是跑了，我就成了一个'替罪羊'。"

魏某安说，自己的朋友戚某借了高某20万元，当时他出于哥们义气,给戚某做了担保人。

被上诉人魏某安:"我当时和戚某关系很好,我经常的用他的车,他提出让我给他担保了,这件事我也不好推辞啊。"

被上诉人高某:"当时戚某和我借钱,魏某安说我有房子,我给他做担保。我就说能行吗?他说行啊行啊,你借给他吧。我这不就借给他了,他愿意担保的。"

就是因为关系好,不好推辞,魏某安就答应了戚某的请求。

相信在借钱之初,他们几个人的想法都是好的,一个是仗义出手为人担保,既解了借款人的燃眉之急,又让高某放心向外借款并挣点儿利息,三方是皆大欢喜。但是现实就没有想象的那么美好了。

被上诉人魏某安:"担保了以后,过了一段时间,高某和戚某要钱,戚某可能没给她。我当时也和高某说,我听说戚某借的债务不少。你要早想办法,趁着他现在还有车,不行你就开他几辆车来抵债。"

魏某安说,他善意地提醒了高某,如果借款人的资金链出现问题,不如自己先提前打算,以防不测。

被上诉人魏某安:"可当时高某却说,这个你就不用管了,戚某我自己去找他。"

过了一段时间后,高某和魏某安约来了借款人戚某,本想催催借款的事,可戚某的几句话给他俩吃了一颗定心丸。

被上诉人魏某安:"高某叫上我和戚某一块吃饭,戚某就给揽起来了,他就说,老大哥担保的,咱能叫你还钱吗?"

这话说得既痛快又仗义,高某和魏某安也就放心了,耐心地等着借款人还钱。但是,让他们没想到的是,这么"仗义"的借款人,却做出了一件不仗义的事。

被上诉人魏某安:"后来,借款人无力偿还,他跑了。"

借款人无力偿还债务,远走他乡,躲了起来,这下让魏某安懵了。当初信誓旦旦说不拖累大哥,一定要还债的好兄弟去哪了?借款人跑了,高某这边也急了眼,她来找担保人讨要说法。

被上诉人高某:"魏某安是担保人,借款人没还钱,担保人就有担保责任,也就有连带责任,他就得负责还款。"

如今,贷款担保的现象非常普遍,可是关于担保人的义务,不少人却不是十分了解,只是有一些浅显的认识。担保人在担保后,会产生什么义务呢?

法条链接

我国《担保法》第六条规定:"本法所称保证,是指保证人和债权人约定,当债务人不履行债务时,保证人按照约定履行债务或者承担责任的行为。"

2013年11月,高某一纸诉状将戚某、魏某安告上法庭,请求法院判决戚某承担还款责任、魏某安承担担保责任,并申请查封了魏某安购买的一套房。依据法律规定,莱芜市莱城区人民法院在审理结束后,很快下达了判决书,判决借款人戚某偿还借款,魏某安承担连带责任。

判决书生效后,高某申请执行魏某安的沿街楼房,以此替借款人戚某偿还自己的欠款。

案外人提起异议

可是在这时,让人意想不到的事情发生了,魏某安的弟弟魏某全来到了法院,他对执行法官说,这套房子是他的,法院不能执行。

上诉人魏某全:"魏某安是我哥哥,他两个闺女在云南工作,他说我两个孩子都去外地了,自己老了以后也想跟着孩子去外地居住,于是就把沿街楼房转给我了。"

这个半路杀出来的"程咬金",让高某非常意外。

被上诉人高某:"现在有争议的这座沿街楼房,我申请拍卖,在执行过程中早已被法院查封了。现在马上要拍卖了,他弟弟才说这房子哥哥已经卖给了他,我怀疑他兄弟俩串通好了,魏某安让他弟弟出来提异议。"

高某的这种说法,上诉人魏某全提出不同意见。

上诉人魏某全:"这是她和我哥哥之间的事,我不知道,这和我没关系,我得维护我的合法权益,楼房是我的,他们这案子与我无关,查封我的房子,我能愿意吗?"

案外人魏某全提出的执行异议后，一审法院经审查，作出执行裁定：

驳回异议人魏某全的异议。

2014 年 9 月，魏某全对该裁定不服，把哥哥魏某安和高某告上了法庭。一审法院审理后，根据相关法律的规定，作出判决，驳回了魏某全的诉讼请求。

一审判决后，魏某全不服判决，认为法庭认定事实错误，应当改判，他向莱芜市中级人民法院提起了上诉。该案移交到莱芜市中级人民法院民一庭进行审理。

审判长："被上诉人发表意见。"

被上诉人高某："提交一组照片，说明涉案房产现在的租赁情况，证实该房屋是魏某安租赁出去的。"

审判长："上诉人进行质证。"

上诉人魏某全："对证据真实性无异议，涉案房屋归我所有。但是，对外出租是以魏某安的名义出租出去的。"

审判长："被上诉人魏某安发表意见。"

被上诉人魏某安："对证据的真实性无异议，租赁费归我弟弟魏某全所有，只是以我的名义对外出租，在村委登记时，按我的名义办理的水电，这样交水电费就能便宜一些。"

魏某安说，这房子以前虽然是自己买的，但是房产证上的名字也不是自己的。那这套房到底是谁的呢？

主审法官："上诉人魏某全，对于涉案房屋，有没有房产证和土地使用证？"

被上诉人魏某全："这楼房我买过来之后，一直没过户，还是原房主的名字，房产证我哥哥魏某安弄丢了。"

主审法官："被上诉人魏某安，你讲一下涉案房屋土地证和房产证的问题。"

被上诉人魏某安："2007 年 3 月 20 日，我拿着土地证和房产证准备去行政服务大厅咨询怎么过户，结果走半道上丢了，我接着去电视台做的挂失广告，这是电视台出具的证明。"

魏某安说，这套沿街楼房是他从别人手里买的二手房，买这房子时，房主不愿意卖，是房主的儿子偷偷卖的，所以房产证丢失后，原房主不同意去补办，这套房也就一直没有办过户。

被上诉人高某："现在说这房产不是他的，执行之前他还给我写了房产证明的，这个都有证据。"

魏某安虽然出示了房产证和土地证丢失证明，高某却认为不管房产证是否丢失，都不能否定房子是魏某安的事实。

被上诉人高某："再说房产要不是他的话，到现在为止他一楼出租着，二楼他住着，三楼他让他弟弟住着。"

对于高某的话，魏某全非常不满意，他说哥哥早已将房子卖给他了，他也是给哥哥付了钱的，虽然房子没有过户，但是有关房子的使用问题，哥俩也是早已协议好了。

被上诉人魏某安："2006 年的时候，弟弟先给了我 6 万元，2009 年的时候，他又凑了凑，当时我以 40 万元的价格卖给他的，当时就说好了，等我两个闺女安排好了工作，出了嫁，我就跟着闺女去外地，我才搬出去。"

魏某安说，这套楼房真正的主人其实是他的弟弟，他现在只是寄居在弟弟的房子里，早晚是要搬走的。可是高某却说，魏姓两兄弟她早就认识，对他们的情况也是知根知底的，要说是弟弟买哥哥的房子，她是很难相信的。

被上诉人高某："他弟弟没有能力买这个房子。2006 年他弟弟从一个小山村里出来，也没有工作，给他哥哥看家，打点零工。后来到了 2009 年，才到一家煤矿干的合同工。一个月 3000 多元，他没有能力来买这个房子。"

被上诉人魏某安："这房子我已经给我弟弟了，并且他已经把老家的房子卖了，他儿子也快结婚了。如果说，这房子我要不卖给他，他又怎么会把老家的房子卖了，他难道不为他儿子着想吗？没有房子他儿子怎么找媳妇啊，这是个很清楚的道理。"

对于魏某安的这种解释，高某进行了反驳。

被上诉人高某："魏某安说把土地使用证和房产证都丢了，魏某全连原来的房主也不认识，他能敢买这个房子吗？他没有钱买，他就是有钱，他也不敢买。"

被上诉人魏某安:“她说我和我弟弟不能交易,亲兄弟就不能交易了吗?那时候房子才值多少钱?我就说,假如这房子我就是赠与给我弟弟了,这个也不成立吗?”

涉案房屋继续执行

双方你一言我一语的争论不休,都觉得自己说的在理。

法庭随后归纳了争议焦点。

一、魏某安、魏某全两兄弟之间是否存在真实的房屋买卖关系,上诉人魏某全是否享有房屋所有权。

二、涉案房屋是否应该继续执行。

主审法官:“上诉人针对焦点问题发表意见。”

上诉人魏某全:“房子本身是我的,对于执行庭做的查封,我觉得不能执行。”

被上诉人高某:“应该继续执行,上诉人魏某全与他哥哥魏某安没有真实的交易。”

被上诉人魏某安:“这个执行不执行,我也说了不算了,这个房子我已经转卖给我弟弟了,这个房子是魏某全的,我现在没有权利对这个房子说三道四了。”

庭审结束后,法院对相关证据进行了核查,认为二审查明的事实同一审查明的事实相一致。2015 年 5 月 8 日,根据《中华人民共和国民事诉讼法》的规定,莱芜市中级人民法院作出判决。

判决结果

一、驳回上诉,维持原判。

二、二审案件受理费 100 元,由上诉人魏某全负责,本判决为终审判决。

法官点评

莱芜市中级人民法院法官对本案做了如下点评:

二审法院认为,涉案房屋虽然登记在原房主名下,但高某在一审中提交原房主的证明，明确表明房屋已转让给魏某安了，并且魏某安目前还在该房屋居住，并部分对外出租，可以认定魏某安一直占有该房屋。因此，魏某全主张对涉案房屋拥有所有权的观点并不成立。魏某全与魏某安是兄弟关系，他们双方之间的转让协议、收据等证据，系亲属之间出具的证据，证据的证明力小于其他证据，结合本案其他证据，一审判决不予认定魏某全对涉案房屋的所有权是正确的。

本案小结

相信大家看到这里，对担保会有一个新的认识。

在这里，我们也提醒大家，生活中切莫为了哥们义气，草率替人担保。给人担保时，首先要审查借款人的还款能力，要对自己所要承担的风险做到心中有数，切不可随意签字担保，以免带来不必要的纠纷和损失。另外，在房屋买卖交易中，也提醒大家要保留好证据，能办过户的房产，一定要尽快办理过户手续，以免引起意外纠纷。（文/孙磊　孟凡虎）

19 被查封的房子

房子,对于老百姓来说可是大事,结婚买婚房,孩子上学买学区房,都是为了生活。买到一套称心的房子,就会觉得日子也是那么的美好。但是,如果购买的房子发生了纠纷,可是够糟心的。下面,我们就来看一个关于买房的故事。

家住新泰的王某,小日子一直过得很惬意。

可是,这份惬意的生活被一个陌生人的来访给打破了。原来,九年前,为了结婚,王某和丈夫购买了一套"二手房",原房主姓李,这个陌生人是李某的外甥。他的来访,给王某带来了一个坏消息。

王某:"他说舅舅让他传个话,说这房子可能要被查封。"

意外卷入官司

房子是自家购买的,现在已经居住了九年多,家人从来和别人没有经济纠纷,怎么会无缘无故地被法院查封?王某突然想起,2005 年她从李某手里购房后,由于种种原因,房子一直没有过户。

王某:"我就给李某打电话,问他为什么查封了楼房?李某就说,他和一个姓吕的人有经济纠纷,后来两个人打官司,李某输了官司后,姓吕的向法院申请执行,由于这套房子没过户,还在李某的名下,这样法院就准备查封这套楼房。"

自己购买的房子就要被查封了,那可是自己的家!

了解情况后,王某急了。在查封过程中,王某提出执行异议,法院驳回了王某的异议，王某不服，提起诉讼，请求法院支持她诉讼请求。2017年9月4日，在莱芜市钢城区人民法院开庭审理了这一个案外人执行异议的案件。

审判长："首先由原告向本庭陈述诉讼请求。"

原告代理人："诉讼请求：一、判决确认位于新泰市房屋一套为原告所有；二、判令贵院停止对诉争房屋的查封、执行程序。"

审判长："下面由被告向本庭陈述答辩理由。"

被告二："2005年4月9日，原告购买我位于新泰市房屋一套，并支付了7.8万元的房款，这件事是真实存在的。"

被告二是涉案房屋的原房主李某，他对于房屋的归属权没有异议。可是被告一吕某却不同意李某的观点。

被告一："根据《物权法》的规定，不动产应以登记为准。涉案房产登记在李某名下，该房产所有权人就应当是李某。原告诉称房产于2005年4月9日买卖，我是在2014年9月才查封，在这九年时间内，原告没有要求过户，显然不符合正常交易习惯。"

被告一吕某称，他和李某有经济纠纷，后来查到李某名下有一套房产，就请求法院把这房子查封。吕某认为，成交九年的房子一直没有过户，这本身就存在问题，这一定是李某为了躲避债务，和原告串通，假装卖房。对于房子为什么没过户，原告和被告二在法庭上也做了解释。

被告二："我离开新泰多年，没和原告取得联系，至此没能及时把楼房过户给原告。"

原告："买完了房子后，我们找他，他说妻子生病了，我就想着别催他，他妻子生病他也挺急，等好了他肯定会联系我们的。"

但是，事情并没有像王某想的那样，过了一段时间，王某就再也联系不上了李某，就这样，将近十年的时间里，王某一直没有找到李某。这天，王某终于等来了李某的消息，这个消息却是要查封自己的房子。无奈之下，王某将吕某和李某起诉到了法院。

未过户的房产

审判长："下面进行法庭调查，首先由原告举证。"

原告代理人:“证据二:2015 年 4 月 9 日,原告与被告二签订的协议书一份,证实双方已就涉案房屋买卖达成合法有效的协议。”

审判长:“由被告进行质证。”

被告一:“对证据二协议书的真实性有异议,同时该协议书也不能证明原告已支付房款。”

被告一对涉案房屋买卖合同存在异议,他认为这只是一份证明,并不能证明房屋交易的真实性。

原告又出具了另一份证据。

原告代理人:“证据三:房屋所有权证一份,证实原告与被告二签订协议时,被告二将该房产证交付原告所有。”

被告二:“对证据三无异议。证明了我与原告签订的合同是真实的,并实际交付了房屋,原告也支付了房屋款。”

被告一:“对证据三的真实性无异议。但对证明的问题有异议,该房产证在原告手中不能证明被告二已将房屋出售给原告。”

被告认为,虽然原告手持涉案房屋的房产证,但是房产证上依然是李某的名字,也就是说,这套房子依然是李某的,原告只是出具了李某的房产证而已。

原告随后继续举证。

原告代理人:“证据四:该房屋所在物业公司出具的物业管理收费票据九份,证实原告自购买房屋后至今一直居住在该房屋内。”

被告一:“对证据四的真实性有异议。该组证据是新泰市辰龙物业管理有限公司出具的收据,所盖印章也不具有法律效力。”

被告一表示,收据是不能作为证据使用的,而原告确实交付应由物业公司开具正式发票并加盖正式专用章。

原告代理人:“证据五:原告所在的房屋附近邻居出具的证明一份,证实原告自 2005 年居住至今。”

被告一:“对证据五的真实性有异议。根据法律规定证人证言应当出庭作证,仅出具书面证明不能作为证据使用。”

被告一对该证据依然提出质疑,他说,原告所提供的这份证据不符合法律规定。

审判长:“被告二,你说一下当时房款是否交付给你。”

被告二:“交付了,以现金的形式。当时90多平方米的房子我要了8万元,他一次性给我,我让了2000元,是7.8万元。”

被告二说,当时原告是全款买的房子,房子交易完成后,只是口头约定抽时间把房子过户,但是,时间一长,这房子过户的事情就给放下了。

审判长:“被告二,是先给的钱,还是先签的协议。”

被告二:“同时进行,我给原告房产证和钥匙,同时她给的我现金。”

庭审中,审判长对双方房产交易的细节进行了解。

审判长:“被告二,关于过户你们双方当时是怎么约定的。”

被告:“他给我钱后我说抽时间给他过户,从那以后忙起来就忘了。”

审判长:“原告,对于你们双方房屋买卖交易是通过什么途径达成的交易意向,并签订房屋买卖协议。”

原告代理人:“当时被告二在小区里张贴了一张售房信息,留有一个固定电话,我们通过打电话联系进行的交易。”

在庭审调查中,原告表示,当时交易是双方自由买卖,他们没有通过中间人。

审判长:“原告,当时双方达成协议书,对于房款和房产证进行交付后,有没有对于什么时候过户有过具体的约定。”

原告代理人:“具体时间没约定,就是说等他妻子病好后办理过户。”

原告说,当时被告二的妻子生病了,自己也没好意思催他,想等他妻子好了,他就会主动联系自己,可是一直没有等到被告二的电话。

审判长:“原告,被告当时有没有给你留下具体的联系方式。”

原告:“当时留的就是买房时张贴的固定电话,差不多半年以后,再联系就找不到了。”

被告二:“当时都没有手机,就留的家里的座机号,卖房后不久座机也就停机了。停机后就一直没再交费,也没有再告知她。”

原告:“我也去他上班的地方问过,他们说他早就不在这上班了,后来一直没联系上。”

工作换了,房子卖了,被告二全家也就搬走了。这下,原告彻底找不到被告二了。

真实的权利人

审判长:“原告,对于涉案的房屋小区之内,有没有其他房屋办理过过户登记。”

原告代理人:“我们去新泰市房管局和国土局资源,该案房屋土地性质属于集体土地,不具备办理房产登记条件,通过个人是无法办理,需经所在单位新泰市经委供销公司集体办理。”

原告说,该房产证所处的土地未办理土地使用权登记手续,因此,从客观上讲无法办理过户登记。

审判长:“原告,根据你方的陈述,办理房屋过户需要集体一块办理,你们小区个人目前没法办理过户登记吗?”

原告:“当时因为结婚,急着买婚房,我也不知道到底能不能过户,也没想这些,就购买了这套房子。”

看来从一开始,王某一家就糊里糊涂的买了这房,并且因为原房主李某的妻子生病,后来联系不上李某,房屋过户的事也被拖延了。

另外,涉案房屋对房屋的登记不明确,明明只有一套房子,可是却登记了两个地址,被告二为此做了解释。

被告二:“当时这个小区简称东南关小区,四周没有房,卖的时候写的是小区内实际排的楼号,办房产证登记时,重新进行排号就是房管部门登记的号,事实上就是房产证上登记的房子。”

被告二说,他在新泰市并没有第二套房产,无论合同上双方怎么称呼,应以房管部门登记名称为准。

被告一:“对房子本身没有异议,但对房产证和购房协议的地址不统一应由相关部门出具书面证明,才能证实所购房屋与房产证登记房屋为一套房屋。”

庭审结束后,合议庭进行了合议。

2017 年 12 月 4 日,钢城区人民法院依法对本案作出判决。

判决结果

一、坐落于新泰市某小区1幢404房屋为原告王某所有；

二、停止对新泰市某小区1幢404房屋的执行。

案件受理费1750元，由被告吕某、李某负担。

法官点评

莱芜市钢城区人民法院法官对本案做了如下点评：

原告王某对执行提出异议，她提交了与被告李某签订的房屋买卖协议书、涉案房屋所在物业公司出具的物业费、水电费、暖气费收费收据等证据，被告李某亦认可上述证据并认可已收到原告交付的房款，故可以认定原告王某与被告李某达成房屋买卖合意后，原告王某履行了交付房款的义务，被告李某交付了涉案房屋，原告王某实际占有使用，并持有真实的产权证书，原告王某因此实际取得房屋权利。

因此，办案法官认为，原告王某是涉案房屋的真实权利人，也就是涉案房屋的所有权人。

原告王某与被告李某签订房屋买卖协议书、完成涉案房屋交付的行为均在本院查封该房屋之前，并且原告王某按照协议书付清全部房款，并承担了涉案房屋的物业费、水电费等费用，已对涉案房屋实际占用多年。涉案房屋虽未办理过户登记手续，但无相关证据证明原告王某存在过错。原告王某作为涉案房屋的真实权利人，对涉案房屋享有物权，即享有直接支配和排他的权利，可以排除强制执行。

本案小结

这一案例也给我们上了一课。

房屋交易本身就是涉及钱财往来，风险往往也相伴而生。所以在房屋交易时，一定要事无巨细的考虑周全，如果弄不清房屋交易流程，那就找一家正规的房屋中介帮忙完善手续，或者去相关的管理部门好好的咨询一下，以免留下不可预知的风险。（文/尹祥丽　于晓敏）

肆 合同纠纷类

在某种意义上,法治社会就是契约社会的代名词。但是,虽然多数人一旦与他人达成协议便会信守承诺,一定会有一些人或因故意或因过失而“背信弃义”。于是,合同纠纷层出不穷。于是,跟上时代步伐的表现之一就是对自己的担保、借款、买卖等重要经济活动能够用“法眼观察”。

20 莫名其妙的担保

2013年的一天,一个电话打破了廖某平静的生活,单位的财务人员告诉他,他被银行起诉了,工资账号也被法院查封了,以后每个月都要从他的账号里扣钱还贷。接到电话后,廖某一下子懵了,自己从来没有到银行里贷款,也没有给别人做过担保,法院为什么要查封自己的工资账号呢?

接到电话后,廖某百思不得其解。

他来到法院进行了咨询,负责接待的法官告诉他,早在半年前,一家金融机构就起诉了他。2012年10月,钢城区人民法院对此案进行了开庭审理,在法官的提醒下,廖某想起了一件遗忘的往事,在一个月前,他收到过法院的一张传票。

廖某:"收到传票后,一看贷款人的名字,不认识,我就对送传票的人说了,我没给这个人担保贷款,我也就没有去开庭。当时法律意识淡薄,没有意识到问题的严重性。"

工资被冻结

2012年10月11日,钢城区人民法院第一审判庭内开庭审理了一起借款合同纠纷案。据了解,原告是一家银行。第一被告叫刘某,男,莱城区人,无业,他是本案的贷款人。第二被告叫廖某,男,莱城区人,某单位职工,这起贷款的担保人。然而在开庭时,被告席上却空无一人。

法官:“被告刘某、廖某经本院合法传唤,无正当理由未到庭,本案依法缺席审理,首先由原告陈述诉讼请求和所依据的事实与理由。”

某银行的代理人:“诉讼请求。一、请求法院依法判令被告一偿还我行贷款本息,其中贷款本金 5 万元,利息是从贷款发放日 2010 年 2 月 11 日计算到 2012 年 6 月 14 日,此后利息是从 2012 年 6 月 15 日至清偿日,10.3545%是逾期年利率。二、要求担保人廖某对上述债务承担连带清偿责任。三、要求被告承担本案的诉讼费用。四、要求被告承担我行实现债权的费用。”

这家银行的代理人陈述,2010 年 2 月 11 日,被告刘某和银行签订了借款合同,一次借款 5 万元。被告廖某作为担保人,在连带责任保证书上签字后,银行给刘某发放了贷款。可是贷款到期后,刘某没有按时偿还。银行在多次催收,刘某对贷款本息拒不履行偿还义务,银行就把两个人告上了法庭。

在法庭上,原告出示了刘某签订的借款合同,廖某签订的担保责任书,证明刘某从银行借款,证明廖某对这笔借款也提供连带责任保证担保。由于这两名被告在开庭时始终都没露面,法庭认定刘某和廖某自动放弃诉讼权利。

2012 年 10 月 15 日,钢城区人民法院依据原告提供的证据,做出了判决,并向被告人送达了判决书。

判决结果

一、被告刘某于本判决生效之日起十日内偿还原告某银行借款本金 5 万元及利息 12529.88 元,并按合同约定支付 2012 年 6 月 15 日起至本判决所确定的履行期间届满之日的利息。

二、被告廖某对上述款项承担连带清偿责任,担保人承担保证责任后,有权在承担责任的范围内向借款人追偿。

判决下达后,由于贷款人刘某没有固定职业和稳定的收入,他没有能力偿还这笔贷款债务,银行就向法院申请对担保人廖某进行强制执行,扣发廖某工资来偿还这笔贷款。不久后,法院冻结了廖某的工资账户,廖某这才意识到问题的严重性。

廖某:“我根本就不认识刘某,我也没给他做过担保,可是银行却有我的签字,你说急人吧!”

接下来,廖某电话联系了第一被告刘某,刘某说最近在外地住院,并不了解事情的经过。在电话中,刘某明确表示,他也压根不认识担保人廖某,自己也没有向银行贷过款。就这样,廖某稀里糊涂成了担保人,还被冻结了工资,这可是廖某唯一的生活来源,这让廖某很是气愤,无奈之下,他又去找那家放贷的银行。

廖某:“法院判决后,把我工资冻结了,冻结了以后,我立马找银行里放贷款的这个人,我就问他到底怎么回事,我不认识当事人,我也没给他担保过贷款。当时,银行放贷人员就说是给领导反映这个情况,然后给解决,他承诺说如果不是我签的字,就不给我扣工资了。可这件事一直就这么拖着,我也找不到贷款人,贷款人也说不认识我,我也不认识他。”

冒充的签名

两个互相不认识的人,怎么会出现在同一张借款合同上,难道身份证和签名都可以假造吗?廖某觉得自己很冤,他说自己从来没有签过这笔贷款担保合同。可是在法院送达的材料中,他却看到了自己的身份证复印件,以及自己签名的贷款合同等材料。面对眼前的“铁证”,他百口莫辩。

事情到底在哪个环节出现了问题,很快,通过查看贷款材料,廖某就证明了自己的猜测,他自己的身份证被他人盗用了,合同上的签名也是被别人代签的。

廖某:“当时我给一个朋友担保贷款,他和我借过身份证,两三天的时间吧,我就拿回来了,最后我没给他担保,我也没去签字。后来具体他们怎么做的,怎么担保的,怎么放的贷款我一点不清楚,只是我的身份证,借了别人几天。”

事到如今,廖某必须主张自己的权益,才能追回自己的损失。于是,廖某请求法院对本案再审。2014 年 8 月 26 日,钢城区人民法院依法启动再审程序,开庭审理了此案。

审判长："首先由申请再审人向本庭陈述再审请求及依据的事实与理由。"

廖某的代理人："申请再审请求：一、请求撤销一审法院民事判决或改判申请再审人不承担连带担保责任。二、本案一切诉讼费由被申请人承担。"

廖某要求法院撤销一审判决，认为自己没有为刘某的借款做过担保。对此，贷款人刘某也到法庭作了解释。

原审被告刘某："我没去银行签过字，原审涉及的5万元的贷款不是我贷的，是我一个朋友贷的款，他让我去银行签的字，目的是办一笔贷款，贷款人是我的朋友，他领我到银行签的字，我不认识担保人廖某，廖某也没有为我担保过。"

在法庭上，廖某也出示了证据。

廖某的代理人："出示证据一，刘某给我出具的便条，书写时间是2014年1月15日，证实在原审中向法庭出具的借款及担保合同不真实，并非我本人签字，不能作为确定我承担担保责任的法定依据。"

对于廖某的说法，银行的代理人进行了反驳。

银行的代理人："法官，该证据属于刘某单方出具，而且刘某和廖某同时作为原审的被告具有利害关系，刘某不能证明申请再审人廖某的观点。"

面对对方的反驳，廖某紧接着又出示了两份证据。

廖某的代理人："证据二，中级人民法院于2014年6月25日对刘某的调查笔录一份。证据三，2014年6月25日，中级法院对廖某的调查笔录一份，证实我对刘某贷款事确实不知情，并没有在担保合同上进行签字，与刘某也不认识，不应承担担保责任。"

在查看了廖某出示的证据后，银行的代理人认为，这些证据只能证明刘某对贷款的手续均是他本人办理的，他应承担还款责任。廖某与刘某是否认识，也不是决定廖某承担担保责任的前提。证据三明确廖某出借身份证的事实，即使借款合同上不是其本人签字，但其明知其出借身份证是用于贷款，应为此承担相应的法律责任，随后银行也向法庭提交了证据。

法官："被申请人有无证据提交？"

银行的代理人:“证据一,我们银行与农户签订的贷款借款合同一份、担保承诺书一份,证实刘某贷款和廖某提供担保的事实。证据二,债权凭证一份、借记卡账户明细一份,证明被申请人已按合同约定履行向原审被告刘某发放5万元借款。证据三,放款客户回单一份,证实内容同证据二的证实内容。证据四,廖某收入证明书一份,证实廖某符合担保条件。”

句句掷地有声,条条言之凿凿。白纸黑字面前,廖某与刘某的证词变得略显单薄,毕竟二人同是原审被告,具有利害关系,没有确凿证据无法让人信服啊!无奈之下,廖某做出了一个决定,既然签字不是他本人签的,他申请要做字迹鉴定。

挽回损失

廖某的代理人:“对证据一借款和担保合同有异议,根据刘某当庭陈述,在签署合同时,我的当事人没有在场,没有要求为他进行担保,结合中院调查笔录,担保人的签字,系被申请人自行伪造,对刘某贷款没有告知其合同的相关内容,该借款和担保合同并不真实,申请对相关签字进行鉴定,以确定其真实性。”

2014年11月12日,钢城区人民法院委托山东大舜司法鉴定所作的鉴定有了结果,结果证实贷款合同中担保人廖某的签字和指纹并不是廖某的,证实了廖某不是原审案件中应承担法定担保责任的当事人。几天后,钢城区人民法院做出判决。

判决结果

一、维持一审判决书第一项,即“被告刘某于本判决生效之日起10日内偿还原告某银行借款本金5万元及利息12529.88元,并按合同约定支付本判决所确定的履行期间届满之日的利息。

二、维持一审判决书第三项,即“驳回原告其他诉讼请求”。

三、撤销一审判决书第二项,即“被告廖某对上述款项承担连带清偿责任,担保人承担保证责任后,有权在承担责任的范围内向借款人追偿”。

四、本案鉴定费2500元由被申请人承担，于判决生效之日起10日内支付给申请再审人。

法官点评

莱芜市钢城区人民法院法官对本案做了如下点评：

本案由于一审时，被告刘某和廖某均未到庭，所以法庭视为他们自动放弃自己的权利，法院依法进行审理判决。而判决之后，被告廖某提出再审要求，法院予以审查并决定再审，经廖某申请，通过法院对外委托进行字迹鉴定，最终认定担保人签名不是担保人所签，因此，法院依法撤销了偿还贷款的义务。其实本案如果在一审时，担保人廖某及时行使自己的权利，积极争取解决，也不会出现当时的一审判决，冻结其工资账户，扣发他的工资。

在本案中个别金融机构在经营中存在的几个问题，也是导致本案发生的主要原因。一、贷前审查不严，盲目放款个别金融机构对保证人不加严格审查，一旦出现风险则所有保证人同时失去担保作用。二、贷后监督不力。对贷款用途进行监管本是金融机构贷后管理工作的重要内容，但是目前很多金融机构给借款人发放贷款后，对贷款用途和使用情况监督不力，贷款发放后对贷款人财务状况等不能跟踪分析。三、手续不完善。对借款、担保手续审查不严。部分金融机构对借款人、担保人的签名、身份证件真实性审查不严，进而引发纠纷，结果就如本案，金融机构败诉。

本案小结

因为一审没有参加开庭，廖某输了官司。

为了维护自己的权益，廖某搭上了一年多时间和精力，最终通过笔迹鉴定才打赢了官司。我们也提醒观众朋友，及时参加诉讼，是维护自身权益的有效方式，如果放弃这种权利，最终吃亏的是自己。同时，还要提醒广大市民，不管是自己的身份证还是其他有效证件，自己一定要管理好，不要被他人恶意冒用。另外，我们还要警告那些为非作歹的人，借债还钱天经地义，不管你躲到哪里，迟早一天也要为自己的行为付出代价。（文/王艳　王冠之）

21 “收到条”不等于借款条

俗话说，借债还钱，天经地义！

钢城区某村委先后借给村民四笔款。不久后，他们凭借四张收到条，将两名村民告上法庭，讨要借给村民的这些借款。村委为什么拿到的是收到条，而不是借条或欠条，村委拿着这些收到条对村民进行起诉，他们能否得到法庭的支持呢？

2016 年 8 月 8 日，莱芜市钢城区人民法院颜庄法庭开庭审理了一起不当得利案。原告是钢城区某村委会，被告一是该村村民葛某锋，被告二是该村村民葛某云，葛某云是葛某锋的儿子，父子两人共同聘请了一名代理人。

四份收到条

审判长：“现在开庭，首先由原告向本庭陈述诉讼请求及依据的事实和理由。”

原告的代理人：“诉讼请求。1. 判决被告葛某锋、葛某云偿还原告 3 万元。2. 诉讼费用由被告承担。”

诉讼请求中原告说，2015 年 8 月村委会为了整治村里环境卫生，清理路边的杂草，喷洒了灭草剂百草枯，村民葛某锋由于在路边放羊，导致中毒过敏，葛某锋到村委会讨要说法，并且以住院为由先后分四次向村委会借款 3 万元，由他的儿子葛某云写下了四份收到条。原告认为两被告获得的这笔钱是不当得利，于是将两人起诉到法院。那什么是不当得利呢？

法官："不当得利是指没有合法根据，或事后丧失了合法根据而被确认为是因致他人遭受损失而获得的利益，应负返还的义务。举例说明，比如售货时多收货款，拾得遗失物据为己有等。取得利益的人称受益人，遭受损害的人称受害人。"

由此看来，不当得利是指没有合法根据而获得的利益。

本案中，两被告并非无故获取的这笔钱，而是有个前提，那就是葛某锋在村路边放羊时中毒出现过敏症状，而且需住院治疗，他在向村委会讨要说法时，村委会这才给了他3万元。但话又说回来，葛某锋的过敏症状与村委会有直接关系吗？即便是有关系，这笔钱属不属于不当得利呢？我们看被告方是怎样答辩的。

被告的代理人："本案中葛某锋收取村委会的3万元并非不当得利。2015年8月1日，村委会在村内公共场合和村民的房前屋后喷洒农药，当时原告的行为导致葛某锋、郭某花（葛某锋的配偶）中毒，当时原告立即支付费用给葛某锋、郭某花到莱钢医院治疗。后因治疗效果不明显，转至齐鲁医院治疗。"

被告代理人说，百草枯是一种快速灭生性除草剂，而且对人的毒性极大，也没有特效解毒药，被告正是因为接触了喷洒药物的草才出现的不适症状。

被告的代理人："原告未通知村民，在公共场合使用剧毒农药，根据《民法通则》第一百二十三条规定，从事高空高压，易燃易爆剧毒等，对周围环境具有高度危险的作业造成他人伤害的，应承担民事责任，《侵权责任法》第七十二条也明确了规定，使用易燃易爆剧毒放射性的高度危险物造成他人人身伤害的，使用人应该承担侵权责任。"

根据以上规定，被告代理人说责任人应承担无过错的赔偿责任。被告收取原告的费用是合法有据的，并且，原告在支付后还向被告索要了在医院治疗期间的发票，原告是自愿赔偿的。

被告的代理人："原告起诉葛某云，主体不适格，葛某云（葛某锋之子）是案外人，村委送去的治疗费用，葛某锋、郭某花不识字，并且正在打针治疗，葛某云代收款项，葛某云明显属于代理人，并不属于当事人，代理人代理所产生的民责任应当由当事人来承担。所以原告起诉葛某云不适格。”

随后,审判员归纳了本案的争议焦点。

原告要求两被告返还 3 万元有无相应的事实及法律依据。

在法官的主持下,原告、被告围绕焦点问题分别向法庭提交证据,并说明证据来源和证明内容。

原告的代理人:“提供由被告葛某云签的四份收条,证实被告向村委分四次借款 3 万元,因为被告葛某锋不能证实其伤害是由于村委的过错造成的,所以借款 3 万元应当予以偿还。”

审判长:“将四份收条交原告质证。”

被告的代理人:“对该四份真实证据真实性无异议。但是我们对该四份证据有不同的意见和观点。首先看 1.5 万元的收条,是由葛某来所出具,葛某来也是葛某锋的儿子,由此可见葛某云和葛某来代为收取相关款项都是一种代理行为,原告起诉葛某云主体错误,葛某云经手的条子只有 1.2 万元。”

被告代理人还说,这些收据都有村委会的负责人签字,由此可见上述费用是经过村“两委”签字同意支付的,应视为原告自愿赔偿给被告的损失。双方代理人围绕争议焦点对四份收到条进行了辩论,期间被告方申请证人葛某东出庭作证,葛某东的身份是村民委员会的委员。

被告的代理人:“村里打灭草剂时有没有研究,当时你有没有参与过协商,当时村里怎么定的。”

葛某东:“参与过协调,当时研究打灭草剂,有人说有污染不让打,后来又说打灭草剂,然后‘两委’会加上区里领导人员,决定把草拔了,把灭草剂打到 205 国道两侧,会议是这样定的。后来村里打没打我不知道。”

被告的代理人:“后来村里是否支付过医疗费?”

葛某东:“据我所知,村里安排葛某一去负责这个事情,我还是在村里打扫卫生。”

被告的代理人发问后,原告方也进行了发问。

原告的代理人:“那天中午是不是喝酒了?”

葛某东:“中午喝了一杯啤酒。”

原告的代理人:“会议定了以后,你知道不知道灭草剂是不是打了?"

葛某东:"我没过去,事后听说是葛某廷打的灭草剂。"

审判长:"葛某一在村里是什么职务?"

葛某东:"村委委员。"

审判长:"涉案的3万元是村委主动给的葛某锋,还是葛某锋到村里去要的?"

葛某东:"我知道第一次是书记陈某刚打发葛某一送到医院,据我了解,后来是刘某英带着钱去医院看望。"

被告方随后申请第二位证人葛某林出庭作证,葛某林是村里的居民。在法官的主持下,被告方首先对证人进行了发问。

被告的代理人:"葛某锋和郭某花受伤以后,村委会有没有到莱钢医院看望过,有没有送钱去?"

葛某林:"看望过,送过钱。"

被告的代理人:"当时葛某一在村里是什么职务?"

葛某林:"村委委员。"

被告的代理人:"葛某一有没有到过医院送过钱?"

葛某林:"到过医院送过钱。"

紧接着,原告代理人向证人发问。

原告的代理人:"你与被告是什么关系?"

葛某林:"我们是一个家族的,在五服以外。"

原告的代理人:"你们打的村里的草?还是国道上的草?"

葛某林:"打的村民大门口的草。"

原告的代理人:"你家大门口的草打了吗?"

葛某林:"打我家时就被其他村民制止了。"

原告的代理人:"被告中毒你见了吗?"

葛某林:"我在场见了。"

原告的代理人:"当时是什么情况?你陈述一下。"

葛某林:"当时头晕、出汗、呕吐,基本上失去行走能力。"

原告的代理人:"当时被告放羊,羊有什么中毒情况?"

葛某林:"村里安排打灭草剂,村民怕羊吃了草中毒了,提前把羊赶回了家,羊没有中毒。"

提出撤诉

证人退庭后,双方对两位证人出庭证言进行质证。

被告的代理人:“通过证人作证,完全可以证实原告在村里喷洒灭草剂的事实,被告还有医院的相关病历举证来证实葛某锋和郭某花因百草枯中毒治疗的过程,结合原告提供的收据上载明的百草枯中毒的记载,完全予以证实村委会支付 3 万元确系用于被告葛某锋和郭某花治疗花费,并不属于不当得利。”

原告的代理人:“对于两证人均有异议,对于证人葛某东明显看出其属于醉酒状态,其不能正确的表达。对于证人葛某林的证言,因葛某林与两被告有利害亲属关系,其证言的可信度不能作为证据来使用。被告提供的证据无法证实是村委指使人员喷洒的灭草剂,也没有证据来证实被告葛某锋是由于拔草中毒。”

原告代说,村委没有安排葛某锋进行锄草,因此不能排除是葛某锋自身原因造成的。被告随后向法庭提供了证据。证据包括,葛某锋和郭某花在莱钢医院和齐鲁医院的病例,证实两人因百草枯中毒,并在医院治疗和花费 2.5 万余元医疗费的情况。其中第四份证据是一份民事起诉状及受理通知,证实葛某锋和郭某花已经提起了诉讼。扣除村委会已经支付的 3 万元,两人主张了 2 万余元的损失。

被告代理人提供的证据四是一份民事起诉状和受理通知,用于证实本案中的被告方已经另案起诉了村委会,要求继续追加赔偿费用,这样一来,被告方在法庭中提出了自己观点,认为本案可以中止审理,等另案审理查明后一并处理。那原告又是如何质证的呢?

原告的代理人:“通过门诊病历不能证实葛某锋、郭某花是于一天之前皮肤接触农药百草枯发生的过敏,不能排除是不是接触其他造成的,葛某锋已经 76 岁,其自身存在肺部疾病,不能认为是中毒直接造成的。”

原告代理人对于医疗费单据及明细也有异议,对于其中的复方甘草及其他药物不是治疗过敏的药物。对起诉状及案件受理,被告起诉村委会不影响本案中原告要求返还的主张,这两者之间不是一个法律关系。

被告的代理人:“葛某锋和郭某花中毒当天,出现了呕吐等症状,因当天比较热,有中暑的类似现象,两人对百草枯中毒的症状是不了解,后来病情持续加剧,两人才到了莱钢医院治疗。经医生询问了解,其符合百草枯中毒的相关症状,所以证人的陈述并没有矛盾。”

法庭调查结束后,进入法庭辩论环节。

原告的代理人:“本次庭审可以证实被告中毒不是由于原告方的原因造成的,原告方也没有指使有关人员在被告家门口喷洒农药,被告是一天以后感到不适到医院就诊的,其不能排除由于其他原因导致其皮肤过敏。两证人其中一证人是处于醉酒状态,另一证人与被告有亲属关系,并且证人陈述的时间与中毒时间与病历记载时间不符,所以被告相关的医疗费不应由原告支付,原告方只是借给被告费用进行治疗,现在请求被告返还垫付 3 万元。”

被告及诉讼代理人发表了辩论意见。

被告的代理人:“根据民事证据规则,对该实施有毒作业被告举证倒置的原则,从事有毒有害的一方,除非有证据证明受害人属于故意或者不合常理外,其都应当承担侵权责任。在因果关系证明责任上也是使用举证倒置的原则,原告必须有证据证实其从事有毒有害的作业,与葛某锋受伤没有因果关系,方能解除其侵权责任。综上,本案原告侵权事实存在,理应承担赔偿责任。”

被告方认为,原告在起诉状上以及向法庭举证时,他们提供的证据不是借款关系,而是支付的医疗费,收条上都明确载明。因此,被告方认为原告主张和其诉讼请求不统一不明确。综上,请求驳回原告诉讼请求,或者中止本案诉讼。

原告的代理人:“关于被告出具的四份收条,上面关于医疗费和中毒的记载都是由被告方书写的,并非原告人员记载。收到条上面的原告方的村委负责人的签字是对村财务支出该款项的一个财务签字,并非被告的赔偿和认可的签字。”

法庭辩论结束,由于被告方不同意调解,法庭不再做当庭调解,审判结果将择期宣判。就在法庭即将依法作出判决时,原告方于 2016 年 9 月 6 日向钢城区人民法院提出撤诉申请,法院予以准许。

法官点评

莱芜市钢城区人民法院法官对本案做了如下点评：

不当得利的构成要件有四项：一是一方获得利益；二是他方受到损失；三是获利与受损之间具有因果关系；四是获得利益没有合法依据。本案中，从现有证据来看，本案被告所得并非不当得利，原告支付的3万元是被告用于治疗因农药引起的病症，是对被告人身受到危害后的补偿。本案之所以撤诉，是因为村委会考虑到案情的实际情况作出的决定。村委会提出撤诉申请是对自己权利的行使，依据相关法律规定，法院予以准许。

本案小结

当事人各方所签订的字据，只要不违反法律规定、属于自愿且是真实意思的表达，就有法律效力。在本案中，村委会拿出这笔钱用于葛某锋和郭某花的治疗，是主动给予，并不是村民平白无故的取得，村委会仅凭四张“收到条”主张的不当得利，在这种情况下依法无据，法院自然会不予以支持。（文/梁广新　李文超）

22 网购出的“纠葛”

近年来，随着电子商务的快速发展，网购已经成为人们日常生活的一部分，特别是“90”后的年轻人，他们都已经习惯了这种新兴的消费方式，不出家门在互联网上就可以购买到货美价廉的商品。然而，值得我们特别注意的是，由于各类网店良莠不齐，由此引发的纠纷也已经成为一个突出的社会问题。

2016 年 1 月，莱芜市中级人民法院第三审判庭，开庭审理了一起上诉案件——网络买卖合同纠纷案。

“表里不一”的礼物

审判长：“首先由上诉人陈述上诉请求及事实和理由。”

上诉人段某的代理人：“上诉请求，撤销一审判决，依法改判被上诉人某保健品网店立即返还购物款 27360 元，并支付三倍购物款 71280 元，并改判某购物网站对上述款项承担连带责任。”

被上诉人某保健品网店的代理人：“被上诉人从未宣传过产品具有药用功能，所售产品的宣传及外包装注意事项中明确了‘本品不能代替药物’，保健功能为‘增强免疫力’。某保健品网店不存在上诉人所述的‘欺诈’行为。”

被上诉人某购物网站的代理人：“作为第三方交易平台，尽到了主体身份信息的审查义务，已履行了作为平台经营者的法律义务，答辩人不存在任何过错。”

庭审中,三方坚持己见。

接下来,我们先让当事人段某来回顾一下事情的经过。段某说,2015 年年初,他谈了一个女朋友,在交往了一段时间后,双方感觉都不错,于是他就提出去女方家中拜访一下。

上诉人段某:“她的爷爷奶奶都是退休的老干部,所以我想买点高档的礼品送给她的爷爷奶奶,我跟我女朋友说过这个想法之后,我的女朋友也非常支持。”

段某是“90”后,习惯在网上购物,在取得女朋友的认可下,他打开电脑登录某购物网站网,找到了一家专门从事保健品制作与销售的网店。

上诉人段某:“我从某购物网站商城某保健品网店的旗舰店,发现了一款产品非常好,他在网页上宣传他这个产品能防癌症、抗衰老,对糖尿病有一定的治疗作用,对心脑血管疾病也可以预防,我感觉非常不错。”

从网上查询后,段某对保健品的功效非常满意,该产品打出的促销价格更让他心动。在被上诉人的公司网页中,该产品每盒的原价为 23760 元,活动价格每盒仅售 11880 元。

上诉人段某:“所以我感觉非常值,也感觉他这个功效也非常不错,包装也非常精美,我就下了两单,购买了两盒这个产品,一共花了 2.3 余万元。”

很快,段某就收到了网店送来的快递,但是打开包装盒后,段某发现购买商品和网上的宣传有很大的出入。

上诉人段某:“在 4 月 2 日,中午 12 点左右,我通过顺丰快递收到了这个产品,在我打开包装盒之后啊,我发现了包装盒上明确写的保健功能、增强免疫力。”

段某在收到快递后,发现该产品是批准文号为“国食健字 G20110768”的普通保健品,商品包装注明功能与国家食药监所查询的功能皆为“增强免疫力”,并非在网页中宣传的有修复受损细胞、抑制癌细胞增长等药用功能。

上诉人段某:“在我收到这个发票之后,我就向某购物网站的所在地,广州余杭区工商局进行了投诉与举报,然后余杭工商局的工作人员告诉了我这个案件的相应的处理情况，并推荐我走司法程序，进行一个起诉维权。”

2015年4月14日，段某将某保健品网店和某购物网站告上法庭。

莱芜市莱城区人民法院审理后认为，涉案产品外包装保健功能中注明“增强免疫力”与该产品在国家食品药品监督管理总局数据平台的公示信息相一致。原告提交的某保健品网店的网页宣传快照截图均为复印件，不能证实某保健品网店存在虚假宣传的行为。因此，原告起诉理由不成立。

关于某购物网站是否承担连带责任，法庭认为段某未能提供证据证实某购物网站明知或者应知某保健品网店利用其平台侵害消费者合法权益而未采取必要措施，原告要求某购物网站承担责任，缺乏事实及法律依据。因此，驳回原告段某的诉讼请求。

是否构成欺诈

一审判决后，段某不服判决向莱芜市中级人民法院提起上诉，这也就有了开头的那一幕。

段某：“当时我就感觉我上当了，跟他宣传的不一样。”

上诉人段某的代理人：“上诉人收货后发现其标签标注的‘保健功能’为‘增强免疫力’，而非其广告宣传的功能功效。”

段某认为，他在购买商品之初，商家所宣传的六大功效吸引了自己，确信该商品有修复受损细胞、抑制癌细胞的增长等药用功能。他认为，如果真有这些功效的话，这件商品也会值这个价钱，所以才会花这么多钱来购买此商品。

上诉人段某的代理人：“查询国家食药监管局有关保健食品功能范围共有27项，国家食药监局批准该保健品的保健功能仅为‘增强免疫力’，根本没有什么防癌抗肿瘤等多种功效，其所宣称的六大功效也根本不在保健食品功能范围内。”

针对上诉人提供的证据，被上诉人某保健品网店也向法庭提交了一份由山东省疾病预防控制中心为涉案产品所做的检测报告。

被上诉人某保健品网店的代理人：“被上诉人销售的‘某牌壳寡糖

灵芝银杏叶胶囊’系经国家食品药品监督管理局批准生产的保健产品,且该产品通过了山东省疾病预防控制中心的检测。”

被上诉人某保健品网店代理人说,保健品能调节身体机能,适用于特定人群食用,但不以治疗疾病为目的,在宣传上,他们也没有出现功效、成功率等相关的词语,也没有扩大宣传。

被上诉人某保健品网店的代理人:“按照日常生活经验判断,上诉人购买产品前,一定会对产品的性能、包装、价格、注意事项等各方面情况进行了充分的了解和比较,不可能向其所说在收到产品后,才发现产品‘不能代替药物’,功能为‘增强免疫力’。”

随后,段某的代理人提交了一份新的证据。该份证据证实,某保健品网店关于涉案产品功效在某购物网站网上的宣传与上诉人提交的网页宣传截图一致,某保健品网店在网页中宣传其产品有通肠排毒养颜、修复受损细胞、抑制癌细胞的增长等药用功能。

上诉人段某的代理人:“显然,其宣传不但未严格依国食药监局批准的说明书内容为准,还任意改变,演绎出种种防绝症治大病的神乎其神的功能功效,做出了虚假的引人误解的宣传行为。”

自认为买到了假货的段某心中气愤难平,他说某保健品网店不仅对商品功能扩大了宣传,同时在价格上也弄虚作假,其行为已构成了欺诈,某保健品网店应当对他予以赔偿。被告某购物网站作为被告某保健品网店的服务平台提供者,为其销售违法产品提供便利,应当对被告某保健品网店的行为承担连带责任。

段某的代理人:“在其广告宣传中,对涉案商品价格标注为23760元。将该23760元原价划掉,改为‘促销价:11880元’,并用特别颜色标注该价格为‘开业大促’。”

段某的代理人强调,某保健品网店把保健品的价格做得那么显眼,给人视觉上强有力的冲击,让消费者难免会因诱人的价格而忽略商品本身的品质,但这种说法立刻遭到对方的反驳。

被上诉人某保健品网店的代理人:“上诉人对产品的价格是明知的,不存在因为价格误导导致其错误购买产品问题。此外双方的聊天记录还可以看出来,被上诉人某保健品网店未对产品进行虚假宣传。”

为了证明公司并没有恶意欺诈,被上诉人某保健品网店向二审法庭出具了上诉人段某和公司客服的聊天记录。

被上诉人某保健品网店的代理人："双方的聊天记录第三页，上诉人段某说'这个 1 万多元的不错''这个 11880 的我想要两盒，用来送人，包装一定要精美''还说上网一查一定要高价'。"

段某的代理人反驳说，上诉人段某在购买商品时，除了商品本身功能外，购买这种保健品的确是受了价格的诱惑。

上诉人段某的代理人："段某认为，这是某保健品网店故意以虚假的价格方式，来诱骗上诉人认为获得了巨大优惠的情况下，来购买其产品，属于价格欺诈。"

被上诉人某购物网站的代理人："通过聊天记录明显可看出，被答辩人对产品的价格是明知的，被答辩人也未提供证据证实某保健品网店存在价格欺诈。"

上诉人段某的代理人："某购物网站作为全国屈指可数的、有经验的网络交易平台提供者，应当知道法律法规对保健食品销售、宣传及价格的有关规定，明知或应知某保健品网店产品的宣传不符合相关规定、明知其价格存在重大问题，未采取任何措施，造成上诉人作为消费者的合法权益受到损害。"

某购物网站的代理人辩称，在《某网服务协议》中，他们明确要求用户在发布信息和交易时必须遵守法律法规，不得发布侵犯他人合法权益的商品信息，同时也提醒了消费者用户，商家自行发布的信息，可能存在交易风险，某购物网站认为，他们在法律赋予的义务之外还尽到了提醒服务。

被上诉人某购物网站的代理人："某保健品网店在产品外包装中，保健功能中注明的信息于该产品在国家食品药品监督管理总局数据平台的公示信息相一致，且被答辩人未提供充分证据证实某保健品网店存在虚假宣传行为。"

庭审结束后，当事人都同意调解，在法官的协调下，被上诉人某保健品网店一次性赔偿上诉人段某 4.5 万元，其他事项上诉人不再追究。2016 年 3 月 15 日上诉人段某向莱芜市中级人民法院提出撤诉申请。

二审法院经审查认为，上诉人段某的申请符合法律规定，应当予以准许。依照《中华人民共和国民事诉讼法》第一百七十三条、第一百七十五条的规定,裁定如下:准许上诉人段某撤回上诉。

法官点评

莱芜市中级人民法院法官对本案做了如下点评:

在二审中,上诉人提交了浙江省余杭市市场监管局出具的涉案产品的网页宣传截图,从该截图上可以看出某保健品网店宣传的产品具有抗癌、防癌等功能,与实际的"增强免疫力"功能是不符的,这种行为是一种虚假宣传行为,实质上构成商业欺诈。上诉人作为消费者,要求退货并赔偿损失的请求,应当予以支持。

根据《中华人民共和国消费者权益保护法》第五十五条第一款规定:经营者提供商品或者服务有欺诈行为的,应当按照消费者的要求增加赔偿其受到的损失,增加赔偿的金额为消费者购买商品的价款或者接受服务的费用的三倍;增加赔偿的金额不足500元的,为500元。法律另有规定的,依照其规定。因此,上诉人要求被上诉人某保健品网店退还货款23760元及赔偿损失71280元应予以支持。

本案中,某购物网站作为网络商品交易第三方平台,在商家入驻时已要求提供真实信息,已履行了审查义务。虽然某保健品网店在经营过程中存在虚假宣传、价格欺诈的行为,但某购物网站并未参与该虚假信息的制作、编辑,不应对此行为承担责任。另外,上诉人在本案中并未提供证据证实某购物网站对某保健品网店的虚假宣传行为是知道的,且某购物网站在收到一审法院传票后,立即断开了某保健品网店的所有交易链接,已尽到了相应的责任。因此,某购物网站不应承担连带责任。

本案小结

在这里,我们要提醒广大的网购消费者,从网上购买商品时,要货比三家,谨慎做出选择。在购买之后,要妥善保存好网页和交易的截图等证据材料,在自己的合法权益遭到侵害的时候,要积极拿出法律武器进行维权。同时,还要提醒开网店的商家们,在网页上宣传所售商品时,一定要做真实、靠谱的宣传,以免让"有心"买家抓了把柄,落了口实。(文/鞠荣荣　吕霞)

23 “二手车”引出的纠纷

现如今,随着生活水平的提高,家庭买车是件寻常的事了。可在买车的时候,要注意的事项还真不少,尤其是二手车,稍一疏忽可能就招来麻烦。不久前,市民万某就遇到一件烦心事,他通过朋友介绍,购买了一辆二手车,购车款已经付清,但车辆却迟迟不能过户,更让他想不到的是,这辆车不久后还被法院查封了。

2015年6月17日,在莱芜市莱城区人民法院第四审判庭里,审判长宣布开庭审理了一起案外人执行异议纠纷案。

50元罚款

原告:万某,买车当事人。

第一被告:李某,卖车当事人。

第二被告:贺某,与李某存在债务纠纷,要求查封车辆的当事人。

审判长:“下面开始法庭调查,现在原告向本院陈述诉讼请求及依据的事实和理由。”

原告万某:“诉讼请求,请求法院依法确认2014年3月6日原告万某与被告李某签订的车辆转让协议书合法有效,协议中所约定的桑特纳轿车所有权归原告所有。”

审判员:“原告在诉状当中提到的事实与理由是否属实?”

第一被告李某:“属实。”

审判员:“对原告诉讼请求你的意见是什么?”

第一被告李某:“没有意见。”

对于原告的诉讼请求,被告李某没意见,而被告贺某提出异议,他认为此事是万某和李某串通起来,伪造事实来逃避执行。事情到底是怎么一回事呢?

这件事要先从万某购车说起,他是一名企业职工,在考取了驾驶证后,他便开始四处参观车展,想买辆车改善生活,可由于资金不足,便把注意力放在了二手车市场。

2014 年 3 月 2 日,在朋友的介绍下,万某看中了李某的一辆桑塔纳二手轿车,车况不错,价格也便宜,万某就动心了。3 月 6 日,双方商议好价钱后便签订了车辆转让协议书。5 月 10 日,他交付了全款。没想到,麻烦开始了。

原告万某:“我一直催着李某给我办过户,李某一直拖,5 月 26 日,我拽着他去车管所,从南门审车,审完车去北边换车牌的时候,这才发现中间有 50 元的罚款没交,他说是别人拿着他那 50 元罚款,一直说他没拿,在 6 月 7 日时他和我说,罚款拿来了,你去办去吧,我再去车管所办的时候,6 月 3 日给我查封了。当时第一次买车不懂,这 50 元罚款,当时他有身份证,可以完全补出来,补出来接着就办完过户。”

万某说,事情这么一耽搁,坏事了。

原来车主李某与贺某有债务纠纷,贺某就把李某告上了法庭,官司判决后,贺某申请法院强制执行,随后法院查封了这辆车。面对这种情况,万某当然不愿意了,自己花钱买来的车,刚开了不久就被法院查封,而且他认为这是李某与贺某两人的债务问题跟他人没有关系,也不应该查封他的车。

原告万某:“毕竟我也不认识李某(车主),我也不认识贺某(债务人),原先他们两个我都不认识,我经过同事介绍才认识李某的,当时我认为买车就是我把钱给他,他把钥匙给我,我就认为这样是买车,所以说 6 月 7 日他把那 50 元罚款给我之后,我去车管所一查,这辆车被查封了,我这才来找法院。”

根据原、被告陈述答辩,审判长归纳了本案的争议焦点:

原告要求确认原告与第一被告签订的车辆转让协议合法有效,协议中约定的这辆车所有权归原告所有的请求有没有事实及法律依据,

是否应予以支持。

审判员:“下面针对焦点问题进行举证质证原告举证,原告说一下你证据的名称及想要证明的内容。”

原告万某:“证据一、车辆转让协议书一份,证实原告和被告李某于2014年3月6日签订车辆买卖协议,李某将桑塔纳以5.8万元的价格转让给原告(万某),并与2014年3月6日,即签订协议当日,将车辆交付给原告。证据二、机动车登记证书一份,证实涉案车辆原登记车主为李某。”

原告首先向法庭提交了两份证据,证实涉案车辆登记车主是李某,该车于2014年4月9日,车辆已经解除抵押登记,李某对该车辆享有完全所有权。李某与原告万某签订的车辆转让协议书,涉案车辆所有权产生物权转移效力,原告对涉案车辆享有所有权。接着,原告又向法庭提交了第三份证据。

原告万某:“被告李某出具的收到条一份,证实原告于2014年5月10日向李某支付剩余购车款3.8万元,加上原告在签订协议之日,即2014年3月6日已付的2万元,共支付5.8万元。原告向李某购买车辆的付款义务全部履行完毕。”

原告万某认为,转让合同也签了,购车款也交了,现在这辆车就应该是自己的了,不应该被查封。可是,对于这种观点,第二被告贺某并不这么认为。

第二被告贺某:“证据一本身有异议,根据该份证据载明的内容看,属于自然人之间直接交易车辆的协议,原告万某与第一被告李某完全有可能伪造相关证据,并且从内容看,该协议虽然约定交车日为2014年3月6日,但它本身不能证明是否交付车辆。”

抵押的车

接着,贺某对其他两份证据提出了自己的观点。

第二被告贺某:“对证据二没有异议,认可李某对车辆具有所有权。对证据三有异议,由于该份证据不能证明万某实际交付3.8万元,因此为逃避执行原告与第一被告完全可以随便出具该份证据,因此该份证据对于原告证明自己的主张没有客观性。”

第二被告贺某认为，尤其是证据二车辆登记证书，证书上明确写着车辆所有权人李某的名字，而那份车辆转让合同，很有可能是李某与万某捏造出来的，买了车不过户，谁会相信呢？

原告万某：“我从车管所查过，这个车没任何违章，到换车牌的时候，才提示要交 50 元的罚款。我认为，他如果早点提醒，我就不会买这个车，或者我提前督促李某，先办完这个过户。”

万某说并不是他不想过户，而是由于该车有违章记录，在罚款处置问题上耽搁了。万某随后又提交了新的证据。

原告万某：“证据四、二手车销售发票一份，证实 2014 年 5 月 26 日被告李某和原告通过莱芜市某二手车市场服务有限公司办理二手车交易和过户手续。证据五、车辆转移过户确认书一份，证实被告李某和原告于 2014 年 5 月 26 日对涉案车辆转移过户进行确认。证据六、2014 年 2 月 26 日涉案车辆的交通违章处罚决定书和票据各一份，证实因被告李某本次违章未及时处理，导致双方在对涉案车辆办理过户手续上牌时暂时搁置。”

原告提交的这几份证据，就是想要证实自己是在车辆查封之前办理完了相关手续，交够了购车款而二手车市场的工作人员也可以证实，之所以没有过户，是因为车辆有违章处罚未及时处理，但确认过户是在 5 月 26 日，而查封是在 6 月 3 日。对于原告万某的说法，第二被告认为，原告出示的发票和过户确认书，只是在过户时要求的一份文件而已，不能证明双方的真实交易情况。所说的违章处罚也不能证明是造成过户挂牌时搁置的原因。

第二被告贺某：“你主张 2014 年 3 月 6 日与第一被告签订车辆买卖协议，在签订买卖协议的时候，第一被告是否告诉你车辆抵押情况？”

原告万某：“没有。”

第二被告贺某：“车辆有贷款没有还完，这件事情你是否知道？”

原告万某：“不知道。”

法庭进入辩论环节，原告万某首先陈述了辩论意见。

原告万某：“机动车属于动产，动产自交付时产生物权效力，转让前权利人已占有该动产的，物权自法律行为生效时发生效力，本案中，涉案车辆签订之日，即已经交付给原告，且一直由原告占有使用支配，车辆抵押解除，车辆买卖协议生效，涉案车辆即发生物权转移效力，原告随即对该车享有所有权。”

庭审结束后，万某内心感触良多。

原告万某：“我觉得现在买车的也很多了，我觉得我现在这个事情，也应当给很多人提个醒，买车的时候一定要先弄手续，从车管所办完手续之后才行了。就和我这个似的，钱已经花了，手续一直在这拖着，车还是人家的。”

2015 年 8 月 12 日，莱城区人民法院依法作出判决。

判决结果

驳回原告万某对被告李某、贺某的诉讼请求。

一审判决后，双方均未提出上诉。

法官点评

莱芜市莱城区人民法院法官对本案做了如下点评：

涉案车辆的登记车主为被告李某，在不做变更登记的情况下，被告贺某另案将该车辆作为被告李某的财产，申请法院对其进行查封。根据上述法律规定，原告与被告李某的转让协议不得对抗被告贺某申请法院采取的查封措施。原告请求确认车辆所有权归其所有的诉讼请求，不应予以支持。

根据《中华人民共和国物权法》的相关规定，第二十三条，动产物权的设立和转让，自交付时发生效力，但法律另有规定的除外。第二十四条，船舶、航空器和机动车等物权的设立、变更、转让和消灭，未经登记，不得对抗善意第三人。

本案中，涉案车辆在设定抵押期间，被告李某与原告签订转让协议转让该车，但是未告知原告车辆已经抵押的情况。车辆被查封，无法过户，原告取得车辆所有权的目的已无法实现。原告可以依据与被告李某之间的买卖合同关系，以买卖合同无法实现为由向李某主张解除合同并赔偿其相应的损失。

本案小结

万某由于法律意识淡薄，对相关购车手续的不了解，最终真是“赔了夫人又折兵”。虽然法官也建议万某去向车主李某维权，但万某想要追回自己的损失，只能又打一场官司，可谓费时费力。在此我们提醒大家，在购置车辆的时候，一定要了解车辆的全部信息，尤其是要尽快过户，毕竟在自己名下心里才踏实。（文/赵兴剑　张耀海）

24 真假“绿标车”

“黄标车”是高污染排放车辆的简称，因其贴的是黄色环保标志，所以称为“黄标车”。“黄标车”由于达不到国家环保要求，每个省市都有限行路段和强行报废的规定。我们来看一个因工作失误而引起的纠纷案，因汽车检测公司发错环境检测标贴，导致车辆提前报废。

2017年1月9日，在钢城区颜庄法庭第一审判庭，审判长开庭审理了一起财产损害赔偿纠纷案。

被注销的“黄标车”

审判长：“首先由原告陈述诉讼请求及依据的事实和理由。”

原告代理人：“请求判令被告检测公司赔偿原告车辆损失、鉴定费、代理费、营运损失、贷款产生的利息，共计7.66万元。”

被告代理：“我们只是替车管所工作，造成这种后果，不应该由我们来承担。”

据了解，原告是一名司机，从事营运生意；被告是一家汽车检测公司。2008年年初，原告购买了一辆跃进中型货车，从事营运生意。2016年4月，原告去车管所办理正常的车辆年审，车管所告知，车辆已经不能再上路行驶了。

原告：“上车管所来审车，人家说这个是‘黄标车’，已经注销了。”

原告代理人：“我们通过和车管所沟通，车管所告知这辆车确实是‘黄标车’。”

正常运营的车,怎么突然变成了“黄标车”呢?

原告代理人:“去被告检测公司交涉,我们认为检测公司发错环保贴,他们也认可这件事。”

原告:“实际上 2015 年我审车的时候,他给我的是绿标贴,绿标贴不就是合格的吗?不就是环保的吗?”

因为原告的货车是“黄标车”,环保不达标就不能上路行驶。于是原告找到了之前为他的车发放环保监测标贴的检测公司。

原告代理人:“因被告的错误行为,导致原告车辆不能上路营运,造成原告极大损失。”

看到这里大家可能会有疑问了,本来原告的车就已经是“黄标车”了,只是被错发了绿标贴,这样一来,原告的车还多上路行驶了一年,他怎么还要起诉检测公司呢?

原告:“当时是 2015 年 4 月审的,国家的政策 2015 年 12 月 31 日停止。如果当时我审车的时候他给我黄标贴,我当时进行‘黄改绿’的话,我的车能开到 2023 年 6 月 27 日,这样一算我的车就少开 7 年。”

无奈之下,原告拿着审车报告去找检测公司,可检测公司说,他们只负责发放车辆检测的标贴,管理标贴的单位不是他们,建议他去车管所咨询。

原告:“车管所说,你这车是一个‘黄标车’,我说‘黄标车’这不是发的绿标贴子吗,人家说给你弄错了,你上环保局去问问去吧。去环保局网站上一查,你这个就是国Ⅱ的‘黄标车’。”

车管所和环保局给出的结论是一样的,这车报废了。原告说,他的车要是当时能改成“绿标车”,至少能多运营 7 年,这 7 年还能给他带来一笔可观的收入。

原告:“人家比我早买车的,当时审车的时候,正确的给他黄标贴之后,人家接着响应了国家的政策,改了‘绿标车’后现在人家还开着呢。咱是拿个绿标贴,咱认为就是合格的,政策完了,车改不了了。”

原告说,因为检测公司的失误,错过了“黄改绿”的机会,自己的货车只能提前报废了。

原告:“我这辆车开了 8 年,原来基本上一个月下来,能收支平衡。现在给我报废了,不能开了。”

原告代理人："原告从事运输经营每月发放的收入清单，从2015年6月至2016年5月的收入情况，每月收入平均为12186元。"

贷款买新车

货车报废，可运营生意还要做下去的，原告于是贷款买了一辆新车。原告说，这一进一出，自己花了不少冤枉钱。他认为这一切都是从检测公司错发的环保标贴开始的。

原告代理人："多次协商未果，诉至法院。"

审判长："下面由被告向本庭陈述答辩理由。"

被告代理人："车检绿色标志是由山东省环境保护厅核准发放的，在环保合格标志上加盖了山东省环境保护厅的公章，被告检测公司不具备发放环保标志的主体资格，仅是出具机动车尾气检测的检测报告。"

被告认为，"黄标车"并不是按照环保检测标准来界定的，而是根据生态环境部发布的"黄标车"认定标准来界定。根据原告购买车辆的时间，就算是不检测，原告的车也已经属于"黄标车"了。

被告代理人："2008年7月1日之前注册的柴油载货汽车均为"黄标车"，原告车辆应按照该标准执行。因该标准是公开的，原告没有按照该标准执行导致车辆强制报废，其损失由原告自行承担。"

被告认为，原告的车辆年限他自己是清楚的，而且"黄标车"的评审标准是面对社会公开的，即使被告错发了绿标贴，原告也应该清楚自己车的状况，应该及时要求被告更改。

被告代理人："原告车辆报废造成的损失与车辆尾气检测合格之间没有因果关系，报废系国家环保政策的变化引起的，其损失应由其自行承担。"

根据原告的起诉、被告的答辩，法庭随后归纳了争议焦点。

一、被告行为与原告的损失有无因果关系，以及被告是否存在过错，过错程度如何。

二、原告主张的损失数额如何计算，有无事实和法律依据。

审判长："下面进行法庭调查。由原告、被告围绕本庭总结的第一个焦点问题向本庭提交证据。”

原告代理人:“关于被告过错行为的有关证据。环保检验标志一份,证实被告给原告的车辆检测时发放的检测标志贴为国Ⅲ标准,有效期至2016年6月27日,而事实原告的车辆是国Ⅱ排放标准。”

所谓国Ⅲ排放就是中国第三阶段汽车排放标准,国Ⅲ与国Ⅱ的区别就是排量的问题,车主体的功能没有变化。车辆排量统一升级到国Ⅲ,是世界环卫组织提出的要求车辆的尾气达到“零排放”。也就是说,国Ⅱ标准的车,已经是“黄标车”了。

被告代理人:“虽然是我们发放的绿标贴,但这个绿标贴是经过省环保厅加盖公章,由他们统一发放的,发放环保绿标贴,应该属于一个行政行为,我们公司只是替环保局干了这个工作。”

被告方认为,这实际上是环保部门的一个行政行为,他们只是环保标贴的发放单位。

原告当庭提交了被告给原告车辆出具的安全检测报告书。

原告代理人:“证据机动车安全检测报告一份,证实2015年4月25日原告的车辆在车管所技术检测审验时的结果,检测结论为合格。”

随后,原告又提交了两份更有分量的证据,这两份证据,直接证实了原告的车是绿标车的检测结果。

原告代理人:“车辆环评标准信息一份,证实原告的车辆排放标准为国Ⅱ。证据环保检测信息报告一份,证实原告在被告处车辆环评检测时为原告出具的检测报告为绿标车辆。”

被告对上述两份证据提出了不同意见。

被告代理人:“我们使用的检测设备,系统里边根据车辆车型、规格,他都是根据年限区分国Ⅱ与国Ⅲ的。如果系统里自动跳出了国Ⅱ,变成了国Ⅲ,那肯定是有人故意把国标给更改了,他更改是有目的的。”

对于被告的说法,原告认为对方证据不足。

因为被告在检测过程中错误的发放标贴,致使原告认为自己的车辆是“绿标车”,从而错过了国家政策范围内车辆黄改绿的补贴政策,导致原告的车辆被车管所认定为“黄标车”而注销,致使原告的车辆报废后不能正常营运,原告因此认为,被告方要承担相应的法律责任。

在庭审中，被告认为检测合格标志加盖了环保部门的公章，是经过环保机构确认的，发放环保合格标志是根据检测线对车辆尾气排放符合检测标准的要求，并将相关数据上传至环保主管部门的检测网站后，由环保部门来确定合格不合格。

被告代理人："发放标志是我们实际发放的，但不是以我们的名义发放的。"

审判长："被告你是否于 2015 年 4 月 24 日给原告发放环保检验标志。"

被告代理人："被告无法确认环保检测标志的真实性，该标志自身也不能证实是由被告向原告出具，如果该标志是真实的，也应当是由山东省环境保护厅发放。"

承担侵权责任

庭审中，原告说如果被告当初按照实际情况，给他的车发了黄标贴子，那么他就能赶上国家"黄改绿"的政策，他的货车还可以再营运七年，这七年还能挣得一笔不菲的收入，并且，也不会发生贷款购买新车的事。

原告代理人："每月的收入是 12186 元，从 2015 年 6 月至 2016 年 5 月的收入共 12 个月总数相加除以 12 个月。原告的损失从 2016 年 6 月停止营运至 2017 年 2 月一共是九个月的时间，12186 元乘以 9 共计 109674 元。所报废的车辆价值应在 4 万元至 5 万元。因此原告主张 15 万元。"

审判长："对于原告的计算方式被告说一下意见。"

被告代理人："对于原告的计算方式有异议，按照规定原告车辆应在 2015 年 12 月 31 日之前强制报废，但原告在 2016 年 1 月至 5 月仍然使用该车辆进行运输，无论该车辆是否应该报废，原告的运输收入均与是否发放绿色环保标志没有因果关系。"

原告还向法庭提交了一份贷款凭证，证实他的车不能上路后，基于之前和生意伙伴签订的运输合同，为了不违约而向某银行贷款 12 万元，购买新车辆继续营运。

原告代理人:“购车发票一份,证实原告购买车辆共花费 11.7 万元。”

被告代理人:“原告提交的证据均与报废车辆造成的损失没有关系,被告不予质证。并且原告为了能够到市区某公司进行运输,避免黄标车无法进入限行区域所造成的损失应当自己承担。”

庭审结束后,依照《中华人民共和国侵权责任法》和《中华人民共和国民事诉讼法》的规定,2017 年 5 月 21 日,钢城区人民法院颜庄法庭对本案作出了一审判决。

判决结果

一、被告机动车检测有限公司,于判决生效之日起 5 日内赔偿原告车辆损失 12852 元、鉴定费 600 元。

二、驳回原告的其他诉讼请求。

被告方不服一审判决,上诉至莱芜市中级人民法院。二审法院受理了此案,2017 年 8 月 11 日,二审法院下达了判决书。驳回上诉,维持原判。

法官点评

莱芜市钢城区人民法院法官对本案做了如下点评:

原告的车辆因被告错误发放绿色环保标志,直接造成原告失去适用“黄改绿”政策的前提资格,致使原告车辆在规定的时间内无法适用“黄改绿”政策,错过“黄改绿”的实施期限。原告的车辆在检验有效期内未能及时“黄改绿”而被注销,被告作为发放环保标志的检测站认可因其自身原因造成环保标志的错误发放,被告的发放行为存在过错,应当承担侵权责任。

被告主张原告应知晓自身车辆状况,所以也存在过错,但原告作为车主已经按照车管部门及检测公司的要求,配合接受检测公司的检测并检验合格,已尽到一般车主合理的注意义务。综上,原告对于车辆未进行“黄改绿”无过错,被告应承担全部责任。

关于损失,原告车辆经鉴定价值 14000 元,报废后残值 1148 元,造成原告车辆损失应为14000元-1148元=12852元。原告主张的鉴定费600元，是确定损失的必要支出，一审法院予以支持。

原告主张的营运损失，依据原告提供的其银行交易明细，并不存在间断营运收入的情形，无法认定；原告主张的代理费和贷款产生的利息，是原告自行委托产生的费用，并非直接的必要损失，因此，一审法院也不予支持。

本案小结

由于自身的失误，给别人造成损失，就需要承担一定的责任，在此，我们也提醒相关的单位，要加强工作人员的管理和规章制度的建设，以此减少工作失误的发生。同时，也提醒广大市民，在进行维权时，要根据事实情况，法官只能依据当事人提供的证据和直接损失，按照法律规定进行判决。(文/尹祥丽　于晓敏)

25 “合伙”谜团

几年前，莱芜市的几个好友到外地去施工，工程竣工后，几个人却闹起了矛盾，一方说他们之间是合伙关系，另一方却说不是，由于没有签订协议，双方各执一词，闹得不可开交，最终还打起了官司。

2017年12月6日，莱芜市中级人民法院依法公开开庭审理了一起合伙协议纠纷案。

闹僵的关系

孟某，一审中的原告，本案第一上诉人；
刘某玉，一审中的原告，本案第二上诉人；
刘某，一审中的被告，本案被上诉人。

据了解，三名当事人曾是好朋友。

2011年5月，刘某承包了新疆喀什垫戈壁石工程，并组织孟某、刘某玉等人去施工。施工前期，孟某、刘某玉先后支付给刘某一部分资金用于工程运转，工程竣工后，刘某先后支付给孟某、刘某玉一部分回款。但双方对该资金是投资款还是借款，他们是合伙关系，还是雇佣关系产生了争议。那什么是合伙关系？什么又是雇佣关系？他们的区别是什么？

合伙关系，是指两个以上的公民按照协议，各自提供资金、实物、技术等，合伙经营、共同劳动的民事主体。合伙关系中，合伙人共同决定经营活动，共享经营成果，风险共担。

雇佣关系，是指受雇人向雇用人提供劳务，雇用人支付相应报酬形成权利义务关系。雇佣关系中，受雇人处于从属地位，按照雇用人的指令完成劳动，获取报酬。

而在本案中，孟某认为他们和刘某之间是合伙关系。

孟某："当时我们三个都是好朋友，刘某找到我和刘某玉，三个人在莱芜银座二楼，见了个面，点了一壶水果茶，我们就商议去新疆的话怎么投资，一人投多少，分红怎么分，当时我们三个人口头协议，就是每个人最少投资30万元。"

孟某表示，当初刘某来找到他，并明确表示是合伙一起干，每人投资一定的金额，孟某也是觉得事情靠谱，才决定投资，而当时手里没有钱，他还是去借的钱。

孟某："说好了以后我们就各自去借钱了，当时我手里没有钱，我借了35万元，我拿了35万元去的。"

凑齐资金之后，三人就去了新疆。

孟某说，他和刘某玉在新疆长期驻扎着，安排具体的管理、记账工作，后来在工程资金周转不足的情况下，另一个叫刘某发的人，又投入了一部分资金来帮助工程正常运作，于是刘某发也成为合伙人之一。

孟某："当时是共同投资共同发财，在这期间，我和刘某玉就专门在新疆负责，刘某因为莱芜这边还有公司，他不经常去，我们两个在那里累死累活的，夏天气温达到四十多度，受了很多罪。"

经过四个月的施工，工程顺利竣工，他们也顺利拿到了一笔可观的工程款。

孟某："当时算账的时候，没想到能赚这么多钱，四个月赚了700多万元，当时没想到能赚这么多钱。"

可到了利润分配的时候，事情出现了麻烦，几个人之间出现两种说法。孟某认为，当初是大家一起合伙投资的，最后赚了钱应该大家一起分，而刘某表示，当初的那笔启动资金是向他们借的，他们之间并非是合伙关系，只是借贷关系与雇佣关系。

孟某："一开始我们是共同投资，总的算起来买车都每人投了31.5万元，到现在，他反过来成了借的我们30万元，给我们利息，这钱我是二分钱利息借来的，我凭什么借给你啊。"

案件说到这里,想要证实合伙关系的成立,这种个人合伙关系成立的条件是什么,我国相关法律是这样规定的。

《中华人民共和国民法通则》第三十条:

个人合伙是指两个以上公民按照协议,各自提供资金、实物、技术等,合伙经营、共同劳动。

根据该条的解释,个人合伙应当具备的基本条件就是:

是以合伙协议为成立前提的;

合伙人必须共同出资;

合伙必须由合伙人合伙经营、共同劳动、共享收益、共担风险;

合伙人对合伙债务负连带责任。

从法律规定来看,合伙协议是个人合伙成立的前提与基础,证明个人合伙关系最直接的方法就是合伙协议,可是孟某说,这个协议他们当初并没有签订。

孟某:"因为当时我们都是好朋友,没有书面的合作,只有口头协议,后来一直找他要,也一直拖着不给,最后这才通过法院想着调解解决这个事。"

在没有合伙协议的情况下,是否还能够证实合伙关系,我国相关法律是这样规定的。

最高人民法院《关于贯彻执行〈中华人民共和国民法通则〉若干问题的意见(试行)》第五十条:

当事人之间没有书面合伙协议,又未经工商行政管理部门核准登记,但具备合伙的其他条件,又有两个以上无利害关系人证明有口头合伙协议的,人民法院可以认定合伙关系。

这样看来,证人的存在对于主张合伙关系成立的一方就尤为重要,那在证人的选择上该如何评断选择,才能使自己的主张更加有利更加有可信度?对此,我们也咨询了办案法官。

法官:"主张合伙关系成立的一方,为证明有合伙关系,往往会提供不少无利害关系证明人,这就要求我们仔细审查该无利害关系人的证明内容,确定其证明力的大小,如果该利害关系人没有参与、见证过合伙协商过程,对合伙的具体内容如个人之间如何投资,投资比例,如何经营,如何分配利润共担风险等具体内容均不知情,仅仅在作证过程中,只是听当事人一方或从其他人处听说过进行了合伙,或猜测存在合伙情形,则不能达到证明双方具有个人合伙关系的目的,即不能认定双方形成个人合伙关系。”

合伙还是雇佣?

一方说是合伙关系,一方说是雇佣关系。

2014 年,为了尽快解决这个问题,孟某等人将刘某起诉到莱城区人民法院,在法庭调查中,让孟某没有想到的是,原告之一的刘某发却否认了他与刘某的合伙关系。更让他没有想到的是,一审法院审理后,认为孟某证据不足,只能认定他们之间存在雇佣关系、借贷关系,不能认定他们存在合伙关系。

面对一审判决,孟某和刘某玉不服,提起上诉。

我们再回到二审庭审现场,看看他们又准备了什么样的证据来为自己进行维权。

审判长:“上诉人在二审期间有无新证据提交。”

刘某玉:“证据一、王某海书面证言;证据二、2016 年 8 月 1 日刘某发通话录音光盘及整理的书面录音材料。”

法官:“证人王某海与上诉人是什么关系?”

刘某玉:“朋友关系,他给我们给协调了两年,是合伙关系。”

法官:“交被上诉人质证。”

刘某:“从证据形式上来讲是属于证人证言,证人应当出庭接受质询,未出庭的情况下,对该证据的真实性不予认可。”

刘某还认为,法律要求证明合伙关系应当有书面的合伙协议,或者两个以上无利害关系证明人证明,而这个无利害关系证明人是指能够证明双方存在合伙关系,能够予以说明合伙关系内容的证人,而不是参与听某一方说来进行调解,表达双方诉求的证人,上述证人证言是后者,而不是前者,因此证明不了双方之间存在合伙关系。

法官:“上诉人还有无证据提交?”

刘某玉:“银行卡复印件一份,证实前期每人出资 10 万元,证实合伙款项来源。光盘三份,分别为:花园派出所刘某军出警时录音、刘某玉与李某梓的电话录音、刘某太的电话录音。三份录音均证实我们是合伙关系。”

对于上诉人提交的证据,被上诉人刘某都一一作了反驳。最后,上诉人申请了两位证人出庭作证,他们的证言能否给上诉人带来有利的证据?

法官:“证人,你是否清楚本案案涉的在新疆的工程?”

证人一:“知道。他们三人在这个工程中是合伙关系,去新疆之前,有一天中午一起吃饭,说新疆有个活,垫戈壁石,说几个合伙干,当时我在场,我是跟着刘某玉、孟某一起去吃的饭,过了几天让我通过朋友借给孟某借了35万元,当时还没借钱的时候说合伙干这个活,每人投30万元,这是他们三个商量着说的。”

被上诉人代理人:“证人,你是什么时间认识被上诉人的?”

证人一:“去新疆之前。”

被上诉人代理人:“你听他们说起过合伙,听说过几次?”

证人一:“两三次。”

被上诉人代理人:“除上述内容在吃饭时,还谈到过其他的合伙内容吗?”

证人一:“除了上面说的,其他的没有了。”

被上诉人代理人:“你讲到借钱借了35万元,35万元还了没有?”

证人一:“还了30万元,还有5万元的本金。”

被上诉人代理人:“钱是谁借给他们的?”

证人一:“我与刘某玉当的保人,并且还公证的。”

被上诉人代理人:“借据上有没有写明钱是干什么用的?”

证人一:“借条上没写。”

证人一退庭后,被上诉人刘某表示,证人一是孟某借款的担保人,与孟某存在借贷关系,属于本案的利害关系人,他作证证实的内容与其对债务的求偿是有利而无害的。因此,他的证言的效力应与其他证据相印证。而本庭中他出庭证实的内容并不能体现合伙的具体内容,均是听说而来,该证言不能作为有效证据予以确认。

法官:“传证人刘某会到庭。证人,你是否知道孟某、刘某玉与刘某之间是什么关系?”

证人二:“合伙人。我们在宿舍里住,刘某、孟某、刘某发、刘某玉四个人都说过是合伙关系,我听到的。”

刘某玉:“当时证人值班时,孟某没去,刘某是怎么说的?”

证人二:“刘某说,孟某再不来就让他退股。”

被上诉人:“除了刚才你讲的,在宿舍里面刘某说孟某再不来就让退股的事情之外,相关于合伙事宜你还知道什么?”

证人二:“合伙内容我不清楚,就是知道填戈壁石,我就知道他们是合伙,光听说他们一个投了二三十万元,其他的不清楚。”

被上诉人:“刘某玉、孟某在工地上是否有工资。”

证人二:“没听说有工资,就干活的有工资。”

被上诉人刘某认为,该证人没有听说上诉人有工资,却对四人是合伙关系非常感兴趣,既与事实不符,也不正常。事实上,孟某与刘某玉两人在新疆工程中工作,每人每月 5000 元工资是客观事实,证人对合伙的事务没有任何一点能够说清楚,因此该证人就合伙关系作证不具有证明效力。

法官:“上诉人,被上诉人提到每人每月 5000 元工资是否属实?”

上诉人:“属实,但因为我们是合伙人,我们在工地,刘某不去,所以我们说我们必须每人得拿出工资来,我们商议的是谁在工地上谁领工资。”

法官:“被上诉人,当时上诉人给了你多少钱?”

被上诉人:“孟某、刘某玉每人借给我 30 万元,我才让他们去给我管理,现在钱我都还了,还了以后借条给我,我就撕了。”

庭审最后,由于一方不同意调解,法庭没有组织调解工作。2017 年 12 月 25 日,莱芜市中级人民法院依法作出判决。

判决结果

上诉人的上诉请求不能成立,驳回上诉,维持原判。

法官点评

莱芜市中级人民法院法官对本案做了如下点评:

本案中,四名当事人之间没有书面合伙协议,又未经工商行政管理部门核准登记,也没有两个以上无利害关系人证明有口头合伙协议;虽然两名上诉人提供了部分资金,参与了施工并负责记账,可不能据此推定四个人之间必然存在合伙关系,而且原审原告刘某发也提供了部分资金,但在公安机关及二审中,他都均明确表示资金的性质为借款,否认他和被上诉人之间是合伙关系,上诉人提交的证据不足以证实他们之间存在个人合伙关系,上诉人的诉讼请求证据不足,本院不予支持。

本案小结

由于没签协议,证据不足,上诉人输了官司。

在此我们也提醒大家,在合伙做生意时,一定不要碍于情分面子,不好意思提条件,该签订协议就签订协议,这对双方权益都是最好的保护;另外,如果不是合伙,是借款,或雇佣,也要留好证据,在诉讼时才能更好地保护自己的权益。(文/张正良　周伟)

26 丢失的诚信

人们都知道,从银行贷款后,如果贷款人和担保人还不上贷款,他们都会被银行列入失信“黑名单”。不久前,莱芜市的一名担保人在被银行列入失信“黑名单”后,他和银行打起了官司,要求银行撤除有关他担保贷款的不良信息,并立即停止对他的侵害。他的诉讼请求能否得到法官的支持呢?

2015年8月12日,在莱芜市中级人民法院第二审判庭内,法官宣布开庭审理了一起排除妨害纠纷案。

莫名进入“黑名单”

审判长:“被上诉人,你什么时候知道自己进了黑名单的?”

被上诉人张某:“2014年七八月,我想贷款买车时才知道的。我去中国人民银行查询的,我知道后便向征信机构提出异议,征信机构让我去找经办银行,经办银行不同意我的异议,至今中国人民银行还将我列为失信人。”

审判长:“上诉人,人民银行是否对你方报送的失信名单进行了审查?”

上诉人某银行:“审查了,依据征信管理办法进行审查,只要逾期都进入失信名单。”

法庭上,双方争得面红耳赤、互不相让。坐在被上诉人席上的张某显得一脸无奈,他告诉记者,过去并不知道自己被列入失信“黑名单”。

2014 年秋天，当一家人欢欢喜喜的去买车时，车也看好了，价钱也谈妥了，准备办分期付款购车时，却被销售商当头浇了一盆“冷水”。

被上诉人张某：“人家经销商说，你这个不行，你还在‘黑名单’里，你别说买车了，你干啥也不行了。”

自己并没有欠银行钱，怎么会被列入“黑名单”了呢？

张某觉得不可思议，脸上也有点挂不住了，自己一直是守法诚信好市民啊，怎么会无缘无故地进入失信“黑名单”呢？

被上诉人张某：“我就去银行查，确实在‘黑名单’里。”

此时张某才明白过来，列入“黑名单”对他意味着什么。

列入这个失信“黑名单”，不仅从银行里贷不出款，在消费方面也会受到各种限制，而且这个“黑名单”会跟随他很长一段时间，直接影响到他的工作和生活。这个失信“黑名单”是怎么来的呢？张某百思不得其解。

被上诉人张某：“我去中国人民银行的诚信系统查询，他们说这个信息是各个商业银行里提供的，你去商业银行查找吧。”

在银行工作人员的提醒下，张某这才回想起，2008 年，自己为朋友孙某担保贷款 10 万元，还款期限是 1 年。

被上诉人张某：“2008 年我给一个叫孙某的担保了一个贷款，当时出于朋友义气，抹不开面子，为朋友担保贷了款。”

张某没想到，贷款到期后，他的朋友并没有按时还贷款，而自己也没有接到朋友和银行方面的任何通知，本以为朋友早已将钱还清了，但是这突如其来的失信“黑名单”却让他大跌眼镜。

张某：“2009 年到期，到了期以后，银行没有找我，我一直不知道，一直到了 2014 年，我才知道进了‘黑名单’。”

当初给朋友担保贷款，自己作为连带责任保证人，就应该有连带责任，张某说这一点自己清楚。可是朋友没还贷款，银行并没有通知自己，于是张某在查找资料中得知，保证人在担保时都有保证期间，保证期间银行没有找他主张偿还贷款，因此自己是无辜的。那什么是保证期间呢？

法条链接

《中华人民共和国担保法》第二十六条规定，连带责任保证的保证人与债权人未约定保证期间的，债权人有权自主债务履行期届满之日起六个月内要求保证人承担保证责任。

在合同约定的保证期间和前款规定的保证期间，债权人未要求保证人承担保证责任的，保证人免除保证责任。

据了解，张某的朋友是2008年7月4日贷的款，还款期限是1年。张某作为担保人，他的保证期间是2年，从2009年7月4日起，2011年7月4日截止。也就是说，如果贷款人1年内不还款，张某就要开始履行他的担保责任。

被上诉人张某："担保人担保期间，连带责任是2年，2年之内，银行有权利找我主张，我得替借款人还款。"

张某说，他不知道朋友没有偿还贷款，也没有接到银行方面的任何通知，在这种的情况下，自己就稀里糊涂的被列入了失信"黑名单"，他觉得非常冤枉。

被上诉人张某："银行如果在2年责任期限之内找我，我就要承担连带还款责任，现在别说是2年，都5年了，他们也没找我。"

张某说，自己被列失信"黑名单"后，去银行办个普通业务，都觉得底气不足，好像都比别人矮了一头。张某认为，他的名誉权受到了侵害，并且是长达6年的时间，这也直接导致了张某社会诚信评价降低。为了洗清自己的信用污点，重新找回自己的信用，张某一纸诉状，将某银行告上了法庭。

2015年4月，在经过调查辩论后，一审法院做出了判决。

判决结果

一、某银行立即停止侵害、赔礼道歉，并撤除由其提供给中国人民银行征信中心有关张某担保贷款的不良信息。

二、某银行赔偿张某精神损害抚慰金2000元，于本判决生效后10日内付清。

三、驳回张某的其他诉讼请求。

银行上诉

一审判决后，某银行不服判决，上诉至莱芜市中级人民法院，也就有了开篇的一幕。

审判长:“上诉人,涉案的贷款你在保证期限内,是否向被上诉人主张权利?”

上诉人某银行:“保证人承担的是连带责任保证,上诉人于2009年9月12日、2011年7月1日、2012年6月20日、2014年4月28日、2014年5月6日,分别向债务人和担保人进行了书面催收和公告催收。保证期限内向债务人孙某进行了书面催收,被上诉人承担的是连带责任。向债务人催收视为对担保人进行了催收,被上诉人应当承担保证责任。”

张某说,情况并不像银行说的这样。他认为,在合同约定的保证期间,银行未要求保证人承担保证责任的,保证人将会免除保证责任。在这次金融借贷中,这家银行在没有要求他承担保证责任的情况下,就将他担保贷款的不良信息报送中国人民银行的征信中心,这已侵犯了他的合法权益。

审判长:“被上诉人,你方认为是否应对该案争议借款承担担保责任,有无免除担保责任的情形?”

被上诉人张某:“我不应当再承担担保责任,保证期间满,上诉人没有要求我承担担保责任,已经超过担保责任的期限了,其他免除担保责任的情形不存在。”

张某说,某银行混淆了借款人与担保人的身份和法律地位,这两者的责任以及起算时间点是不同的。银行在贷款人债务履行期满之后,也就是在担保人保证期间开始的那一天,就将债务人和担保人一同报送到了人民银行征信中心,把他两人都纳入了信用“黑名单”。

被上诉人张某:“现在很多借款人和担保人搞不明白,担保人是贷款到期,满2年之后,再不还,才能把我列为失信人。我的连带责任是2年,贷款担保合同上写的是2年,这个他可以回去看一看,不能凭着惯性思维来工作。”

张某说,银行并没有给他履行担保义务的机会,就直接把他和贷款人一块打进“黑名单”了,这种做法是不对的。

法庭认为,双方的争议焦点是,莱芜某银行报送张某的担保信息的行为是否合法,是否侵害了张某的权益。

审判长:“被上诉人,你是否履行了担保义务?”

被上诉人张某:“我提供了担保,但没有履行担保义务。”

张某认为,在这2年的担保期限之内,银行要是来找他要求其承担担保责任,他会履行担保义务,替贷款人还款的。

被上诉人张某:“还不到我履行责任的时候,他就把我列入‘黑名单’了,他们有过错,没向我来主张,让我替借款人还款。”

张某说不论是在贷款人的还贷期,还是在担保人的担保期,银行都没有找过他,他认为银行已经放弃了对他担保责任的追究。

审判长:“被上诉人,是否向上诉人告知了债务人的资产状况?”

被上诉人张某:“告知了,都是口头的,没有证据提交。”

过期的担保期

在庭审辩论阶段,张某表示现在不管朋友有没有还款,这笔贷款也已经和自己无关了,因为自己的担保期间已过,对那笔贷款已经没有任何连带责任。

现在已过了担保期,但是银行还把他列入失信“黑名单”,这让张某很难理解,也很气愤,因为这个失信“黑名单”已经严重影响了他的正常生活。

被上诉人张某:“他把我列成失信人,我干啥也不行了,进了‘黑名单’想贷款、想买车,什么也不行,人家会说这个人不诚信。”

审判长:“上诉人,征信系统是由谁进行管理?”

上诉人某银行:“中国人民银行。”

审判长:“被上诉人有无异议?”

被上诉人张某:“有异议,我找过中国人民银行,征信系统仅是一个平台,信息由各银行自行填报。”

二审法院审理后认为,个人信贷交易信息是指自然人在个人贷款、贷记卡、准贷记卡、担保等信用活动中形成的交易记录,是个人信用信息的重要组成部分。在我国有相关的法律规定。

法条链接

中国人民银行《个人信用信息基础数据库管理暂行办法》第六条规定:“商业银行应当遵守中国人民银行发布的个人信用数据库标准

及其有关要求,准确、完整、及时地向个人信用数据库报送个人信用信息。”商业银行作为个人信用信息提供者,在其提供个人信用信息过程中,应当依照上述规定进行,不得损害个人的合法权益。

2015年9月28日,莱芜市中级人民法院依法作出判决。

判决结果

一、驳回上诉,维持原判。

二、二审案件受理费50元,由上诉人莱芜某银行负担。

三、本判决为终审判决。

法官点评

莱芜市中级人民法院法官对本案做了如下点评:

本案中,张某为他人贷款提供担保,在他人到期未偿还贷款的情况下,银行主张在涉案贷款保证期间向张某主张承担保证责任,但未提交证据证实,一审认定张某对该笔贷款的保证责任已经免除是正确的。此时,张某的个人信贷交易信息已经发生重大变化。依照上述规定,银行应及时对相关信息进行更新,确保张某个人信用信息的准确、完整。银行未对上述信息及时进行更新,违反了个人信用信息报送的相关规定,过错明显。客观上导致信息使用者对张某个人信用评价降低,侵害了张某的合法权益,莱芜某银行依法应当承担侵权责任。

本案小结

担保和贷款,很多人都经历过,但是对于“保证期间”这个词,我们还都觉得是很陌生的。相信看了本案,大家对担保也会有一个重新的认识,在这里还也要提醒大家,既然为人担保,就得多了解一下担保的法律知识,既是对自己的行为负责,也是为了更好地保护自己的合法权益。(文/李逢春　吕霞)

伍 交通事故纠纷类

在战争离我们渐行渐远的和平年代,为人类造成最大伤亡的罪魁祸首之一便是交通事故。原因虽与激增的车辆及汽车质量相关,但是酒后驾驶、疲劳驾驶、强行驾驶等人为因素却是最为主要的交通杀手。

27 喝出的事儿

下班后,为了增进感情,缓解工作压力,呼朋唤友相聚在一起,拉拉呱、聊聊天,吃上一顿烧烤,喝上两杯小酒,这可是一件非常美好的事。在酒桌上,尤其是作为东道主,往往将敬酒、劝酒作为一种不可少的礼节,尽量让朋友吃好喝足,以免怠慢了宾朋好友。但是,您知道吗?因为劝酒引发出来的人身损害,也会产生法律责任。

2016年8月的一天晚上,在钢城工作的徐某,相约曹某、李某、许某、周某等七人在夜市就餐,吃完饭后,徐某驾驶摩托车从钢都大街由东向西行驶,发生交通事故后不幸死亡。

醉酒后的死亡

徐某妻子刘某:"晚上10时多,我给他(徐某)打电话,跟他说你赶紧回来啊,孩子还闹,他说,我碰见李某、许某、赵某在一块呢,我和他喝完酒就回去啊,他还是不回来,我又给他打电话,他说曹某、周某、纪某去了,我喝完酒我就回来,12时我再打电话,他说我这就回去,然后我再打电话就打不通了。"

徐某的妻子挂了电话后,怎么也不会想到这成了永别。原本想催丈夫早点回家,丈夫却撒手人寰,夫妻二人已是阴阳两隔。嗷嗷待哺的女儿就这样没了父亲,年迈的父亲晚年丧子悲痛欲绝,妻子心如刀绞,一个原本幸福的家庭,顷刻间家破人亡。

事故发生后,经莱芜交警第二支队调查,徐某是醉酒驾驶发生单方交通事故,致严重颅脑损伤死亡。

周某,当晚和徐某在一起喝酒的人之一。他说:“我去了就和他聊了会儿天,他非叫我喝酒,因为当时我喝了酒了,他就给我少倒了一杯,到了最后共同喝酒的时候,共同喝了一杯酒。”

周某说,当时自己是被朋友叫过去的,到的时候已经是晚上 10 时 30 分左右了,他并不知道徐某在他去之前喝了多少酒。

许某,也是当事人之一。他说:“死者就叫我,说你过来,和你聊聊,他第一次邀请我,我说我喝酒不行,就没过去。”

据许某回忆,当时他是在朋友的邀请下过来吃饭的,恰好碰到徐某也在这家酒店,两人也认识,就打了个招呼,随后就在各自的饭桌上聊天喝酒。后来朋友被叫到另外酒桌上喝酒,此时的许某只身一人坐在酒桌前。

许某:“这时候他(死者)又邀请我第二遍,之后我才过去的,过去之后,他就聊跟我借钱的事,因为我们俩没有经济往来,我说我也没有钱啊,现在干买卖这么紧张。”

据了解,当晚和徐某有接触并共同喝酒的有七人,周某和许某是其中的两位,事故发生后,死者家属将七人告上法庭,请求法庭判令七名当事人承担一定的赔偿责任。

徐某妻子刘某:“来告他们之前,已经和对方沟通过很多次,都没有什么结果,所以我们就向法院起诉了。”

2016 年 12 月 5 日,在钢城区人民法院开庭审理了这起生命权、健康权、身体权纠纷案,原告是死者的妻子、女儿和父亲。被告是曹某、李某、许某、赵某、纪某、周某、赵振。其中,李某、许某、赵某聘请了代理人,李某、赵某没有到庭参加诉讼,被告曹某、赵振经法院传票合法传唤无正当理由拒不到庭,法庭依法缺席审理本案。所以,七名当事人参加开庭的只有许某、纪某和周某。

审判员:“现在开始法庭调查。”

原告向本庭陈述诉讼请求及依据的事实和理由。

原告的代理人:“原告诉讼请求,判令七被告共同赔偿三原告死亡赔偿金 630900 元,被抚养人生活费 266166 元,丧葬费 26320 元,精神损害抚慰金 50000 元,处理丧葬事宜人员误工费 2000 元,处理丧葬事宜人员交通费2000元。合计977296元的30%，即293189元。本案诉讼费用由被告承担。”

原告的代理人说，徐某发生车祸后，市公安局刑事科学技术研究所对其进行了鉴定，徐某血液中的酒精含量为每百毫升249.7毫克，被告作为共同饮酒人，应当相互承担劝阻、协助、照顾和帮助等义务。七名被告没有尽到这样的义务，构成了民法上的过错，应当承担赔偿责任。

法官："法庭注意到，死者酒精含量是每百毫升249.7毫克，那么根据我国《车辆驾驶人员血液、呼气酒精含量阈值与检验》中，对于饮酒和醉酒驾驶的规定，血液中酒精含量≥20mg/100ml为饮酒驾驶，≥80mg/100ml为醉酒驾驶，本案中的死者属于醉酒驾驶，他自己应该负有主要责任，所以在法庭上，原告方自己也清楚这一点，他们只要求七被告共同承担30%的责任。"

针对原告的诉讼请求，被告向法庭陈述了答辩理由。

被告李某、许某、赵某的代理人："对原告亲人发生交通事故深表同情。现答辩如下，第一，原告没有任何证据证明被告李某、许某、赵某是与徐某相约共同饮酒，不应起诉上述三被告。第二，根据原告起诉所依据的事实与理由，原告徐某驾驶摩托车发生交通事故导致死亡的这一后果，与三被告之间没有任何因果关系。"

代理人说，依据《中华人民共和国侵权责任法》，自己所代理的三名被告都不是侵权行为人，请求法庭依法驳回原告对上述三被告的起诉。第五被告纪某和第六被告周某，也作了答辩。

被告纪某："对原告的起诉，我不认同，当时不是共同相约饮酒，不应该起诉我，他驾驶摩托车死亡的原因也不是因为我，他喝酒的时候，我不知道，我去的时候比较晚，对原告要求的赔偿与我没有关系，不应当承担赔偿责任。"

被告周某："在喝酒过程中，我多次劝徐某，不让他再喝了，他说自己的酒量有数，没事，我说送徐某回家，他说没事，自己没喝醉。当时我已经尽到劝阻照顾的义务。喝完酒我就回家了，而且给他打电话问有没有到家，他没接，喝完酒以后他又去了哪里，我不知情，因此徐某的死亡与我无关。"

根据原告的起诉、被告的答辩，法庭归纳了本案的争议焦点：

一、本案中七名被告是否存在共同饮酒的先行行为，即七被告对于本案事故发生是否存在过错及过错程度如何。

二、原告主张各项赔偿有无事实及法律依据。

争议是否担责

庭审进入法庭调查阶段。原告、被告围绕两个争议焦点分别提交了证据。围绕焦点一，原告首先提交了四份证据，第一份证据是，死者的结婚证明、女儿出生证明、户籍证明，证明原告的主体资格适格，被告方无异议。

原告的代理人："证据二，徐某死亡医学证书一份，法医学尸体检验意见书一份，物证检验鉴定报告一份，莱钢医院急诊病历及诊断证明各一份，证实徐某因交通事故至严重颅脑损伤死亡。证据三，莱芜市交警二大队受理道路交通案件登记表、现场勘验笔录、道路交通事故现场图各一份，证实 2016 年 8 月 11 日凌晨，徐某发生交通事故为单方死亡事故。"

原告发表意见后，被告作了质证。

被告李某、许某、赵某的代理人："对证据二真实性无异议，但对原告证明观点有异议，从证据二可以看出，徐某死亡的原因是发生交通事故导致颅脑损伤死亡，和饮酒没有直接因果关系。从病历诊疗记录来看，时间在 2016 年 8 月 11 日凌晨 1 时 20 分，与饮酒的时间间隔了十几个小时。对证据三真实性无异议，但对原告证明观点有异议，该证据恰与证据二相互印证徐某死亡是发生单方交通事故造成，与被告是否共同饮酒无直接因果关系。"

原告方提交的第四份证据，是被告曹某与赵振在交警部门的一份询问笔录，证明本案七名被告与徐某共同饮酒，未尽到注意提醒及护送的义务，而被告二李某、被告三许某、被告四赵某认为，该笔录是曹某本人主动向派出所反映情况，反而可以证明三个人不是和徐某相约而去，并且也不是在同一桌子上共同饮酒的。随后，三名被告的代理人向法庭提交了证据，音频和视频各一份。

被告李某、许某、赵某的代理人："三被告共同举证，证实以下三点。第一点，视频证据是由他们喝酒当晚经营烧烤店老板提供的，因他回东北了，不回来作证，就录了一个视频，证实当天晚上三个被告与徐某不是相约一起去的，而是他们三人一桌。”

原来，徐某当天晚上遇到许某等三人后，提出向许某借钱，这才凑到一桌上聊天，后来许某答应了此事，徐某担心许某反悔就让朋友拿出手机来录了音。而就在这段录音里，能清楚地听到三名被告极力劝阻徐某少喝一点酒的对话。

被告李某、许某、赵某的代理人：“该证据同时能证实既然徐某在当时情况能想到让赵某打开手机的录音功能把许某说的话录下来，不能让许某反悔，这一举动是相当聪明的人才能想到，以徐某当时的思维他绝对不是醉酒的状态。”

被告的代理人辩解，三被告不清楚徐某是驾驶摩托车回家的，所以三名被告没有义务提醒他少喝酒或护送他回家。后来，酒后导致发生的交通事故和三名被告之间没有任何因果关系，三名被告对这一后果也不存在任何的过错行为。紧接着，原告、被告围绕第二个焦点问题，分别向法庭提交了证据。

原告的代理人：“证据五，营业执照、食品流通许可证、健康证各一份、房屋买卖合同两份，力源社区证明一份，力源居委会证明一份，力源社区物业收费单据六张，证实徐某在钢城区从事矿泉水批发零售行业，其收入来源于城镇。并且在城镇购买房屋居住，连续居住一年以上，死亡赔偿金应按城镇居民标准计算。”

一年前徐某进城务工，先是在钢城租赁了房子居住，后来又购买了楼房。徐某死亡后，他的家人认为死亡赔偿金应按城镇居民标准计算。但被告提出，原告提交的房屋合同，一份是在某小区的购房合同，另一份是在该小区租住的合同，两份证据在时间上自相矛盾。被告方认为，原告的这两份证据不应该被采信，因此，原告的损失应按农村户口标准计算。法庭调查结束后，法庭进入辩论环节。

原告的代理人：“徐某当晚与七被告一同吃饭饮酒事实清楚，徐某因醉酒发生单方交通事故死亡，七被告在离开时明知道徐某已经饮酒，但对其酒后驾车行为持放任态度，应承担过错，因此，我方主张 30% 要求赔偿。”

被告及诉讼代理人随后也发表辩论意见。

被告李某、许某、赵某的代理人:“原告提供的证据恰恰能证明被告二、三、四和徐某不在同一起饮酒,只是在同一场合碰到,请求法庭驳回原告对三被告的起诉。”

被告周某:“他一直在那租住,租了很长时间了,从 2014 年就在那租住。”

法庭辩论结束后,由于另外两名被告没有参加出庭,本案无法进行调解,法庭宣布休庭。2016 年 12 月 13 日,钢城区人民法院依法作出判决。

判决结果

一、七被告于本判决生效之日起 5 日内赔偿原告方死亡赔偿金、丧葬费、处理丧葬事宜人员误工费、交通费共计 138869.4 元。

二、驳回三名原告的其他诉讼请求。

本案判决后,如果七名被告未按本判决指定的期间履行给付金钱义务,将加倍支付迟延履行期间的债务利息。

法官点评

莱芜市钢城区人民法院法官对本案做了如下点评:

“庭审结束后,我们针对被告李某、许某、赵某的代理人提供的视频和音频进行了辨认,因音频内容无法辨听,视频中证人身份无法核实确认,真实性、客观性及与本案待证事实的关联性无法认定,所以法庭不予采纳。因此,三名被告没有证据证实他们没有和徐某在一起饮酒,并对其劝阻,负有一定的责任。

对于原告提交的关于房屋居住的证据,庭审结束后,法庭依法进行了调查,证实了原告的提供的证据有效,且本案中有几名被告也认可死者自 2014 年之后一直居住在该小区,法院予以采信,认定本案死亡赔偿金应按城镇居民标准计算。

《中华人民共和国侵权责任法》第六条第一款规定:“行为人因过错侵害他人民事权益,应当承担侵权责任。”七名被告在与徐某共同饮酒过程中,应及时提醒、规劝徐某少饮酒。本案中,七名被告未尽到应有的最大限度的合理注意义务，依法应当承担一定的责任。徐某作为完全民事行为能力人，应该认识到过量饮酒给自己带来的严重后果，却没有引起高度重视，是事故发生的根本原因，所以应当减轻七名被告的民事责任。

死者徐某本人不注意照顾自己，过错明显，根据民法"为自己的行为负责"的原则，徐某应自行承担85%的责任，而七名被告应当承担15%的责任。一审法院判决后，被告不服该判决提起上诉，目前二审法院正在审理中。

本案小结

在我国，酒文化底蕴浓厚，也不乏许多劝酒高手，很多喝酒能人也都以把劝对方多喝酒为最高境界。其实亲朋好友聚在一起喝酒，就是为了高兴，如果劝酒不当，喝出了事，那就适得其反，弄巧成拙。甚者，后悔不已。（文/尹祥丽　王冠之）

28 遭遇车祸之后

近年来,行走在大街小巷里,您会有一种感受,仿佛一夜之间莱芜市进入了"堵车"时代。车辆增多了,道路变窄了,车速也慢了,这时就有人耐不住性子,加快速度跨线超车,可这种情况极易引发交通事故,造成人员伤亡。

2014年12月,在莱芜市钢城区人民法院颜庄法庭内,法官第二次开庭独任审理了一起机动车交通事故责任纠纷案。

法官:"原告李某梅还有无新的证据提交?"

原告代理人:"今天的主张是在原来第一次开庭主张的基础上增加证据三、检查费票据两份,证实原告花费检查费394元。"

法官:"被告发表质证意见。"

被告二:"对证据三中的西药费120元(时间为11月3日)有异议,没有相应的病历,对9月20日放射费有异议。"

被告三保险公司:"原告的药费没有明确的门诊病历以及相关的证据证明和本次事故有关,对于齐某药费发票有异议,也没有相应的证据证明,齐某所检查的费用与本次事故没有关系。"

在庭审调查中,原告提供的证据,被告提出了质疑。

他们认为,原告在提供的证据中,其中有一项医疗费是齐某的,该项费用与本案无关。这个名叫齐某的人,他的医疗费怎么也成了本案的证据,齐某和原告李某梅是什么关系?李某梅为什么会把齐某的医疗费也上交给法庭?

这还要从那起车祸说起。

突如其来的意外

2014 年 8 月,家住钢城区的李某梅接到经理的电话,说最近公司承揽的工程需要赶工期,让她带着在家过暑假的小儿子齐某,也到工地上来帮忙,这样既可以锻炼一下孩子,又可以赚一点零花钱。那天早晨,李某梅就带着儿子齐某一起赶往工地。

李某梅:“当时,我们由北向南行驶时,刚过红绿灯,就被背后陶某的车追尾,把我们撞了,撞了以后,车就翻出去了,同时也就把我甩出去了,当我们爬起来的时候,浑身是血,当时真的不知道伤在哪里,一看儿子身上也不同程度地受了伤,也不知道谁打的‘120’,等到医生来的时候,我就有点晕了。”

被送到医院后,医护人员对李某梅进行了抢救,经过 20 多天的治疗后,李某梅出院了。

李某梅:“医药费什么的,都是由我们经理垫付的,车主就支付了 3000 元,之后再也没有付,给他打电话,也联系不上他。”

据了解,肇事者名叫陶某,车主是陶某的妻子张某,该车已经购买了车险。事故发生后,交警部门作出事故认定,该起交通事故由司机陶某负全责。然而,让李某梅伤心的事,事故发生后,双方多次协商都没有达成一致意见。无奈之下,李某梅一纸诉状把陶某、张某和保险公司告上了法庭。

法官:“原告说一下你要求三名被告如何承担赔偿责任?”

李某梅的代理人:“要求被告三承担交强险限额内共计医疗费和住院伙食补助费 10000 元。误工费、护理费、伤残赔偿金、交通费限额 110000 元之内承担责任。余额不足部分由被告一、二承担连带责任。”

法官:“原告你详细说一下要求第一、第二被告承担连带责任的法律规定和相关证据。”

李某梅的代理人:“根据事故认定书显示,被告一系驾驶员,被告二系登记车主,被告一、二是夫妻关系,在该车使用过程中,被告一、二不管是出于借用还是夫妻共同财产使用,发生事故其赔偿责任都应当由他们双方承担连带责任。”

法官:“被告对原告上述所说发表意见。”

被告一陶某:“无异议。”

被告二张某:“无异议。”

被告三保险公司:“无异议。”

随后,原告李某梅又提交了第四份和第五份证据。其中有误工费证明、诊断证明书和门诊病休证明。原告李某梅工作单位出具的2014年5~7月三个月的月平均工资为3000元的证明,还有该公司停发原告的工资证明一份。

李某梅的代理人:“证实原告在2014年8月4日受伤后至2014年11月13日即原告做伤残鉴定当天共100天,其单位停发工资10000元,原告的误工费为10000元。”

原告李某梅提交的第五份证据,是她丈夫和儿媳妇的误工证明。证明李某梅在住院期间,丈夫和儿媳在医院陪床,并出示了丈夫齐某军单位出具的工资表三份,税收完税证明一份,儿媳秦某红所在单位出具的2014年4~6月工资表三份,证明她在住院期间,有半个月的时间为二级护理。

李某梅的代理人:“齐某军是原告之配偶,齐某军的月平均工资为6717.96元,在原告住院期间齐某军护理25天,其护理费为5598.3元。秦某红是李某梅的大儿媳妇,她平均工资为3600元,在原告住院期间秦某红护理15天,单位停发其工资1800元,以上两人护理费共计7398.3元,但是原告要求5691.66元。”

对于第四份和第五份证据,三名被告也提出了不同的意见。

被告张某:“对工资表的真实性有异议,工资证明应有公司详细的工资表。对护理人数也有异议。”

被告陶某:“同意第二被告的意见。”

被告某保险公司:“护理人员秦某红没有明确的工资发放表,对此有异议。齐某军的工资只是给我们提供了一份4~6月的工资表,只能证实原告4~6月的工资的真实性,但是没有提供在原告住院期间的工资实际扣发证明。对于医院出具的护理人数我们有异议,因为医院没有权利也没有资质来证明原告的护理人数,须提供相应的鉴定机构的鉴定结论。”

在被告发表异议后，原告又提交了第六份、第七份证据。

证实李某梅在入院、出院、复查过程中花费交通费1000元，出具了某医院鉴定书一份，证实自己构成十级伤残，结合原告的户口为农村居民，其伤残赔偿金为21240元。另外，还有鉴定费发票一张，证实她支出的鉴定费1000元。对此，被告也提出不同看法。

被告张某："对交通费有异议，原告住院25天，其主张的交通费数额过高，请法院酌情判决。"

被告保险公司："对伤残等级有异议，请求法院结合她实际伤情重新鉴定。"

在法庭调查中，第三被告对伤残等级持有异议。他们提出，李某梅去医疗机构鉴定时，保险公司没有参加鉴定过程，请求法院结合她实际伤情重新鉴定，重新鉴定的费用并由原告李某梅自行承担。保险公司提出的要求是不是合理呢，办案法官又会给出一个什么样的答复？

法官："原被告，该鉴定是原告在第一次庭中提出，由本院技术室委托，鉴定机构的选择是由原被告双方选择的吗？"

李某梅的代理人："是。"

陶某："是。"

张某："是。"

保险公司："是。"

法官："原被告，在鉴定过程中是否存在程序和实体违法？"

李某梅的代理人："不存在。"

被告陶某、张某、保险公司："不存在。"

法官："由于该鉴定是原告申请，通过法院由原被告双选鉴定机构所作，第三被告虽对该鉴定意见书有异议，但未提供相关证据证实其主张，其提出重新鉴定申请不符合法律规定，本庭不予准许，原被告是否听清。"

共同回答："听清了。"

按照法律规定，法官驳回了保险公司的请求。

受伤的儿子

那么，保险公司提出的另一个异议，也就是齐某的医药费和本案没有关的说法是否成立呢?

开庭时,我们已经了解到,齐某是李某梅的儿子,他也在这次车祸中受伤,齐某在这次诉讼中能否维护自己的权益呢?先听一下原告代理人的主张。

李某梅的代理人:"在该次事故中,受伤人员除了李某梅,还有齐某,齐某系李某梅的儿子,发生事故时其年龄只有17岁,系未成年人,在受伤治疗过程中,发生的医疗费为上述原告的证明。在事故认定书中,认定了齐某在该次事故中无责任。"

法官:"原告齐某虽然是未成年,根据法律规定,可以作为民事诉讼的主体,本案的原告系李某梅,不是齐某,所以原告不能在本案中要求齐某的赔偿费用,原告是否听清了?"

李某梅的代理人:"听清了。"

法官:"你刚才陈述齐某系原告之子,系未成年人,现在本庭问你,对于齐某的各项损失是否还向法院提起民事诉讼。"

李某梅的代理人:"对于齐某的各项损失,我们当庭放弃。"

法官:"原告你还需提供户口本,来证实你与齐某的关系,你是否听清了。"

李某梅的代理人:"听清了,当庭提供户口本中的常住人口登记卡一份,结合原告提供的结婚证,证实齐某是齐某军与李某梅之子。"

法官:"被告发表质证意见。"

被告陶某、张某:"无异议。"

某保险公司:"无异议。"

根据原被告的意见,法庭归纳总结了本案的争议焦点:

一、被告提供的药费、误工费、护理费、交通费和工资证明是否客观真实。

二、医院有没有资质出具二级护理证明,原告在住院护理期间,丈夫和儿媳妇的误工费如何赔偿。

法官:"原告及诉讼代理人发表辩论意见。"

李某梅的代理人:"在住院过程中,虽然医疗机构出具两人护理,但在实际过程中多个人护理也远远不能够缓解原告的伤情。原告在吕家林村居住,距离莱钢医院较远,原告的伤情根据诊断证明证实原告多次复查,需要乘车费用,因此原告的交通费并不过高。"

法官:"被告及诉讼代理人发表辩论意见。"

被告陶某、张某:"符合法律依据的我们都会依法赔偿。"

保险公司:"原告提出的护理费用需要医院在特殊情况下需要多人护理的,应在住院病历中明确载有,交通费我们主张按城镇公交计算。"

法官:"原被告双方还有无新的辩论意见。"

李某梅的代理人:"没有。"

被告陶某、张某:"没有。"

保险公司:"没有。"

法官:"法庭辩论结束。根据《中华人民共和国民事诉讼法》第一百四十二条的规定,法庭应征询各方最后意见。原告陈述最后意见。"

李某梅:"我要求的各项损失都是合法的。还有其他损失在本案中没有主张,我白受了这个罪,我不再要求了。"

法官:"被告陈述最后意见。"

被告陶某、张某:"依法判决。"

保险公司:"依法判决。"

法官:"根据相关法律规定,当事人可以在法庭主持下进行调解。原告是否同意调解?"

李某梅的代理人:"同意。"

法官:"被告是否同意调解?"

被告陶某、张某、保险公司:"同意。"

2015 年 2 月 7 日,经办案法官调解,双方自愿达成如下协议:

一、被告保险公司赔偿原告医疗费、护理费、误工费、交通费、伤残赔偿金、伙食补助费共计 42350. 18 元。

二、被告陶某、张某应赔偿原告医疗费 460 元,并承担本案诉讼费用。

三、本次事故一次性处理完毕,其他事宜互不追究。

法官点评

莱芜市钢城区人民法院法官对本案做了如下点评:

在遭遇交通事故后，一定要注意收集和保留好证据，便于更好地维护自身的权益。在本案中，原告提供的各种证明，比如医药费，有明确的门诊病历；工资证明，有所在公司详细的工资表、财务人员的签字等细节，就会对自己更加有利。在被告提出异议后，如果原告再去收集这些证据，既浪费时间又浪费精力。因此，在调解过程中，我们做了大量的工作，劝说原被告双方都做出了让步。

本案小结

"宁等三分，不抢一秒"。

在这里，我们规劝各位驾驶员，车祸猛于虎。特别是在开车时，一不要酒驾，二不要超速，三不要分神，一定要集中精力开好车。如果因为一时大意，酿成车祸，后悔的总是自己。（文/尚凤霞　孟凡虎）

29 车祸赔偿风波

如今，随着生活水平的不断提高，为了满足出行的需求，许多家庭都买上了小汽车，行车安全也随之成为广大群众讨论的热门话题，“司机一杯酒，亲人两行泪”，“把好方向盘，绷紧安全弦”等道路上警示标语随处可见。可是总有人不当一回事，方向盘一转就惹出了一个大麻烦。

我真的没钱

2015年9月6日，莱芜市205国道钢城段发生一起交通事故，当事人李某某介绍，下午6时左右，他驾驶着一辆装载机由北向南行驶，行至十字路口左转弯时，与顺行的巩某某驾驶的轿车相撞。由于当时车速过快，巩某某的轿车严重受损，所幸没有人员伤亡。

李某某：“我根本看不见他，我当时拐弯时看过后视镜，没有车我才拐的弯，再说我拐弯时，也打方向灯了。”

巩某某：“我当时在他的左后方，他突然就拐弯了，我来不及刹车，根本来不及反应，我哪里有错？”

事故发生后，两人马上报了警，迅速赶到现场的交警处理了本次事故，并作出交通事故认定书，认定李某某承担事故的主要责任，巩某某承担事故的次要责任。但对于主要责任应承担的比例，双方发生争议，原告主张被告应承担90%，被告主张承担50%。

巩某某：“他早拿出点钱来就把这个事解决了，再说都有交通事故责任认定书，他一直拖着不给。”

李某某:“真的没钱,再说我觉得这个也不公平,太高了。”

交通事故责任认定后,巩某某多次催要,李某某却迟迟没有赔偿。巩某某无奈之下将李某某告到法院,决定用法律维护自己的权益。2015 年 12 月 22 日,在钢城区人民法院颜庄法庭第二审判庭内,法官主持审理了这起交通事故责任纠纷案。

法官:“根据《中华人民共和国民事诉讼法》第一百三十八条的规定,现在开始法庭调查。首先由原告向本庭陈述诉讼请求及依据的事实和理由。”

巩某某的代理人:“原告的各项损失 58003 元,上述损失由被告在交强险范围内承担,超出交强险的部分,由被告按事故责任的 90%承担。本案诉讼费用由被告负担。”

在原告陈述完诉讼请求后,被告向法庭陈述了答辩理由。

李某某的代理人:“在本案中被告是左转弯,由于车型较大视线较差,而原告作为小型车辆的驾驶人,发现前面有行驶的车辆应立即停车,但原告却径直撞在了被告车辆上,导致本案的发生,因此原告的过错较大,在本案中至少应承担 50%的责任。”

事故责任划分

尽管交警部门作出的事故责任划分中,被告李某某应承担主要责任,但他认为自己的过错并没有这么高,法庭是否会采纳他的意见呢?被告继续进行辩解。

李某某的代理人:“关于是否按交强险相关规定赔偿,被告的车辆属于工程车,在相关的车辆登记部门并无登记,保险公司对该种车辆并不承保,因此,本案不适用交强险赔偿的相关规定。”

在诉讼请求中,关于各项赔偿费用的标准问题。原告认为,应以《中华人民共和国道路交通安全法》和最高人民法院《关于审理道路交通事故损害赔偿案件适用法律若干问题的解释》为准。而被告认为,除了上述法律法规及司法解释外,还应该以原告提供的证据是否符合法律规定为准。随后,法官根据原告的起诉和被告的答辩,归纳了双方的争议焦点。

一、原告、被告在本次事故中的责任划分，即原告、被告有无责任及责任大小。

二、本案事故中的装载机应否投保交强险，即被告应否在交强险范围内赔偿损失。

三、原告主张的损失有无相应事实及法律依据。

庭审中，肇事双方对焦点内容都没有提出异议，庭审进入了法庭调查阶段，原告和被告为证明自己的观点，他们会分别向法庭提交什么样的证据，这些证据能否被法庭采纳呢？

法官："下面继续法庭调查，由原告、被告围绕本庭总结的第一个焦点问题向本庭提交证据，并说明证据来源和证明内容，其他当事人依次发表质证意见。"

巩某某的代理人："证据一，道路交通事故认定书一份，证实被告李某某驾驶车辆左转弯违反了《道路交通安全法实施条例》第五十二条第三项之规定，转弯让直行，在该次事故中被告的违法行为过错严重，承担事故的主要责任。原告承担事故次要责任。"

除此之外，原告方还认为，被告李某某驾驶车辆未持有相应证件，其过错严重，应在交强险范围内承担事故90%的责任。那被告又会怎样辩解呢？

李某某的代理人："对证据一事故认定书证据本身无异议，但从本次事故中可以看出，原告驾驶车辆明知前面有车辆的情况下，未立即采取制动措施，导致事故发生，过错程度较大，被告认为原告应承担50%的责任。"

法官："法庭归纳的第一个焦点问题，被告有无证据提交。"

李某某的代理人："没有。"

装载机应否投保交强险？

法官："由原告、被告围绕本庭总结的第二个焦点问题向本庭提交证据，并说明证据来源和证明内容。"

巩某某的代理人："针对焦点二原告无书面证据。"

本案的第二个争议焦点是事故中的装载机应否投保交强险，即被告应否在交强险范围内赔偿损失。

在法庭调查中,原告虽然没有提供有力的证据,但他们认为被告驾驶的装载机就是一辆机动车,既然是机动车,上路就应该购买保险。

巩某某的代理人:“被告驾驶机动车上路,应当由该机动车所有人按照《交通安全法》规定投保交强险,未依法投保交强险发生事故造成损害的,应当根据最高人民法院《关于审理道路交通事故损害赔偿案件适用法律若干问题解释》第十九条相关规定,由投保义务人即被告在交强险限额内对原告损失承担赔偿责任。”

另外,原告认为根据《道路交通安全法》第十九条规定,驾驶机动车应取得驾驶证,驾驶装载机不但需要持有装载机操作证和其他证件,而被告并未持有与装载机相应的证件,属于无证驾驶,过错重大。因此,在交强险范围外应承担原告损失90%的责任。对于原告的这种说法,被告作了辩解。

李某某的代理人:“对以上法律规定无异议,但是我方要陈述一个事实,被告曾多次和保险公司沟通过,但保险公司拒绝承保。”

在庭审调查中,原告说,装载机属于机动车,也就意味着可以购买交强险,而被告却说,他们也想购买保险,但保险公司拒绝承保。那真实情况会是什么样呢?为此我们记者专程采访了装载机驾驶人员和保险公司的员工,接下来听听他们是怎样说的。

装载机司机:“装载车一般在工地上工作,上不上保险无所谓。”

装载机司机:“应该买,属于机动车。”

保险公司:“根据我们的业务范围,是可以办理交强险的,但是很多装载机车主认为在工地施工,不上路就不用购买。”

在本案中,肇事的装载机没有购买交强险,是什么原因造成的,我们也不好下结论。但是,装载机要不要购买交强险?我国在这方面有没有明确的法律规定呢?

法官:“装载机应不应当购买交强险,首先要确定装载机是不是机动车,如果是机动车就必须购买。为了保障机动车道路交通事故受害人依法得到赔偿,促进道路交通安全,我国相关法律规定机动车上路必须购买交强险,也就是说购买交强险是车辆所有人、管理人的法定义务。”

那什么是机动车,装载机是不是机动车呢,我国相关法律又是怎么规定的呢？接下来，咱就给大家链接一条法律规定。

法条链接

《道路交通安全法》第一百一十九条第三项规定，机动车是指以动力装置驱动或牵引上道路行驶的供人员乘用或用于运送物品及进行工程专项作业的轮式车辆。

根据以上规定，本案中的这辆装载机就是机动车。可是，大家都知道，像装载机这种特殊的机动车一般都是在工地上施工，它们很少在道路上行驶，那我国对这类机动车在购买交强险时，有没有特殊的规定？这类机动车该如何投保交强险呢？

法条链接

《机动车交通事故责任强制保险条例》第二十条规定，机动车交通事故责任强制保险的保险期间为1年，机动车临时上道路行驶的投保人可以投保短期机动车强制保险。

法庭调查辩论

针对本案第三个焦点问题，法庭展开了调查。

原告向法庭提交了机动车行驶证、评估鉴定意见书、施救及停车费发票、评估费发票交通发票、诉前保全费单据各一份，分别证实了轿车的所有人和各项损失费用，共计58003元。原告认为，上述损失应由被告在交强险范围内承担车损2000元。

巩某某的代理人："原告主张的交通费用符合法律规定，应当依法由被告赔偿。对于评估费发票是原告因本次事故评估车辆损失所支出的直接费用，完全符合法律规定，应当依法予以支持。"

针对原告提供的这些证据，被告发表质证意见。

李某某的代理人："对评估鉴定意见书有异议，其中'三元催化、点烟器烟灰缸中'等并没有损坏到需要更换的程度，但作为鉴定机构仍然遵循4S店的要求进行更换，对被告有损公平。"

而对于原告提交的“施救及停车费发票”，被告认为，原告根本没有到莱芜某汽车修配公司进行修理。对于原告提交的“评估费”“交通费”，被告均以费用过高与事实不符提出了异议。

李某某的代理人：“如果该车辆不发生交通事故，使用该车辆也要产生交通费用，该费用是原告自己应支付的，该交通事故并没有增加原告支出交通费该项费用，因此，原告也不能强加于被告让被告赔偿，原告主张交通费没有任何依据。”

法庭调查结束后，进入法庭辩论环节。

由于原告的辩论意见同上诉请求，被告的辩论意见同答辩及质证意见。根据庭审程序庭审进入原、被告最后陈述阶段，由于双方都同意调解，庭审结束后，通过办案法官的调解，双方自愿达成调解协议。

协议结果

一、被告李某某在交强险限额内赔偿原告巩某某车辆损失2000元；被告李某某赔偿原告巩某某剩余车辆损失、施救费、停车费、评估费、诉前保全费、交通费等各项损失的70%共计38000元；综上被告李某某共赔偿原告巩某某40000元，该款由原告巩某某领取被告李某某交纳到法院的保证金。

二、本次事故一次性处理完毕，其他事宜互不追究。

本案案件受理费1110元，减半收取555元，由原告巩某某负担。

法官点评

莱芜市钢城区人民法院法官对本案做了如下点评：

本案中，被告驾驶装载机在行驶中突然转弯，致使与他平行驾驶的原告躲闪不及从而发生交通事故，因此，被告负有主要责任，原告负有次要责任。另外，根据《道路交通安全法》的规定，本案中的装载机属于机动车，应当购买交强险，但被告并没有购买保险，所以，被告应首先在交强险各分项限额内赔偿原告的损失，剩余损失按照责任进行赔付。

双方如果都不同意调解，在法院判决后，任何一方提起上诉，双方可能还要打一场费时又费力的官司。

双方都同意调解，也都做出了让步，对双方当事人来说都有好处，调解是双方当事人在充分协商、权衡利弊的情况下达成的，对被告来说赔偿数额降低，对原告来说实现了诉讼目的，不存在上诉问题，提高诉讼效率。所以说，有一些官司，能调解的还是尽量要调解。

本案小结

在这里提示各位司机朋友：开车时要文明驾驶、互相礼让，安全才是第一位的。如果在这次事故中，被告驾驶的装载机不是突然转弯，原告驾驶的小轿车速度能够慢一点，这场交通事故就完全可以避免。另外，我们还要提醒广大车主，要时刻留意交强险有效期限，及时投保，切不可为占小便宜，而吃大亏。（文/梁广新　王冠之）

30 假车牌和真保险

当今,随着人们生活水平的提高,汽车走进越来越多的家庭。大家在购买车后,都会去购买一份车险,万一发生事故,可以挽回部分经济损失。然而,在法院审理的一起汽车保险合同纠纷中,当事人在保险公司购买了车险,发生事故后,保险公司却拒绝赔偿,这究竟是怎么回事呢?

我缴的保险费去哪儿了?

2012年11月25日,午饭后,王某出了门,开着一辆豪泺牌卡车,径直上了331国道,空匣子吱吱作响,车速不快,时而拐弯躲过前方驶来的车辆,当行驶到东平县路段时,不慎与一辆中型普通客车迎头相撞,导致两车不同程度地损坏,客车司机岳某受轻微伤,所幸没有造成其他人员伤亡。

岳某(客车司机):"刹车也刹不住,我按喇叭也不管用啊,我往左拐他也往左,我往右他也往右。唉,别提了,我腿受伤了当时,幸好车上没乘客,要不然这事真是大了。"

王某(卡车司机):"当时来不及躲了,忒快了,我要是急打方向,肯定会翻车。那天中午没喝酒,只是有点犯困。"

事故发生后,经交警部门认定,王某负事故的全部责任,并赔付岳某驾驶的车辆修理费14510元。由于王某是贺某雇来的卡车司机,最后贺某把14510元的修理费打给了客车司机岳某。

贺某:"我那天在外地,王某打来电话说出事了,我接着就从济南市跑回来了,交警认定完后,我立即就赔偿了,也是想着早点了事。你说这老王,开着车还打盹,你说要是真出了人命,还了得吗?"

按理说事情到这儿,也就结束了,交通事故认定完毕,老贺也赔偿了修理费,客车司机岳某也同意这样的解决方案,并没有提出别的要求,可怎么来的官司呢?

贺某:"我是给这车买了保险的,出了事故后,保险公司应该进行赔付,只是为了尽快地解决这事,我自己先垫上了。"

原来老贺在保险公司给自己这辆卡车投了机动车交通事故责任强制保险和机动车商业保险,保险期间是从 2012 年 6 月 5 日到 2013 年 6 月 4 日,而事故就发生在 2012 年的 11 月,在保险期内。老贺处理完事故后,赶紧向投保的保险公司申请理赔。

可让他没想不到的是,保险公司拒绝了他的理赔申请。多次协调未果,迫不得已,老贺向法院提起诉讼,请求判决保险公司支付保险理赔金 14510 元,并承担诉讼费。

保险公司:"我们都是签了投保合同的,根据协议要求,像他这种情况,我们不能赔偿,白纸黑字写得很清楚的。"

2013 年 12 月,法院受理了此案,并于 12 月 20 日依法公开开庭审理了此案。经过公开开庭审理,一审法院认定,以被保险车辆的号牌号码未在车辆登记机关依法登记,原、被告签订的"机动车保险合同"无效,判决驳回原告贺某对被保险公司的诉讼请求,案件受理费由原告承担。

贺某:"我还是觉得这事不对,我按约定及时地缴纳了保险费用,买保险就是为了车出现意外事故时能分担点经济损失,怎么到头来说合同无效呢,就算是无效,我缴的保险费哪去了?"

白驹过隙,时光飞逝,这时寒冬已尽,已是春寒料峭的时节。忙忙碌碌的人们已经开始了马年的新生活,在市区上下班高峰期依然车水马龙,工地上机械运转的声音依然震耳,这一切就像往常一样,井然有序。而此时贺某的内心却十分焦躁,无心工作,他思前想后,决定上诉。随后,他向莱芜市中级人民法院提交了上诉状。

没号牌,没年检

时间:2014 年 5 月 12 日 8 时 40 分

地点:莱芜市中级人民法院第三审判庭

审判长:“根据《中华人民共和国民事诉讼法》第一百三十四条、第一百六十九条的规定,山东省莱芜市中级人民法院今天在这里依法公开审理上诉人贺某与被上诉人保险公司保险合同纠纷案,现在开庭。”

法官:“上诉人,你在投保单中载明的发动机号 1008×××627(此处隐去具体发动机号)与事故车辆是否是一辆车。”

贺某:“是。”

法官:“被上诉人是否核实过该问题。”

保险公司:“按照出险调查情况看,事故车辆的发动机号是上述数字,与投保单中是一致的。”

法官:“被上诉人,你方拒赔的依据是什么。”

保险公司:“保险条款第六条第十项。”

法官:“被上诉人,根据本条的规定(宣读条款),你方认为符合哪一种情形。”

保险公司:“没有号牌,也没有年检。发生事故时两车号牌均是假的,没有行驶证。”

贺某:“情况属实。”

审判长:“现在进行法庭辩论,由法官主持。”

法官:“上诉人发表辩论意见。”

贺某:“保险公司不能在承保的时候同意无牌车辆上险,在理赔的时候又以没有车牌而拒绝理赔,是自相矛盾的。保险公司明知车辆没有牌照而承保,出了事故不理赔是不能自圆其说的。同时,一审法院在认定事实和适用法律上面也是存在错误的,依法应予撤销。”

法官:“被上诉人发表辩论意见。”

保险公司:“投保时,有无车牌不是保险公司决定是否同意承保的标准,而客户往往是在购买相关保险后方到车辆管理部门进行车辆登记年审。就本案讲,因为事故车辆在发生保险事故时,无公安机关合法的牌照，也没有进行年检，不能说明发生事故时车辆符合正常使用情况，因此不论双方签订的保险合同是否有效，我公司对上诉人的损失均不承担赔偿责任。”

在这种情况下，事故车辆购买了保险，但车辆没挂车牌，投保人还有权利申请理赔吗？

上诉人：“本案中，投保人虽然在购买保险时没有牌照，但是在保险合同中已经载明了车辆发动机号，交警部门也已经确认事故车辆就是投保车辆，双方对此也无异议。本案投保人就应当享有依据保险合同申请索赔的权利。”

尝试调解

法庭审理进展到这一环节时，审判长突然恢复了法庭调查的环节。审判长究竟问了一个怎样的问题？这个问题的答案与保险公司是否赔偿上诉人有无直接的关系呢？

审判长：“恢复法庭调查，上诉人，涉案车辆为什么一直没有挂牌。”

上诉人：“车是二手车。”

审判长：“被上诉人是否清楚涉案车辆为什么一直没有挂牌。”

保险公司：“不清楚。”

法庭现场，双方当庭同意调解。但上诉方、被上诉方均各执己见，口口声声说同意调解，但谁也不作出让步，这让案件一下子陷入了僵局。为此，主审法官也做了大量的调解工作。

法官说，保险公司是否履行了明确告知免责条款的义务，是本案庭审各方争论的焦点，也是决定本案最终判决的关键。

根据本案的情况，保险公司拒绝赔偿的理由不成立。

法条链接

《保险法》第十七条规定：“订立保险合同，采用保险人提供的格式条款的，保险人应向投保人说明保险合同的条款内容”，第十七条还规定：“保险合同中免除保险人责任的条款，保险人在订立保险合同时应当在投保单、保险单或者其他保险凭证上作出足以引起投保人注意的提示,并对该条款的内容以书面或者口头形式向投保人作出明确说明,未作提示或者明确说明的,该条款不产生效力。”

上述法条是我国法律对保险人说明义务的原则规定,但法律未对保险人履行该项义务的方式、范围、标准及对说明和明确说明界限作出规定,实践中对如何理解和界定保险人的说明义务争议较大。

法条链接

根据最高人民法院《关于适用〈中华人民共和国保险法〉若干问题的解释(二)》第十一条的规定,保险人的明确说明义务是指法律规定保险有在订立保险合同时,除了在保险单上提示投保人注意外,应对保险合同中有关免除保险人责任条款的概念、内容及其法律后果以书面或者口头形式向投保人作出常人能够理解的解释说明。

免责条款要以书面或口头形式向投保人作出说明和解释,以使投保人知道该条款的真实含义和法律后果,向投保人说明保险合同条款内容时、应当以普通人能够理解的程度为限,但是可以根据投保人的投保经验作不同程度地解释,而对免责条款的明确说明应当在保险单上或其他保险凭证上对有关免责条款作出能够足以引起投保人注意的提示。

经过主审法官的不懈努力,对双方晓之以理,动之以情,最终达成了调解协议,并作出民事调解书。

法官点评

莱芜市中级人民法院法官对本案做了如下点评:

保险公司已就免责条款尽到明确告知和说明的义务,但该免责条款在本案中并不能适用。

首先,被保险车辆在投保时未取得合法的牌照亦未年检,上诉人贺某对此情形已明确予以告知,双方被保险车辆发生交通事故时能够获得赔偿有合理预期。

其次，上诉人就无牌照车辆投保，保险公司予以承保，双方已经以实际行为排除了该条款的适用。

最后，保险公司就无牌照车辆承保后又以此为由免责，将导致自保险合同成立至车辆挂牌的期间内，保险公司虽然收取保费但无须承担责任的结果，明显违背诚实信用原则。车牌虽然是假的，但保险合同却是真的！保险公司应但按照约定承担赔偿责任。

我们在购买车险应该注意以下四点：

一是保险责任要在保险条款里得到体现，即被保险人要了解自己的保险利益，明确投保了哪种保险，一旦遇险后，自己在什么情况下能够得到赔偿。

二是要如实告知保险公司相关事项，比如被保险人的姓名、保险车辆的价值信息等，在遇险后，不要因为没如实告知，导致保险公司拒赔现象的发生。

三是要注重审查理赔条款的内容，在发生意外事故后，理赔时需要被保险人具备哪些手续，履行哪些程序，才能得到保险公司的赔偿，这些内容在合同上都要表现出来，充分保障被保险人的利益。

四是要看清免责条款。免责条款是保险公司为了保障自身的利益而设置的，是指发生意外事故时，保险公司不给予赔偿的条款，被保险人要看看这些条款是否在法律允许的范围之内。

本案小结

生活中，越来越多人买了自己的爱车，并给自己的车上险，但在购买保险时应注意哪些问题呢？专家提醒要通过正规渠道购买保险，购买后打保险公司短号码电话验证，以免买到假保单。交强险、商业险最好在一家公司购买，理赔时比较方便。另外要看清保险条款、免责事项、特别约定等事项，小心理赔时的“陷阱”。不过话说回来，这出门在外，安全第一，要严格遵守交通规则，严谨疲劳驾驶，严防发生以外。（文/吴峰　李文超）

31 电动车引出的争议

如今,自行车的王国已然装上了电动马达,满街尽是电动自行车,但是这种加了马达的电动自行车,还是真正意义上的非机动车吗?它虽然节约了能源、提供了方便,却有不少的超标电动自行车却在马路上大行其道,催生了新的"马路杀手",引发的交通事故逐年上升。今天,我们就给大家介绍一起电动自行车引发的交通事故。

电动车是机动车吗?

2015 年 5 月,莱芜市莱城区人民法院审理了一起交通事故责任纠纷案,一辆电动自行车在发生交通事故后,被认定为机动车。下面,咱就走进庭审现场去看看。

审判长:"现在开庭,首先由原告宣读起诉状。"

原告委托代理人:"(宣读起诉状)一、要求被告按责任承担 261322.5 元。二、本案诉讼费用由被告承担。"

据了解,在本案中原告分别是张某清和他的父亲,以及他的外公、外婆四个人。被告只有一个人,名叫卓某某。

2014 年 5 月,张某清的父亲张某某骑电动自行车带着母亲外出,在一个十字路口与卓某某的摩托车相撞,事故发生后,张某清的父母都受了伤,在被送往医院抢救时,他的母亲由于受伤严重,抢救无效后死亡。

事故发生后,交警部门作出事故认定,认为张某某骑的电动自行车为机动车,在发生事故时双方都存在过错,因此双方对该事故应承担同等责任。对于交警部门的事故认定,张某清心里非常不满。

张某清:"我觉得,电动自行车不就是多了一个电瓶,明明是非机动车,而对方骑的是摩托车,摩托车肯定是机动车。出事后,机动车就是应该多承担一些事故责任吗?"

电动自行车发生交通事故后,是按机动车交通事故处理?还是一般侵权行为处理?张某清的这种观点对不对呢?咱们老百姓对这个问题是怎么看的呢?为此,记者专门采访了几位市民。

记者:"您好,您觉得电动自行车是机动车,还是非机动车呢?"

市民甲:"电动自行车跑得都不慢,应该是机动车吧。"

市民乙:"电动自行车不就是加了一个电瓶,应该还是自行车。"

的确,在许多老百姓眼里,电动自行车不过就是升级版的自行车,它不属于机动车。可是市民的这种观点对吗?随后,记者电话联系了一家律师事务所。

周律师:"我认为,电动自行车不属于机动车范畴,不应按机动车交通事故处理,而应该按一般侵权行为处理,根据过错责任承担赔偿义务。"

王律师:"我和他的观点正好相反,驾驶超标电动车发生交通事故时,应将超标电动车视为机动车,应该按机动车交通事故处理。虽然电动车没有购买交强险,但肇事方仍应在交强险赔偿限额内先行赔偿,以便更好保障受害者的权益。"

从律师那里,这件事也存在两种不同的意见。周律师为什么会坚持电动自行车不属于机动车范畴,他有什么法律依据呢?

周律师说:"根据《中华人民共和国道路交通安全法》第一百一十九条规定,'机动车'是指以动力装置驱动或者牵引,上道路行驶的供人员乘用或者用于运送物品的轮式车辆。'非机动车'是指以人力或者畜力驱动,上道路行驶的交通工具,以及虽有动力装置驱动,但设计最高时速、外形尺寸符合有关国家标准的残疾人机动轮椅车、电动自行车等交通工具。"

按照此规定,电动自行车显然不属于机动车范围。虽然,1999年我国出台了《电动摩托车和电动轻便摩托车通用技术条件》等规定,可现行法律法规及国家相关标准中并没有将超标电动自行车纳入机动车的管理范畴。因此,他认为超标电动车仍应视为非机动车辆,至于超标或超速行驶仅能作为交警部门认定事故责任的一个因素。

周律师:“另外,如果将电动车等同于机动车,会加重了电动车驾驶人的责任,有失公平。按照我国目前的法律规定,驾驶电动自行车不需要相应的驾照,也无须上牌,且没有针对电动车的险种。交强险仅是针对机动车的一种强制购买险种,电动车所有人无法为自己的电动车购买交强险,在这种情形下,如果电动车发生交通事故,而强行将电动车等同于机动车无疑加重了电动车所有人的责任,且电动车所有人无法通过购买保险等方式预防和降低自己的风险,明显有失公平。”

对于周律师的这种观点,王律师并不同意。

王律师:“根据1999年国家关于《电动摩托车和电动轻便摩托车通用技术条件》中,电动自行车在最高车速、重量和是否有脚踏功能都有明确的规定,如果张某某骑的这辆电动自行车,其中的一项超过国家标准,就应该按照标准被认定为是机动车。”

在《电动摩托车和电动轻便摩托车通用技术条件》中,我国对电动自行车有哪一些规定呢?什么样的电动自行车属于超标电动车,什么样的电动自行车属于机动车呢?

1999年国家关于《电动摩托车和电动轻便摩托车通用技术条件》规定中,给电动自行车作了技术参数限定,凡超出以下三点的均被认定为机动车。

一、电动自行车最高车速应不大于20千米/小时;

二、电动自行车的整车重量应不大于40千克;

三、电动自行车必须具有良好的脚踏骑行功能。

法官:“《中华人民共和国道路交通安全法》第一百一十九条对‘机动车’‘非机动车’作了明确界定,据此可以得出机动车与非机动车的区别关键在于设计最高时速。机动车以动力装置驱动,非机动车以人力或畜力驱动,或者虽有动力装置驱动,但设计最高时速、空车质量、外形尺寸应符合国家标准。”

根据国家标准,记者了解到,张某清父亲驾驶的电动自行车的重量为70千克,时速达到35公里,已经超过了1999年我国出台的《电动摩托车和电动轻便摩托车通用技术条件》,属于超标电动自行车,因此张某清父亲驾驶的电动车,被交警部门认定为机动车。

超标的“电动自行车”,就是机动车。

打官司就是在打证据

为了在法庭上减少不必要的辩论,开庭前,法官对原告张某清进行了这方面的法律释明,并取得了张某清的认同。于是,在庭审中原被告没有在超标“电动车”是不是机动车这个问题上继续纠缠,而是直接对事故的赔偿数额进行了法庭调查和辩论。

事故发生后,张某清的母亲经抢救无效,不幸死亡。8 月 20 日,该市公安局刑事科技术研究所作出法医学尸体检验书。

鉴定结果为:死者李某因交通事故导致严重颅脑损伤,致使多器官功能衰竭死亡。

张某清:“对方一直在逃避,找不到人了。”

为了给家人和自己讨回公道,张某清一纸诉讼把卓某某告上了法庭,认为他们作为受害人的家属,应该在医疗费、误工费、丧葬费、死亡赔偿金等方面,得到被告的赔偿。

在听取了原告的诉讼请求后,被告卓某某的代理人针对原告的请求进行了答辩。

被告卓某某的代理人:“对事故发生无异议,被告方同意赔偿原告方合理合法的损失。”

根据原告的起诉、被告的答辩,办案法官归纳了法庭需要调查的两个问题:

一、原告因交通事故受到损失民事责任如何分担;

二、原告请求的数额是如何计算的,有无事实及法律依据。

法官:“下面进行法庭调查。”

法官:“由原告、被告围绕本庭总结的需要调查的问题提交证据,并说明证据来源和证明内容,其他当事人依次发表质证意见。”

原告方:“证据一交通事故认定书一份,证实事故发生及责任划分。证据二病历两份,证实李某受伤后住院治疗情况。”

在法庭调查中,原告共出示了六份证据。证据三诊断证明两份,证实原告张某清的母亲李某受伤情况。证据四医疗费发票一宗，证实花费医疗费145000多元。证据五死亡证明一份，证实李某经抢救无效死亡。证据六张某清的母亲李某工资证明一份，证实李某月工资为1500元，住院期间工资没有发放。张某清和他的父亲工资证明各一份，因为在医院护理母亲，工资都没发放。

对于这六份证据，被告对其中前四份证据没有异议。但对原告提交的第五份、第六份证据持有异议。

被告方："对证据五死亡证明有异议，该份死亡证明应当是有医院开具，而原告提交的是有原告所在的村委会出具的。对证据六原告张某清的母亲李某的工资证明有异议，对原告张某清的父亲张某某的工资证明也有异议，对张某清的工资证明也有异议，原告方没有提供出证据证实伤者确需两人护理的相关证明。"

对于双方无争议的证据一、证据二、证据三、证据四，法庭当庭予以确认了证据的证明力。对于有争议的证据，待合议庭合议后才能予以确认证据的证明效力。随后，被告也向法庭提交了证据。

被告方："证据一，证实被告为原告共计支付24396.44元。"

法官："原告在诉状中陈述，被告在住院期间垫付了24000元，你们双方差396.44元。原告进行质证。"

原告方："对被告提供的证据均无异议，属实。"

原告随后向被告提出了赔偿金额。

要求项目包括"医疗费、误工费、护理费、伙食补助费、丧葬费、死亡赔偿金、生活费、财产损失、精神抚慰金"九项，共计424645.03元。2015年8月2日，莱城区人民法院依法作出判决。判决如下：

一、被告卓某某赔偿原告张某清等四人医疗费、住院伙食补助费、误工费、护理费、死亡赔偿金、丧葬费、精神抚慰金共计260886元，于判决生效之日起10日内付清。

二、驳回张某清等四位原告的其他诉讼请求。

判决以后，双方当事人都没有提起上诉，判决发生法律效力。

原告张某清和他的家人得到了一定的赔偿金，但逝者不能复生，留给生者的只有伤痛。这起交通事故也再次给我们敲响了警钟，车祸猛于虎。据了解，2014年全国交通事故共造成5.9万多人死亡，其中电动自行车死亡人员5300多人，受伤者达到2.8万人。

法官点评

莱芜市莱城区人民法院法官对本案做了如下点评：

本案中，双方被认定为同等责任，也就是说电动车和摩托车驾驶员都需要对死者家属承担50%的责任。因此，判决卓某某承担一半的赔偿。但在这次事故中，骑电动自行车的张某某是肇事者，更是受害者，所以在本案中，也应该承担一半责任，原告和他是一家人，所以原告再追究也就没有必要了。

本案小结

开好车、走好路、安全伴您每一步。

虽然，这起案件审理已经结束，可电动自行车能不能上牌照，能不能购买保险等话题，依然在社会上有着不同的声音，但我国相关法律法规已经明确界定了超标“电动自行车”的含义，对超标“电动自行车”是不是机动车已没有必要再争议。因此，不论是骑车还是开车，最关键的还是出门在外，大家都应该自觉遵守交通规则，注意行车安全。（文/鲁爱军　王冠之）

32 该不该赔付的交强险

交强险,相信大多数有车族并不陌生,即"机动车交通事故责任强制保险"。所谓强制,意思就是在我国境内道路上行驶的机动车每年都必须投的保险。可是,投了交强险有什么用处呢?在什么情况下,保险公司会理赔?在什么情况下,保险公司又会拒绝理赔呢?

保险公司应该赔偿吗?

2013 年 4 月,高某和朋友一起聚餐,酒足饭饱后,大家意犹未尽决定去逛逛。从酒店出门时,朋友钱某要求试驾一下高某的车,为了不扫朋友的兴致,高某就没有拒绝,于是钱某驾车赶往下一个目的地。可就在行驶过程中,钱某不慎将路边的三名行人撞倒,导致两人死亡,一人受伤。

法官:"事故发生后,市公安局交通警察支队作出认定,车辆的驾驶者钱某,也就是事故的致害人承担事故的全部责任。事后,钱某将 76 万元赔偿款支付给了受害者,高某也向死者家属及伤者赔偿了 18 万元。"

赔偿结束后,高某找到保险公司要求理赔。

原来 2013 年 1 月 15 日,高某从保险公司购买了一份交强险,保险期间为 2013 年 1 月 16 日至 2014 年 1 月 15 日。有了这份保险,高某认为车祸发生后,他损失了 18 万元,既然已经投保了交强险,依照法律规定,出了事故,保险公司就应当理赔。

交强险小贴士

交强险属于责任保险,保障的是被保险机车对第三方人身和财产的法律赔偿责任。通俗地说,就是你参加了保险,保险公司就会依条款约定"帮你赔",赔的是对方损失不是自己的损失。

法官:"高某认为发生事故后,自己先行垫付给受害人 18 万元,其中一部分赔偿是在保险限额内,再说,在他赔偿受害人之前保险公司承诺,自己垫付后再理赔给他。可在他赔付之后,保险公司却拒绝理赔。"

为维护自己的合法权益,高某将保险公司起诉到法院,请求判令保险公司在保险限额内赔偿其垫付的死亡伤残赔偿与医疗费用共 12 万元。交强险是怎么规定的?高某的要求过分吗?

交强险小贴士

在交强险赔付中,只问"有无责任",不问"责任大小"。

交强险对受害人的赔偿是分项有最高限额的,具体如下:有责任时,最高限额分别是:财产损失 2000 元、医疗费用 10000 元、死亡伤残赔偿 110000 元。无责任时,财产损失 100 元、医疗费用 1000 元、死亡伤残赔偿 11000 元。

按照上面的规定,如果发生交通事故,肇事车辆在没有责任时,保险公司最多可赔偿受害人 12100 元,肇事车辆在有责任时,保险公司最多可赔偿受害人 122000 元。

保险公司为何拒绝赔偿?

既然法律有明确的规定,保险公司为什么会拒绝赔偿?

一审中,保险公司提交了物证检验鉴定报告、交通事故认定书,还有道路交通事故损害赔偿凭证,证明事故发生时,车辆驾驶者钱某是高某的朋友,而且是醉酒驾驶,超速行驶,属于违规驾驶,而且公安也已作出认定,高某的朋友钱某承担事故的全部责任,保险公司认为不应该承担任何赔偿责任。

保险公司依据事故交通事故认定书，认为车辆驾驶者是在醉酒驾驶和超速行驶的情况下，致使一人受伤两人死亡。这种恶劣的行为，他们拒绝做出保险理赔。保险公司的这种观点对吗？我国相关法律是怎么规定的？

法条链接

《机动车交通事故责任强制保险条例》第二十一条规定：被保险机动车发生道路交通事故造成本车人员、被保险人以外的受害人人身伤亡、财产损失的，由保险公司依法在机动车交通事故责任强制保险责任限额范围内予以赔偿。道路交通事故的损失是由受害人故意造成的，保险公司不予赔偿。

最高人民法院《关于审理道路交通事故损害赔偿案件适用法律若干问题的解释》第18条规定：有下列情形之一的，保险公司在机动车交通事故责任强制保险责任限额范围内垫付抢救费用，有权向致害人追偿：

(一)驾驶人未取得驾驶资格或者醉酒的；

(二)被保险机动车被盗抢期间肇事的；

(三)被保险人故意制造道路交通事故的。

有前款所列情形之一，发生道路交通事故的，造成受害人的财产损失，保险公司不承担赔偿责任。

法官："通过《交强险条例》第二十一条和相关问题解释的规定可以看出，被保险机动车发生道路交通事故，只要不是受害人故意制造交通事故，保险公司均应在责任限额内除财产损失外赔偿受害人的其他损失。在本案中，保险公司应该在医疗费用和死亡伤残限额内，予以赔偿，而这笔赔偿款，保险公司可以另案向本案驾驶车辆导致事故发生的致害人进行追偿。"

2015年10月，莱城区人民法院作出判决。

判决结果

保险公司于本判决生效起三日内支付原告高某保险金12万元。

如果未按本判决指定的期间履行给付金钱义务，应当按照《中华人民共和国民事诉讼法》有关规定，加倍支付迟延履行期间的债务利息。案件受理费2700元，由被告某保险公司负担。

二审维持原判

一审判决后，保险公司不服判决结果，提起上诉。

2015年12月，莱芜市中级人民法院公开审理了这起保险合同纠纷案。

审判长："首先由上诉人陈述上诉请求及事实和理由。"

保险公司："一审判定我公司承担高某交强险12万元无事实和法律依据，本案被保险人高某与驾驶人一同吃饭，事故发生时也在车上，因此高某将车辆交给醉酒的驾驶人驾驶，存在过错。"

根据上诉意见以及高某的答辩，法庭归纳了本案争议焦点。

一、上诉人保险公司对免责条款是否尽到提示和说明义务，应否支付被上诉人高某保险金12万元。

二、被上诉人高某对事故的发生是否有过错。

审判长："由被上诉人对焦点问题发表意见并提供证据。"

高某的代理人："提交录音材料一份，录音双方是被上诉人及上诉人工作人员，证明在事故发生后，被上诉人垫付费用前，被上诉人曾征求过保险公司意见，在得到垫付后可追偿的承诺后才垫付费用，在垫付后，多次要求上诉人赔偿，上诉人以各种理由予以拒绝。"

对于高某的代理人提供的证据，保险公司表示对该证据有异议，录音中接电话的人，并没有说是保险公司员工，也没有说出姓名，对真实性表示质疑。如果该录音属实，对方自始至终并没有说这起事故属于保险责任，保险公司认为高某蓄意打此电话，是具有一定目的性的，而且并未向接电话方说明其真实目的或我们正在录音，对此证据不应当作为证据提交法庭。

审判长："被上诉人还有无补充。"

高某的代理人："无补充，正如上诉人所述，在醉酒驾车致他人损害的情况下，责任的最终承担主体为致害人。在本案中，被上诉人并非致害人，而是为致害人垫付费用的善意主体，根据相关司法解释，保险公司应当在赔偿受害人后，向实际致害人追偿。”

案件进行到这里，双方的意图也十分明了。

被上诉人高某认为，自己为保险公司垫付的12万元交强险，保险公司应该赔付自己，对于保险公司的损失，保险公司可以向驾驶车辆的致害人追偿。在二审中，保险公司是否有新的证据，认为自己可以免除赔偿责任呢？

保险公司：“对于被上诉人所说被上诉人并非致害人，我公司认为被上诉人（高某）与致害人（钱某）在同一车上，且此车车主是被上诉人的，被上诉人明知醉酒属于违法，还让其驾车，此行为属于间接致害方，我司在承保交强险时，保险合同都是由当事人签字确认，因此我方已经明确告知保险合同内容，也履行了告知义务。”

审判长：“上诉人，你方主张免除赔偿责任是基于保险合同条款的约定，还是法律规定。”

保险公司：“是法律规定，在《机动车交通事故责任强制保险条例》中的第二十一条、第二十二条和第二十三条。该条例第二十二条明确了对醉酒驾驶发生交通事故的保险公司，在机动车交通事故责任强制保险责任限额内垫付抢救费用，并有权向致害人追偿。可见上述规定已明确了保险公司在此并非责任最终承担者，致害人才是责任的最终承担者。所以保险公司承担的仅是替致害人向受害人先行垫付抢救费用的责任。”

保险公司表明，高某在明知驾驶人钱某饮酒后还让他开车，自身过错很大，应当属于间接致害人，并承担赔偿责任。发生交通事故后，驾驶人已经向受害人足额赔偿，保险公司不再承担垫付责任，也不再向被保险人承担赔偿责任。

审判长：“被上诉人，当时事故发生时你是否在车上。”

高某：“在。”

审判长：“驾驶人喝酒的情况被上诉人是否属实。”

高某：“清楚，我在公安机关的陈述是属实的。”

审判长：“各方意见法庭均已听清，并已记录在案。现在进行法庭辩论。”

高某的代理人："本案被上诉人高某并非致害人，不能因被上诉人知道实际致害人酒后驾驶这一情形，而肆意扩大实际致害人的范围，同时，上诉人在承诺赔付后，又以种种理由拒绝，不但违反交强险设立本意，更违背了诚实信用基本原则，上诉人应当按合同约定及相关法律规定，对被上诉人所垫付费用予以赔付。"

保险公司："同法庭调查及上诉状意见，请求依法判决。"

庭审结束后，由于双方都不同意调解，法庭宣布择期宣判。2016年1月5日，莱芜市中级人民法院作出判决。

判决结果

驳回上诉，维持原判。

法官点评

莱芜市中级人民法院法官对本案做了如下点评：

本案中，交通事故的发生并非受害人故意造成的，驾驶车辆的致害人虽然存在醉酒驾车的严重过错，但是不能免除保险公司在保险责任限额内对受害人的赔偿责任。高某明知驾驶人存在醉酒的情形下允许其开车，虽对事故的发生有过错，但该过错并非上诉人的免责事由。所以依照相关法律规定，保险公司应在死亡伤残赔偿、医疗费用赔偿限额范围内向投保人高某支付赔偿款，保险公司实际赔偿后，可以另案向致害人主张追偿权。

本案小结

解决纠纷，有法必依。

在此还是要提醒驾车者一定要遵守交通法规，特别是在饮酒后千万不要驾车，那可是违法的事情。另外，车辆外借也需谨慎，不要因为情分和"面子"草率行事，一旦发生意外，自己就会惹上不必要的纠纷。（文/鞠荣荣　王珊）

33 躺着也"中枪"的老宅子

电影《逃学威龙》里的一句经典台词,叫"躺着也中枪",意思类似于伤及无辜,表达了当事人一种无可奈何的自嘲的心情。我们之所以引用这句"自嘲"的话,是因为觉得它跟本期的案例十分贴切。

房屋被撞

原告的代理人孙某霞:"我必须为我母亲伸张正义。要求法官作出公正的判决,如果判决不合理,我还会继续上诉。"

这位女士名叫孙某霞,口口声声要为母亲伸张正义,她的母亲到底遭遇了什么,让她情绪这么激动?

原告代理人孙某霞说:"2014 年 11 月 28 日 15 时,刘某某驾驶车主李某的货车由西向东行驶到孙家村大街时,撞毁我母亲吴某珍的房屋。"

撞毁房屋!这件事情听着就挺严重的,房子是静止不动的物体,好端端的怎么就会被车给撞了呢?这还真是应了那句话,躺着也"中枪"啊!孙某霞说的这件事,车主李某认可吗?

第一被告李某:"当时我不在场,发生事故以后,我第一时间赶到现场,其实这件事是我方不对,我的车后腚刮了老人的房子一角,不是撞毁,这个问题的发生,我也非常不愿意发生。"

一个说"撞毁",另一个说"刮"了一下。

单从字面上来看,差别就大了。在事故现场,我们看到,那间房屋本就是一座 70 年代的土坯房,它的坚固性自然比不上现在的砖瓦房,可不管怎么说，房子被撞之后，还真成了危房，住也成问题了，必须得修。修房就得需要花钱，经济赔偿是不可避免的。

原告孙某霞："冬天不易维修，像刷墙什么的，都很费事。地基他都给撞坏了，房屋都得需要加固，费用会很高。"

对于孙某霞说的这些话，车主李某也表示理解。

第一被告李某："当时出了这个事情了，我一看房子刮了，事实摆在那里，我也想能尽快赔付她。"

看两位的态度都挺好，事情应该能很快解决。可是后来又发生了什么呢，怎么闹上了法庭了呢？

第一被告李某："原告孙某霞出了一个价格 5000 元，但是我觉得太多，我说支付 1000 元。"

原告孙某霞："老太太是独居老人，自己的修缮能力是绝对达不到的，一切都得雇人，人工费、误工费、材料费，都很高。"

一方要 5000 元，另一方却只给 1000 元。就这样，在双方僵持不下的时候，交警出面了，让双方坐到一起重新进行协商，可是双方依然都不肯做出让步，他们都坚持最初各自提出的赔偿金额。

第一被告李某："原告孙某霞的叔叔说是 5000 元，一分也不能少，要不就打官司来解决。"

"打官司"，这三个字听起来很是扎耳。

受到威胁后，引起车主李某的不满，他说我又不是不认账，是抱着解决问题的态度来和你谈的，谈不上打官司这一说。对此，孙某霞也很无奈，她说都是自家亲戚朋友来帮着解决问题的，房子被撞坏，家人很着急，可能在言语上有些过激吧。

你一言，我一语，在激烈争吵中，李某的火气也越来越大，他觉得对方得理不饶人。

第一被告李某说："你强词夺理，多要多取，因为我是一个普通老百姓，我不是什么富豪、有钱人。"

不管怎么说，现在房子撞坏了，透风不说，也成了危房，暂时是不能住人了。这寒冬腊月的，修房子也不合适，那就再来商量商量吧。再说，肇事车辆是在保险公司投过交强险的，事故发生后保险公司也会有赔付的。

第一被告李某:“我说保险公司赔的钱都给原告,再给原告 1000 元,但是原告代理人不同意。”

根据交强险法律规定,物损限额赔付 2000 元,如果车主李某再给 1000 元,这样算下来,赔偿金额就达到了 3000 元,车主李某认为这些钱足够修理房屋。可是原告认为,他们本身就属受害者,维修房屋时万一这些钱不够,难道自己还得往里搭钱吗?

第一被告李某:“一个多年的房子,一个坯屋,现在又没人打坯,我也挺心急的。当时我也是想着尽快来赔付她,但是她要的数额和实际情况不符。”

说来说去,大家都在为各自的利益最大化而不肯让步。

半路杀出个“程咬金”

可这样僵持下去也不是办法,在交警的劝导下,双方逐渐冷静下来,都想拿出诚意来解决,可就在这时,半路杀出一个“程咬金”,让事情变得更加复杂。

第一被告李某:“当时我不知道在场的是个什么人,他是说了这么一句话,房子你刮的?我说是我司机刮的。他说要是房子里有人,你砸死了怎么办?我就说事情没发生的时候你别这么说,说这个无意义。快过年了,咱往好处想,为什么天天往不好的地方想呢?”

年关将至,老百姓都讲究说吉利话,预示来年大吉大利,车主李某本身就是一个生意人,很忌讳这种不吉利的话,这句话让李某也有点恼火,一来二去也就说了一些过激的话。

第一被告李某:“我们就在这个问题上吵起来了,吵了以后这个事情就坚决不处理了。”

真是一波未平,一波又起。

所以说,解决问题的时候,一定要理智,不要让你的情绪占了上风。在双方争吵半天后,最后也一直没有结果,肇事司机小周也坐不住了,他提出由他承担责任。

第一被告李某:“我的司机小周很着急,说是他倒车撞的,他愿意全部承担了,但是原告方代理人说是我的话太难听,我说不处理了,他就把我的车给扣了。”

货车被扣了，情况变得有点复杂了。

为这件事双方较上了劲，看来一时半会也调解不成了。车主李某说，不行就通过法律来解决这事吧，孙某霞也认为，既然你们说我们要的赔偿是漫天要价，那就找物价部门来做个鉴定吧。

2015 年 1 月，鉴定结果出来后，孙某霞作为原告的代理人，一纸诉状，把货车的车主、肇事司机和车辆投保的保险公司告上了法庭，也就有了开庭时的一幕。

审判长：“下面开始法庭调查。原告有无证据提交？”

孙某霞：“证据一，莱芜市价格认证中心对房屋损毁的报告一份，证实损毁房屋的价值是 6624 元。证据二，交警队出具的交通事故认定书一份，证实司机刘某某承担事故的全部责任。”

审判长：“原告提供的证据交由被告质证。”

第一被告李某：“对证据一我不认可，证据二我负全责，我认可。”

在法庭上，第一被告李某依然认为原告做的这份损失鉴定明显过高，因为撞坏老房子是土坯垒砌的，就算受损需要维修，修缮也用不了这么多钱，对于李某的这种说法，原告孙某霞认为，她提交的该份物价局的鉴定真实有效。

孙某霞：“他们（被告）说物价局的评估高一点，但是物价局的评估是有理有据，一砖一瓦人家是有根据的、有资质的，是根据市场价格来评估的。老太太还得指着物价局评估的价格，等法院判决了以后来维修房子。”

据了解，该车辆在民安财产保险公司投保。为了给母亲争取应该得到的赔偿，在起诉书中，孙某霞把保险公司也推上被告席，保险公司会如何答辩，他们会提交什么证据呢？

第三被告保险公司：“证据一保险车辆赔偿结算书一份，证明被保险人在我公司投保险一份，以及出险经过和赔偿的明细。证据二银行单位客户一份，证明我公司于 2015 年 1 月 5 日通过转账的形式汇入第一被告账户。”

对于保险公司提交的证据，原告孙某霞也提出自己的看法，她对证据真实性没有意见，但她认为保险公司应该把赔偿款交给她们。针对孙某霞的质疑,保险公司的代理人也做了解释。

第三被告保险公司:"交强险支付的对象在条款中有明确的规定,一是可以直接打给被保险人,二是可以通过协商的形式或人民法院判决支付给受害方,所以我公司小额案件,为了快速结案,一次性赔偿给被告。"

庭审中,保险公司认为他们已做了赔付,在此案中也不再进行重新赔付。第二被告肇事司机经法院传唤未到庭审现场参加审理,已视为放弃答辩、质证的相关诉讼权利。第一被告李某对原告代理人的要求,会有什么新的看法呢?

审判长:"第一被告,对于原告提交的该份价格认证结论书,你方提出了异议,对于涉案房屋的损毁价值,你方是否申请重新评估鉴定?"

第一被告李某:"申请重新鉴定。"

审判长:"原告对本案事实部分还有无新的补充意见?"

孙某霞:"被告可以申请重新评估,对被告造成的房屋天棚我还没有进行评估,房屋损害后,我母亲一直不敢住,还有精神损失费,其他的没有了。"

审判长:"因为原告当庭提出增加诉讼请求,但未明确具体的事项以及数额,同时第一被告对涉案房屋的损毁价值申请重新鉴定,今天的庭审暂时结束。"

庭审结束了,可事情还没有结果。

达成和解

为了尽快解决这件事,让当事人双方舒心的过个年。当年农历腊月二十一,办案法官为双方做了一次庭外调解,苦口婆心劝说双方大事化小、小事化了,最终车主李某做出了让步。双方达成和解协议:

被告支付给原告赔偿金6000元,该纠纷一次性处理完毕,双方互不追究。

2015年2月9日,原告向法院提出撤诉申请。

当天,莱城区人民法院做出民事裁定书。

在孙某霞的坚持和努力下，最终通过法律途径，他为母亲争取到了该得的利益。虽然问题最终得到解决，但反过头来回想起这件事，原被告双方也都觉得，要是当时大家都能理性地对待这件事，也不至于最终闹上法庭。

第一被告李某说："现在交通纠纷越来越多，能避免的咱尽量避免，所有的法院、物价局、交警，他们的工作人员，都挺辛苦，咱不用把所有的人民公仆都来麻烦一遍，咱能私了的事情，为什么走到今天这个地步？当初我就应该做出让步的。"

法官点评

莱芜市莱城区人民法院法官对本案做了如下点评：

本案中，考虑到被告确实负有全责，应该对原告进行赔偿，同时原告已经对房屋损毁价值进行了鉴定。如果重新再鉴定，双方都会费时费力。再说，他们又没有多大的矛盾，也没有什么大的仇恨，有一定的调解基础。因此，我们尽量用调解的方法来化解他们的纠纷。

本案小结

生活中磕磕碰碰的小事时有发生，如果能够平心静气、灵活处理，一些官司都可以避免。即使到了非要打官司的时候，也不要恶语伤人，节外生枝，以免进一步激化矛盾。（文/郭丰国　王冠之）

34 无责任不等于不赔偿

在我们日常生活中,如果电动自行车和机动车辆相撞,他们之间会承担什么责任呢,许多人就会说了,这要看具体的情况,谁违反了交通规则,谁就会承担责任!但是,今天我们介绍的这起交通事故,却有点事出反常。一位市民在违反了交通规则造成事故后,在交警部门认定他负全责的情况下,他竟然把事故对方告上了法庭。

逆行闯红灯

2015年5月13日,莱芜市中级人民法院开庭审理了一起机动车交通事故责任纠纷案。上诉人是一家保险公司,一审中是被告,被上诉人刘某,在这起交通事故中,他骑着一辆电动自行车和一辆出租车相撞,一审中他是原告。被上诉人王某,是这辆肇事出租车的司机,一审中他是被告。

审判长:"现在开始进行法庭调查,首先由上诉人陈述上诉请求及依据的事实和理由。"

保险公司:"理由是一审法院适用法律不正确,交强险明确规定了,道路交通事故发生时,对于事故的赔偿分为有责和无责,赔偿的范围以及明确了赔偿数额,该条例是国家规定的,且属于强制性的,自交强险实施以后,保险公司在赔偿上也遵循了该规定。"

事故发生后交警已经做出了认定,出租车无责,电动自行车全责。保险公司认为,一审判决保险公司在交强险无责任限额内承担赔偿责任,他们公司已履行完毕。一审时判决司机王某承担事故10%的赔偿责任,对于这10%的赔偿,他们认为在商业三者险内,不应该再对其赔偿,如果需要赔偿,也应该由王某承担。

保险公司:“一审判决中认定王某应当赔偿事故的责任,并判定为10%,在法律上并没有规定,保险公司在商业三者险内,必须或者应当付赔偿。一审如此判决,没有相关的法律法规,也没有相关的惯例。”

在上诉书中,保险公司认为,他们不应该在商业三者险内另外进行赔偿?保险公司的这种说法是否成立?有没有法律依据?为了弄清楚这中间的原委,咱还是先回过头来,先听听这起事故中的两名当事人怎么说。

事情还要回到一年前,2014年暑假的一天,家住莱城区凤城东大街的刘某像往常一样,骑着电动车送女儿上辅导班,在过十字路口时,不幸发生了。

刘某:“暑假我送孩子去培训班的路上,在一个十字路口发生了交通事故,与左拐弯的出租车发生了碰撞。”

发生碰撞后,刘某摔倒了,小腿一下子不能动弹,电动车后座上的孩子也因碰撞的强大冲力被甩了出去。

刘某:“我当时是粉碎性骨折,孩子甩出了有十几米远。”

刘某的孩子被甩出之后,从表面上看,没什么问题,孩子也没什么感觉,所以刘某也就没在意。在出租车司机王某的帮助下,刘某被及时送到了医院。

刘某:“孩子看着没什么大问题,就没管她。”

王某:“我背着他上的院,还支付了一部分的医药费。”

入院后,刘某被诊断为左胫骨平台粉碎性骨折、左膝关节外伤。医院里,王某也是跑前跑后帮忙。王某说,先不管是谁的责任,人之常情,出于人道,也得来看看。

王某:“当时就是一个普通的交通事故,我在路上正常的行驶,对方闯红灯逆行,一下就撞到我的出租车前面来了。我想着,这种事,人家当时受了伤,咱能扔下不管了吗?”

可是此时受伤的刘某和家属的心情都很激动,毕竟是自己的亲人躺在病床上,还得忍受着身体的疼痛。在言语上,刘某的家属也就不那么冷静了。

王某:“第二天我又给他拿过去了1000元钱,他家里的人和我一说话就吵架,一说话就吵架。吵得我也没有办法了,就不去了,我有保险,你们看着怎么办就怎么办吧!”

为避免再次发生冲突,王某就再也没去过医院。他认为,不管怎么说,自己的车购买了全险,真要赔偿,也是保险公司的事了。随后,市交警一大队的民警对两名当事人做了调查笔录。

王某:“我是正常左拐,他是直行,直行的时候不是红灯吗?停着一排车,我是左拐的时候离停止线还有两米左右,他就从那边逆行插到我的道上来撞上了。”

刘某:“我知道违反了交通信号灯是错误的,交警当时去病房做笔录时,说是我的全责,我也就认了。”

在这次交通事故中交警认定,刘某骑电动自行车逆行闯红灯,造成了这种结果,他应该负全责,出租车司机王某没有责任。既然责任已经划分好了,事情到这里也应该结束了,可后来为什么双方又闹上了法庭,这很让人不理解。采访中,刘某说其实自己也不愿打这场官司,但是家里摊上了大事,实在是没有办法了。

刘某说,他出院后做了伤残鉴定,医疗机构出具的证明,已构成十级伤残,重体力活暂时是不能再干了。本来就不太富裕的家,加上他这一段时间的住院花费,让刘某觉得日子过得更艰难了。

刘某:“交通事故之后的后遗症,挣钱的活路根本就没法干。我出院以后,这所有的花费自己负担,因为我失业,我老婆也是下岗职工,还赡养着我的岳母十几年,所以我的负担相当大。”

境地不同,想法也不同了

俗话说,福无双至,祸不单行,就在刘某身体一天天逐渐好转的时候,他女儿的身体却突然出现了问题。

刘某:“孩子去上学以后,就开始发烧,经常性的发烧。一个月以后,老师就通知我们,说孩子不能上学了,赶快住院。结果一住院,就说(孩子)是心脏病,莱芜市的医院治不了,必须去北京住院治疗,北京的医院要求换心脏。”

换心脏！医生的话犹如晴天霹雳，刘某简直不敢相信自己的耳朵，平时健康活泼的孩子，心脏怎么会有问题呢？再加上高额的医药费，刘某全家人一筹莫展。

刘某："手术根本就做不起，因为60万元、100万元，对我们平常老百姓来说，简直就是天文数字。"

这让刚刚经历过一场劫难的刘某，无疑又是雪上加霜。接二连三的打击，让本就艰辛的生活更是举步维艰。刘某住院已经花光了家里的积蓄。但是孩子的病也是不能耽搁，怎么才能给孩子筹一点医疗费呢？

这时，刘某突然想起了那起车祸，虽然当时交警支队认定他在这次交通事故中负全责，能不能调出当时的监控看看，难道发生车祸时，对方就没有一点责任吗？另外，自己的孩子也是在这次事故中被摔出去的，是不是受了惊吓才得了病？

刘某："绝对是这次事故造成的，于是我就感觉受不了。现在就想，我的责任不可能是全责，因为监控录像在那摆着。"

身处不同的境地，想法也就不同了。

如今，他认为就算当时交警认定自己是全责，但是不管怎么说事情都是相互的，如果对方能够承担一点责任，多少赔一些，也好缓解一下家里的窘境。无奈之下，刘某决定为孩子打一场官司。

2014年7月，刘某一纸诉状把出租车司机王某，以及王某所投保的保险公司告上了法庭。同年的9月，莱城区人民法院开庭审理了这起机动车交通事故责任纠纷案。

审判长："下面进行法庭调查，首先由原告陈述事实和理由，并提供证据。"

原告刘某代理人："要求当庭播放事故录像，在十字路口左转弯时，信号灯还剩5秒钟时，被告王某突然加快车速，违反了道路交通安全法，关于在容易发生危险的路段行驶时，即在通过交叉路口时，应当减速慢行的规定，由此被王某应承担相应的责任。我方认为应是30%的责任。"

刘某认为，出租车当时通行的车速过快，是导致事故发生的主要原因。对于刘某的观点，被告王某直接给予否定。

被告王某："我没有突然加速，我是正常行驶，我在停车线内，对方逆行闯的红灯，行驶在我的车道上撞到了我的车上。这一点已由交警一大队作出事故责任认定，原告全责，我无责。"

在庭审中，被告保险公司表示，当时发生事故的路口的监控，清楚地拍下了当时事故的经过。

保险公司："从录像中可以看出，被告王某属于正常行驶，没有违反相关的交通法规，交警队作出的责任划分正确。"

在经过法庭调查和辩论后，法庭决定择期宣判。

2014 年 12 月 19 日，莱城区人民法院根据《中华人民共和国道路交通安全法》第六十七条的规定，作出了判决。

一、被告某保险公司在交强险无责任限额内赔偿原告刘某 12000 元，在商业三者险范围内赔偿原告刘某 11361.89 元，共计 23361.89 元，于判决生效之日起 10 日内履行。

二、被告王某赔偿原告刘某鉴定费 120 元，于判决生效之日起 10 日内履行。

一审法院判决后，保险公司不服，提起上诉。

2015 年 5 月 13 日，莱芜市中级人民法院开庭审理了这起机动车交通事故责任纠纷案。

审判长："上诉人，一审判决让王某承担 10%责任，为什么不能在商业三者险中赔偿，请你方说明一下。"

上诉人保险公司："我方认为一审中交警认定书认定王某无责，因保险条款上约定无责赔（免）偿，王某在本案中没有责任，我方不承担赔偿责任。"

审判长："被上诉人有无新的答辩意见？"

刘某的代理人："《道路交通安全法》第七十六条第二款的规定，机动车一方没有过错的承担不超过 10%的赔偿责任，10%的赔偿责任应当由机动车一方赔偿。上诉人（保险公司）与王某签订的商业三者险条款第 4 条的规定及内容，应当由上诉人（保险公司）承担责任。"

审判长："原审被告陈述最后意见。"

保险公司:“被上诉人(刘某)虽然花费较高,从情理上来讲,无论作为个人和保险公司,都是值得我们大家同情的,但同情不等于应当承担赔偿责任。”

刘某:“我认为对方应承担30%的责任。”

王某:“没有责任,我不赔偿,依法判决。”

2015年5月14日,经过合议庭合议后,二审法院认为,公民的健康权受法律保护。一审判决认定事实清楚,适用法律正确,应予维持,依照《中华人民共和国民事诉讼法》有关规定。

判决结果

驳回上诉,维持原判。

对于二审判决结果,刘某表示满意。

刘某说道:“我就觉得,就是判给我20000元钱,也是政府为我争取的,也能减轻我这生活压力。我觉得法律是死的,人是活的,我们中国既是个人情社会,法律也是公平的。”

法官点评

莱芜市中级人民法院法官对本案做了如下点评:

事故责任与赔偿责任是不同的,出租车司机王某在交通事故中无责任,但是依照《中华人民共和国道路交通安全法》第七十六条规定,应当承担民事赔偿责任。两种责任的法律依据不同,不能混淆。另外,如果机动车驾驶人遵守交通法规,发生交通事故后,得不到赔偿。而不遵守交通法规,发生交通事故后却能得到保险公司的赔偿,不利于引导广大机动车驾驶员遵守交通法规。即便保险公司在保险合同中规定了无责免赔的条款,根据保险法的相关规定,这种免除自己责任,加重投保人、被保险人责任的条款也是无效的。根据上述理由,二审法院驳回保险公司上诉,维持一审判决。

本案小结

刘某的惨重教训,让我们每一个人都应该引以为戒。

虽然最终他打赢了官司，但违章给他的伤害却是没办法弥补的。因此，我们也要提醒广大市民，和谐安全的交通环境，需要大家共同努力。您别忘了，平安回家，是家中亲人的祈盼！（文/孙磊　王冠之）

35 “坑人”的路

喝酒莫开车，开车莫喝酒。

在我们生活中，可总有人心存侥幸！家住淄博市沂源县的陈某，饮酒后驾驶摩托车，在不熟悉的道路上高速行驶，在路过一段坑洼路段时，直接拿自己的生命开了玩笑。

都是酒驾惹的祸

2015年9月25日，在莱芜市钢城区人民法院颜庄法庭，开庭审理了一起生命权、身体权、健康权纠纷案。

原告是受害人一家，受害人女儿代表家人出庭。

被告是三家单位，第一被告是钢城区汶源街道办事处某村民委员会、第二被告是钢城区交通运输局和第三被告是钢城区汶源街道办事处。被告一汶源街道办事处某村民委员会经法院传唤，无正当理由拒不到庭，本案缺席审理。

审判长：“现在开始法庭调查，首先由原告向本庭陈述诉讼请求及依据的事实和理由。”

原告的代理人：“诉讼请求，申请法院判决原告的死亡赔偿金237640元，丧葬费、精神抚慰金、丧葬事宜等共计355866元，三被告共同承担40%，赔偿额为142346元。”

被告二代理人：“被告二不应该承担任何责任。”

被告三代理人：“被告三不应承担任何赔偿责任。”

法庭上三方当事人向法庭陈述了各自的观点。我们还是先来了解一下事情的前因后果。

受害人陈某，家住淄博市沂源县，他在钢城区某单位工作。2015年6月3日的下午下班后，他和几个好友相约一起聚餐。

原告的代理人："当事人下班后，吃了点饭、喝了点酒。"

酒足饭饱后，陈某就驾驶二轮摩托车回家了。

原告的代理人："由于他经常走的那条路在修路，他绕道走的黄台路，由于不经常走，他对该路段不熟悉。"

就这样，在回家的路上陈某发生了意外。

原告的代理人："陈某在行至钢城区苗台路某村路段时，由于该路段村委挖沟铺设管道，铺设管道后，未及时修复，路面出现了坑槽，受害人行至该路段时，摔倒后当场死亡。"

陈某的女儿认为，路面上的坑槽是导致他父亲死亡的直接原因。

原告的代理人："某村挖断路面，铺设管道后，未及时修复路面，造成陈某摔倒后死亡。"

于是，陈某的家人就把这段路的相关管理责任人告上了法庭。

原告的代理人："街道办和公路管理局未能尽到管理、维护的相关义务，他们也应该承担相应的责任。"

原告认为，三被告是这一路段的所有人和监管单位，因此对于陈某的死，三方都负有不可推卸的责任。

审判长："下面由被告向本庭陈述答辩理由。"

被告二的代理人："经我们了解，发生交通事故时，陈某血液中酒精含量严重超标，这说明陈某是在醉酒后驾驶了机动车辆。因为他是严重醉酒驾驶，所以本案中不能适用交通事故的赔偿情况。"

被告二认为，陈某是因酒驾造成了交通事故，这种行为就已经违反了交通安全法的有关规定，陈某应该自行承担全部责任的。

那什么是酒驾呢？下面就给大家普及一下相关的知识。

许多人会认为"酒驾"只是针对汽车司机，实际上"酒驾"是指"饮酒后驾驶机动车"，这里所说的"机动车"包括汽车、摩托车以及超标的电动车。酒后驾驶机动车，即使没有被民警查获，如果发生了交通事故，不管是汽车还是摩托车，驾驶人都需要承担相应的法律责任。

庭审中，原告也认同陈某酒驾这一事实。可他们认为，在本次交通事故中,虽然陈某应该承担一定的责任,但酒后驾驶并不是陈某死亡的主要原因。

原告的代理人:“由于该路段的坑槽,致使受害人摔倒后当场死亡。我们提交交通事故认定书一份,证实事发的经过、地点、时间以及陈某的死亡原因。”

原告提供的这份证据,主要证实陈某行至钢城区某村路段摔倒导致当场死亡的。

审判长:“交由被告方进行质证。”

被告二代理人:“陈某醉酒驾车的行为是交通事故发生的原因。并且确定陈某承担事故的全部责任,该证据中可以说明是陈某自己的原因造成的死亡,因此被告二不应该承担任何责任。”

被告三代理人:“该证据恰恰证明是由于陈某自己的全部过错导致事故的发生,并且该事故认定书没有任何关于道路坑槽造成事故发生的记载。”

被告二:出事的这段路为乡村道路,他们只是负有监督责任,养护和管理,是属于地方政府。被告三,同样也表达了这种观点。

被告二代理人:“这段路线是黄庄镇至台子村的,其养护和管理的是乡级人民政府,而并非是被告二。因此,被告二不应当承担任何赔偿责任。”

被告三代理人:“被告三不应承担任何赔偿责任,因为被告三不是本次交通事故的主管机关,对事故发生的具体情况不了解。”

案件争议焦点

随后,审判长归纳了本案的争议焦点。

一、本次交通事故发生的原因是否与路面坑槽有关。

二、该坑槽是如何形成的。

三、三被告对路面坑槽的形成应否承担责任以及承担什么样的责任。

审判长:“原告对于本次事故,还有没有其他证据提交。”

原告的代理人:“证据四提供的照片由交警部门加盖公章,从照片上明显地看出该路段是由于挖断道路,没有及时硬化,形成的坑槽,该坑槽的深度大约 30~40 厘米,造成陈某死亡的原因就是路面颠簸造成的。"

被告二对原告提供的这份证据表示质疑。

被告二代理人:"该证据不能证实该路段有坑槽现象,该照片中也不能看出该路段有坑槽现象。"

被告三代理人:"对证据四本身无异议,看不出相关的事故摩托车在所谓的坑槽处的行车痕迹。"

庭审中,审判长出示了向公安局调取的本次交通事故档案。其中包括道路交通事故现场图一份、现场照片十张、驾驶人信息查询单一份、机动车信息查询单一份、询问笔录二份、物证检验鉴定报告一份、鉴定文书一份。

审判长:"上述证据能够证明本次交通事故发生的原因。交由原、被告并发表质证意见。"

原告的代理人:"交警的现场勘验图明显标注了至少有两处有坑槽地段,并且根据交警的十张现场照片证实该路段存在坑槽,还有陈某摩托车摔倒后滑行的轨迹,还有其头部着地死亡的情况,均可以证实陈某的死亡是由于该坑槽路段颠簸不平造成的。"

被告二代理人:"对法庭调取的该证据本身无异议,通过驾驶人信息可以说明其驾驶证已被注销,说明该车辆强制报销期限为 2014 年 7 月 2 日。"

被告二认为,发生事故是在 2015 年 5 月 3 日,也就是说陈某是酒后驾驶报废摩托车发生的交通事故。

被告三代理人:"同意被告二的质证意见。"

两名被告认为,陈某酒后驾驶报废摩托车是造成这次事故的主要原因。而原告的代理人却认为,虽然摩托车已强制报废,但是陈某一直驾驶该车出行,也并没有出现过意外的情况,这说明这辆摩托车的性能还行。所以原告认为,导致陈某死亡的主要原因,还是路面有坑槽造成的。

庭审中,原告的代理人还向法庭提交了事发地村委出具的证明。

原告的代理人:"陈某的死亡证明二份(一份是医院出具的,另一份是村委出具的),证实由于本次事故造成颅脑损伤造成死亡。”

审判长:“被告,对交通事故的发生原因有无证据向法庭提交。”

被告二的代理人:“通过村委出具的证据可以看出是单方交通事故造成的死亡。”

被告三的代理人:“本次事故的发生原因是由于陈某自身的原因造成,不是由于道路坑槽造成的。”

审判长:“原告陈述一下坑槽与陈某的交通事故因果关系。”

原告的代理人:“根据交通事故记载的时间是晚上10时,当时该路段是比较漆黑的,该坑槽是东西路面全部有坑槽的,陈某也无法避让。”

天黑加上路况不好,施工方又没有设置警示标识牌,原告方认为这是造成事故的主要原因,但被告二对原告的观点提出了质疑。

被告二的代理人:“原告在陈述时说明很晚并且又漆黑而造成该事故,也就说明是没有灯光的情况下,在公安机关的照片中完全可以体现出来该路段是有照明设施的,并且在所谓的坑槽处向北有一学校的指示牌,并且长期黄灯闪烁,来提醒过往车辆减速慢行。”

被告三的代理人:“同答辩及质证意见。”

针对交警提供的现场图,原被告三方也提出了不同的主张。

审判长:“被告,你们说一下对于现场图是如何理解的。”

原告的代理人:“对于现场图原告方认为是交警标注的很明确,道路是4.8米宽,交警画的两个圈是标注的坑槽地段。”

被告二的代理人:“我认为不应该对现场图这么理解去分析,应由公安机关进行分析。”

被告三的代理人:“原告庭上陈述道路有4.8米宽,坑槽是横贯全路的,但看现场图时又陈述交警标注两个圈的地方是坑槽的地方,这是自相矛盾的。”

审判长:“原告你主张坑槽是被告一,开挖公路造成的,有无证据向法庭提交。”

原告的代理人:“证据,2015年8月17日下午本所工作人员栾某昌与第一被告法定代表人村主任桑某强之间的电话录音一份,证实该路段是由第一被告村里铺设管道,挖断的道路,然后是第三被告拨的款，安排的。”

原告的这份证据证实了该坑槽的形成过程，同时也向法庭提交了该录音证据的一份书面材料。

审判长：“第三被告，对原告所说的是你单位安排第一被告挖断该路段。”

被告三的代理人：“有异议，无证据证明是我单位安排第一被告挖公路。”

审判长：“被告二，被告一开挖公路时，有没有向你局提出申请报批。”

被告二的代理人“没有。”

审判长：“被告二和被告三是否知道该路段被挖开。”

被告二的代理人：“不知道。”

被告三的代理人：“不知道。”

2015 年 12 月 3 日，根据我国的相关法律规定，钢城区人民法院下达了民事判决书。

判决结果

一、第一被告某村民委员会于本判决生效后 5 日内支付原告死亡赔偿金、被扶养人生活费、丧葬费、精神损害抚慰金、误工费、交通费 30128.6 元。

二、第二被告钢城区交通运输局于本判决生效后 5 日内支付原告死亡赔偿金、被扶养人生活费、丧葬费、精神损害抚慰金、误工费、交通费 30128.6 元。

三、第三被告钢城区汶源街道办事处于本判决生效后 5 日内支付原告死亡赔偿金、被扶养人生活费、丧葬费、精神损害抚慰金、误工费、交通费 30128.6 元。

第一被告和第二被告对一审判决表示不服，上诉至莱芜市中级人民法院。2016 年 4 月 19 日，莱芜市中级人民法院依法作出判决。

判决结果

驳回上诉,维持原判。

法官点评

莱芜市钢城区人民法院法官对本案做了如下点评:

原告醉酒后驾驶摩托车,存在过错,在途经坑槽路段时观察不够,未能做到安全谨慎驾驶,应对死亡后果承担主要责任。但事发路段全宽4.8米,而坑槽路面横贯全路段,不论机动车靠中间行驶还是靠边行驶,均避免不了遭受坑槽颠簸,故应认定路面坑槽与陈某的死亡存在一定的因果关系,应认定次要责任。

“事发路段属于乡道三级公路,被告某村村委会、汶源街道办事处未向路政管理部门钢城区交通局申请许可,擅自挖开公路铺设管道,在管道铺好后却没有及时修复完好,致使路面出现坑槽,给公众的交通安全留下隐患,存在过错,并且与本案的发生存在一定的因果关系。被告钢城区交通局属于事发路段的路政管理部门,没有对该路段尽到监管义务。所以三被告过错相当,应各承担10%的责任。

本案小结

假如陈某没有饮酒,假如他没有驾驶报废车上路,假如路面上能安置一个反光标识,为过往车辆提个醒,陈某也许就会避免这起意外事故。酒驾、报废车、坑槽的路面,这三个让陈某致死的主要原因,明明都可以避免,但是却都残忍地发生了。如今,留给陈家人的是无尽的哀思,留给我们的,也是一个用生命换来的教训。(文/翟慎平　吕霞)

陆 生命健康权纠纷类

在所有权利之中，生命健康权是每个公民最为基础的人身权利。因此，生命权和健康权的重要性不言而喻。缺乏常识、疏忽大意、任性妄为等都可能导致一个人的健康权甚至生命权受损。珍重自身和他人生命与健康，是我们每个人的责任。

36 浴中之祸

供热站，我们俗称锅炉房，是为转换用户所需要的生活用水及采暖用水而设置的，这种工作场所理应是不对外开放，非工作人员不得入内。可2013年，在莱芜市一家大型企业的供热站内，一名非工作人员在供热站的工作间内洗澡，发生了意外，后来抢救无效不幸去世，死者的家人将企业告上了法庭，法院会如何判决呢？

供热站内洗澡，不幸死亡

2015年7月17日，莱芜市中级人民法院开庭审理了一起生命权纠纷案件，被上诉席上坐着的是逝者的家属和代理人。

逝者吕某梅，年近六旬，死于心脏骤停。据家属陈述，2013年12月，吕某梅在丈夫工作单位的供热站洗澡时，由于里面空间狭小、通风不好，晕倒在供热站内三个多小时无人知晓，导致大面积烫伤，经过近一个月的住院治疗，但最终因呼吸骤停而去世。

死者家属认为这一切都是由于在换热站内洗澡晕倒而造成的，那吕某梅的死亡该由谁来承担责任，老百姓是怎么看的呢？记者随机对一些市民进行了调查。

市民甲："我认为，单位不应该承担责任。"

市民乙："我认为，在单位出的事，单位应该承担一定的责任。"

市民各抒己见，观点也完全不同，死者家属认为这家单位应该承担责任。在和单位多次协商未果后，2014年11月，死者的家属向莱城区人民法院提起了诉讼，请求法院判令，单位赔偿以下费用：医疗费

50000元、护理费5000元、丧葬费2000元、死亡赔偿金200000元、住院伙食补助费1000元、交通费1000元、精神损失20000元，共计297000元。

在经过法庭调查和辩论后，一审法院认为，该单位所属的供热站，虽然不对外提供洗浴服务，但因日常管理中存在漏洞和过失，让不是该单位职工的职工家属能够进入供热站洗浴，导致事故发生，因此该单位应对该事故承担次要责任，承担受害人损失的20%，其余损失应由受害人家属自行承担。

一审法院认为，受害人主张的各项损失的计算标准应参照《2014年度山东省人身伤害赔偿标准》计算，结合他的诉求及证据，一审法院认定本次事故造成以下损失。

一、医疗费：受害人住院医疗费共计132664元。其中，医保报销50872元，个人支付81791元。

二、死亡赔偿金：2014年度城镇居民人均可支配收入为28264元，受害人是城镇居民，死亡赔偿金为565280元(28264元×20年)。

三、护理费：吕某梅住院护理时间为32天，护理费标准为70元/天，共计2240元(70元×32天)。

四、住院伙食补助费：参照国家机关工作人员的出差伙食补助标准每天30元，住院32天，伙食补助费为960元(30元×32天)。

五、丧葬费：城镇单位在岗职工年平均工资46386元，故丧葬费为23193元。

六、交通费：因交通费应当以正式票据为凭，但受害人家属并未提交交通费凭据，不予支持。

七、精神损失费：死亡赔偿金即为精神损害抚慰金的一种形式，因此受害人主张的精神损失费不再单独支持。本次事故造成的各项损失共计673464元。

2014年1月，莱城区人民法院作出判决。

判决结果

一、该单位赔偿受害人家属各项损失的20%，共计134692元。

二、驳回死者家属的其他诉讼请求。

单位是否担责？

面对一审判决，该单位认为这次事故他们没有责任，对此提起了上诉。2015 年 7 月，莱芜市中级人民法院开庭审理了此案。

审判长："现在开始进行法庭调查，首先由上诉人陈述上诉请求及依据的事实和理由。"

上诉人："上诉请求，一、依法撤销一审法院（2014）鲁 1202 民初××号民事判决书，改判驳回原告诉讼请求。二、诉讼费由被上诉人承担。"

审判长根据上诉人的上诉请求以及两被上诉人的答辩，归纳了本庭的争议焦点：一审判决对双方当事人的责任划分以及承担的比例是否适当；一审判决适用法律是否正确。

审判长："首先由上诉人对焦点一发表意见。"

上诉人："没有新证据，一审法院判决我方承担 20% 的法律责任，我方认为不正确，我公司不应当承担任何法律责任。"

上诉人认为受害人吕某梅进入单位洗浴，对吕某梅的病发不具有危险，而单位的工作人员也在该地方偶尔洗浴，并没有发生过受害人类似病症的情况。因此，吕某梅进去洗浴和患病并没有必然的因果关系，吕某梅在洗澡时自己病发导致晕倒，与洗浴环境无关。但被上诉人认为，上诉人这是在转移问题的重点导向。

被上诉人："上诉人在刚才陈述的意见中，我方认为存在很多错误和不实的地方，关于上诉人是否应当承担事故责任的问题，理由在答辩状中已经陈述。强调的是，上诉人所私自设立的浴室面积很狭小。吕某梅洗浴的当时是密闭的，没有任何通风设施。仅有一个很小的通风口，也是被封闭的。"

上诉人："我单位的浴室不是公共服务的洗浴机构，对受害人没有提供与公共服务机构相配套的设施的义务。我单位的洗浴条件虽然简陋，但是设施上并不存在致使受害人晕倒引发高血压病症危险的可能性。不会因为通风条件不好致病，洗浴间的门窗都是钢窗，并不严密。室内的保温条件不好，洗浴间上方还有很大的通风口。事发时间是冬天，室内温度散热很快。从这方面看，不会因为通风条件不好而导致受害人晕倒死亡。”

上诉人认为,单位洗浴间的地面为普通的水泥地面,表面粗糙,不会因为地面滑而导致受害人摔倒,也不存在漏电等情况致使受害人晕倒的可能性。

上诉人:“综上,受害人晕倒完全是由于自身体质原因所致,去我单位洗浴前明知道自身患有高血压病,仍然独自洗浴。对自身死亡危害结果的发生持放任态度,应承担全部责任。从受害人病历以及被上诉人提供的证据材料看,没有一处可以说明受害人死亡,与进入我单位洗浴有因果关系。一审认定只要允许其进入就是导致事故发生的原因,就要承担次要责任,存在明显的逻辑错误。”

单位还认为,一审超出案件审理范围,公司不应承担法律责任,审理的重点应当围绕单位对受害人是否具有安全保障义务。如果不具有安全保障义务,应当驳回原告诉讼请求。

被上诉人吕某梅的家属:“我方认为上诉人的观点是错误的,第一,案件的事实应当以法庭查明的事实为准。第二,上诉人仔细阅读起诉状,起诉状中倒数第 4 行,吕某梅从晚 9 时进入浴室到晚 12 时多,3 个多小时无人问津,存在管理过失,致使吕某梅晕倒烫伤并死亡,被告应当承担赔偿责任。关于上诉人提出一审超出案件审理范围的问题,上诉人所陈述的所谓的一审超出案件审理范围,是对被上诉人起诉状内容的断章取义,是无任何事实根据的。”

在庭审中,审判长又对上诉人提出了两个问题。

审判长:“上诉人,换热站的职能是什么?”

上诉人:“家属区的供暖,用换热站进行中转。”

审判长:“上诉人,一审认为换热站没有洗浴服务项目,是否正确?”

上诉人:“换热站没有该职能,但是为了职工工作方便,下班后临时使用,设立了简易的水龙头让内部职工下班后临时冲澡,受害人曾经作为临时工在换热站工作过,对环境很熟悉。一审认定我单位存在过失,我方认为不正确,这种漏洞和过失是说管理值班人员不应该让外人进入洗浴,只能作为对单位工作人员的考核,是内部管理的不到位,不能上升到侵权责任法上进行认定。”

审判长:“被上诉人,对上诉人陈述有无异议。”

被上诉人的家属:“有异议,不单是换热站的职工进去洗,动力厂以及全公司的人也可以去洗澡。”

在二审期间,双方当事人都没有提交新的证据。

二审法院审理查明,双方当事人对吕某梅死亡的事实及吕某梅为城镇居民无异议,对一审认定的医疗费、死亡赔偿金、护理费、住院伙食补助费的数额无异议,该单位不同意承担赔偿责任。另查明,事故发生地,这家单位的供热站,没有洗浴职能。其他事实与一审法院查明的事实一致。

2015 年 7 月 30 日,经合议后,依照《中华人民共和国民事诉讼法》第一百七十条第一款第一项、第一百七十五条之规定,作出判决。

判决结果

驳回上诉,维持原判。

法官点评

莱芜市中级人民法院法官对本案做了如下点评:

本案中,受害人吕某梅明明知道,这家单位供热站内不允许洗浴的,还违反规定去洗浴,自己本身存在过错,同时,她明知道自己身患高血压病,还一个人去洗浴,客观上增加了发生事故的危险性,吕某梅对自身未尽到充分的安全保障义务,对本次人身损害事故有重大过失,应承担主要责任。而这家单位,在供热站超职能设洗浴设备,又违反规定,允许吕某梅进入洗浴,在管理上存在过错,应对本次人身损害事故承担次要责任。

二审法院认为,一审对事故责任的划分是正确的,在此责任划分的基础上,让双方按照二八比例承担民事责任也是适当的,这家单位主张吕某梅死亡原因与其在单位洗澡无因果关系,与事实不符,其不承担责任的请求,不予支持。

本案小结

失去亲人的痛,即使是拿到赔偿也弥补不了,在这里我们提醒大家,要为自己的行为负责任,规定不能进的地方就不要去,如果执意而行,就要为自己的行为承担相应的后果。同时也提醒广大企业,一切要按规定办事,执行规定要严格,若是碍于情面等原因,让不该进去的人进去,如果发生了意外,也要承担相应的责任。(文/亓雪飞　王珊)

37 石凳子惹祸端

先给大家介绍一个词——物件损害责任。

说起这个词，大家可能觉得很陌生。其实，这非常好理解，它就是指管理物件的人未尽到义务，致使物件造成他人损害，应当承担对物件的替代责任。在我国，物件损害责任主要包括：建筑物等设施、悬挂物脱落损害责任、堆放物倒塌损害责任，妨碍通行物损害责任等。今天，我们就用一个真实的案例，来解读一下这种离我们并不遥远的物件损害责任纠纷。

2014年5月，莱芜市莱城区人民法院未成年人案件综合审判庭，开庭审理了一起因为被酒店石凳子伤害的物件损害责任纠纷案。

审判员："下面进行法庭调查，法庭调查的重点是双方争议的事实，当事人对自己提出的主张有责任提供证据，反驳对方主张的，也应当提供证据或说明理由，提不出证据的，将承担对自己不利的后果。"

审判员："原告是否听清？"

原告小勇的妈妈："听清了。"

审判员："被告是否听清？"

被告酒店经理："听清了。"

审判员："现在由原告陈述诉讼请求及依据的事实和理由。"

原告小勇的妈妈："诉讼请求。一、判令被告支付医药费、护理费、住院伙食补助费、营养费、残疾补偿金、鉴定费、后期治疗费、精神抚慰金、交通费等共计40577.95元。二、本案诉讼费由被告承担。"

突然之间成了被告，这家酒店的老板觉得很委屈，他到底有什么委屈？我们先来回顾这一事件的经过。

婚宴上的一声惨叫

2013 年 12 月 28 日上午,五岁的男孩小勇跟着爸爸妈妈来到一家酒店,他们是来参加堂哥婚礼的。参加婚礼本是一件喜庆的事情,特别是对小孩子来说,更是让他们高兴和快乐。殊不知,这天却成了他们一家人不堪回首的一天。

这天 10 点多钟,酒店里就陆陆续续地来了一些参加婚宴的客人,一派祥和喜庆。快 11 点时,酒店门口突然传来一声撕心裂肺的惨叫,不知谁喊了一声“孩子出事了”,前来参加喜宴的客人迅速涌向酒店门口。

原告小勇的妈妈:“听说孩子出事,也不知道是谁出的事。大家就都往那门口跑,跑到跟前一看,出事的是我儿子,我一下子就懵了,孩子的手上全是血,我马上抱起孩子。我心疼死了,都说十指连心,那么大的一块石凳子砸在这么小的手上,想想就让人疼得受不了,当时心里想,还不如这块石头砸在我手上来。”

孩子阵阵的哭声刺痛着父母的心,孩子第一时间被送往医院。在市人民医院拍片后,发现孩子伤势过重,食指、中指有明显断节。在医生的建议下,孩子立即被转到了省立医院。

原告小勇的妈妈:“当时孩子的手还在滴血,市医院给我们简单包扎之后,我们就带着孩子去了省立医院。孩子疼得哭,我就陪着他哭,我们娘俩是一路哭着到的济南。”

在省立医院,经过 8 天的住院治疗,小勇出院回家了。可是他的手却不能彻底的康复,家人给小勇做了司法伤残鉴定。

鉴定结果为:十级伤残。

一个年仅 5 岁的孩子,因为这场意外事故,留下了终生的残疾和遗憾。

小勇的妈妈说:“一听说孩子的手落下了残疾,真是哭死也晚了,孩子还小,落下残疾,以后可怎么办呀！上学、找工作、找媳妇,肯定都会受影响,残疾了,可是一点办法也没有了。”

孩子落下了残疾，伤痛已成为无法弥补的事实。静下心来后，小勇的父母回想整个事件的经过，突然觉得孩子出事后，他们就餐的酒店没有做出一点儿反应，他们对这件事是不是也负有责任？在咨询了律师后，2013 年 3 月 4 日，小勇的父母把这家酒店起诉到了莱芜市莱城区人民法院。

庭审中，被告认为孩子是在酒店门外玩耍时出的事，石凳子那么重，你要是不去用力碰，它会在那里纹丝不动，又怎么会砸伤孩子呢？再说又不是他们酒店的直接过错导致孩子受的伤，这和他们有什么关系呢？

被告酒店的代理人："事发当日，原告就餐的喜宴是位于该酒店的 2 楼大厅内，酒店原告在大门外受伤，所处的位置并不在被告的经营范围内，也不在被告的安全注意范围内。"

一听被告这种说法，小勇的父母就恼火了，明明是你们酒店安装的石凳子，怎么石凳子倒了，砸了孩子就和你们没关系呢？这是什么话！为了证明小勇确实是在酒店里受的伤，原告找来当天参加喜宴的两位宾客来作证。

审判员："当天你是否在现场？"

证人一："当时我在 2 楼平台上等客人，一会听到'啪'的一声，石凳靠背掉下来砸到了小勇，然后将小勇送往医院，石凳怎么掉下来的我没看到。"

紧接着，第二个证人也出庭作证。

审判员："当天你在酒店就餐时发生了什么事？"

证人二："那天我在院子里迎客人，听到'噗通'一声后，小孩就哇哇哭了，我过去看到小孩手被掉下来的石凳子靠背砸伤了。"

审判员："石凳子是谁安装的？"

证人二："饭店安装的。"

审判员："石凳子是怎么掉下来的？"

证人二："安装不牢固，东边那个石凳和西边这个石凳是一个类型的，但是东边那个很结实。"

在庭审中，原告出示了被告酒店和石凳子的照片，从照片中很明显地看出石凳子是在酒店的门口，是酒店提供给客人休息用的。原告说，石凳子旁边没做安全警示提示,加上维修监管有漏洞,才会使固定不牢固的石凳子坠落砸伤孩子。说到这,被告又不愿意了。

被告酒店的代理人:“我们也有一张照片,该照片位置是酒店大门口迎门墙壁上设置的安全警示牌,内容为:温馨提示,请顾客带好您的孩子,注意安全。”

原告认为,酒店既然在门口安装了石凳子,就应该安装结实,而不是出了事以后来推脱责任。而被告却认为,他们在经营过程中,已经尽到了安全警示的义务。孩子受伤,主要是孩子的监护人,没有看管好自己的孩子,家长应该对这件事负全责。

石凳的靠背是怎么掉下来的?

真是公说公有理,婆说婆有理。

在随后的调查中,为了证实自己没有过错,被告酒店的经理又向法庭呈交了一份新的录像证据。

被告酒店的代理人:“录像显示,当时小勇和另一个小男孩在石凳子上玩耍,另一个男孩登上石凳子的座椅,用力去拽石凳子的靠背,把靠背拽落在座椅上,将小勇的手砸伤。”

事情到这里,怎么又出现了第三人,这个小男孩是谁?在这本案中他又起到了什么作用?我们再来听一下证人的证言。

被告酒店的代理人:“原告和谁在大门外玩耍?”

证人二:“和一个大约五六岁的小孩在玩耍,是我们村的小孩,他父母是谁我不知道。”

被告酒店的代理人:“石凳子的靠背怎么掉下来的?”

证人二:“不知道,我是听到小孩哭后才过去的。”

被告认为,与小勇一块玩耍的这个男孩才是导致石凳子脱落的主要原因,石凳子靠背是在受外力作用下坠落的,而不是自由垂体,或是突然掉落。

被告酒店的代理人:“通过我方提供的光盘证据,可以证实真正侵权人是光盘中所显示的另一个小男孩,原告主张遗漏当事人,原告应当追加该男孩监护人为被告。”

审判员:“原告对被告上述观点有无意见?”

原告:“被告主张没有法律依据,因为被告未提供第三人致害的相关证据,因此原告不同意追加。”

审判员:“法庭调查结束,现在进行法庭辩论。首先由原告发表辩论意见。”

原告:“一、本案原告小勇是在被告的酒店受的伤,事实清楚,同时和被告提供的监控视频相互印证,被告应当承担全部责任。二、被告所提供的证据不能证明原告所受的伤害和他没有关系。”

在法庭辩论中,被告酒店的经理认为,首先,原告就餐的地方在酒店2楼餐厅,受伤的地方在酒店的大门外,按照消费者权益保护法的规定,被告只是在酒店内部才对顾客承担安全保护义务,所以很显然本案中被告对原告不应承担赔偿责任。其次,如果按照侵权责任法的规定,石凳子的靠背是第三人外力拽落导致原告受伤,依据法律规定,被告同样不应该承担责任。最后,原告所受伤害,原告的监护人未尽到监护责任,应当承担主要责任。综上原告所述没有事实及法律依据,依法驳回诉讼请求。

审判员:“法庭辩论到此结束。根据法律规定,判决前能够调解的案件可以进行调解,调解应当遵循自愿合法的原则,双方是否同意调解?”

原告小勇的妈妈:“不同意。”

2014年8月27日,莱城区人民法院依照《中华人民共和国民法通则》《中华人民共和国民事诉讼法》、最高人民法院《关于审理人身损害赔偿案件适用法律若干问题的解释》的规定。

判决结果

一、被告赔偿原告医疗费、残疾赔偿金等各项费用共计26490.26元,于本判决生效后10日内付清。

二、驳回原告的其他诉讼请求。

一审判决后,被告不服提出上诉。

2014年11月,莱芜市中级人民法院依法审理了此案。二审法院依照《中华人民共和国民事诉讼法》和最高人民法院《关于审理人身损害赔偿案件适用法律若干问题的判决结果解释》等有关规定，莱芜市中级人民法院作出终审判决。

驳回上诉，维持原判。

法官点评

莱芜市中级人民法院法官对本案做了如下点评：

法院审理认为，被告作为酒店的经营者，在门口安装的石凳子存在安全隐患，未能尽到公共场所的安全保障义务，造成小勇人身损害，应当承担侵权赔偿责任。小勇的父母作为小勇的法定监护人，在公共场所远离年仅五六岁的被监护人，未尽到监护职责，对小勇的损害，应当承担部分责任。综合考虑造成损害原因的大小，以及双方过错程度，对于小勇的父母所遭受的经济损失，被告酒店承担80%，小勇父母作为小勇的法定监护人负担20%。

上诉人提出另一名儿童侵权人的意见，法院认为该儿童年龄幼小，力气也小，儿童在石凳子上玩耍，如果石凳子牢固，小孩子的力气不可能导致石凳子靠背脱落，酒店安装的石凳子存在安全隐患，是导致小勇被砸伤的直接原因，该儿童的行为与原告小勇受伤并不存在必然因果关系，因此该意见不予采信。

《中华人民共和国侵权责任法》第八十五条规定，建筑物、构筑物或者其他设施及其搁置物、悬挂物发生脱落、坠落造成他人损害的，所有人、管理人或者使用人不能证明自己没有过错的，应当承担侵权责任。本案中上诉人不能证明自己没有过错，根据上述法律规定，应当承担侵权责任。据此，上诉人的该上诉理由不能成立，本院不予支持。对于被上诉人的监护人没有尽到监护责任是次要责任，一审已经判决其承担20%的责任符合法律规定。综上，上诉人的上诉理由不能成立，本院不予支持。原审判决认定事实清楚，适用法律正确，依法应予维持。

本案小结

一条石凳子，引来一场官司。

最终,原告打赢了官司,却也留下了深深的遗憾。在这里,我们提醒大家,如果您是某一物件的所有者,一定要管理好,维护好,以免发生不必要的麻烦。同时,我们也提醒广大市民,当您在外出旅游、就餐时,一定要看管好自己的孩子,尽到监管义务,不要让这种悲剧再次重演。(文/尹腾　吕霞)

38 到底是谁的错

俗话说:“庄稼一枝花,全靠肥当家”。

要说种地,还真离不开肥料,只有舍得投入,庄稼才能枝肥叶茂。所以说,勤劳的农民朋友在种地时,总是多施肥、勤浇水、精耕细作期盼丰收。然而,雪野镇发生了一件蹊跷事,有一位村民在自己的地里上粪施肥,没想到却引起了一场意外纠纷,最后还打起了官司!

2015年10月,莱芜市中级人民法院第二审判庭内,公开开庭审理了一起健康权纠纷案。

从上坟祭祖说起

审判长:“首先由上诉人陈述上诉请求及依据的事实和理由。”

上诉人孙某顺:“上诉请求。一、请求二审法院查明事实依据并依法改判。二、上诉费用由被上诉人承担。事实与理由,一审法院认为上诉人与被上诉人系同一祖家,根据当地的民俗他应知道被上诉人父亲的坟头位置……”

被上诉人孙某伟陈述了答辩意见,他说:“一审法院认定事实基本清楚,适用法律得当,请求上级法院查明事实,依法维持原判。上诉人在上诉状中的所有理由,属于巧言诡辩。”

上诉人名叫孙某顺,他是一审的原告,被上诉人名叫孙某伟,他是一审的被告。记者了解到,这两名当事人不仅居住在同一个村庄,而且还是本家的叔侄,孙某伟是叔叔,孙某顺是侄子。这叔侄俩会有什么样的矛盾，竟闹上了法庭，这件事还要从一次上坟祭祖说起。

被上诉人孙某伟边走边跟记者说："你看见这屋了吗？这屋前边就是坟地，这一块就是我们的祖坟，从路边这个地方，全部是我们上几辈子的老祖，我父亲的坟头埋在这个位置。"

孙某伟回忆说，2014 年农历十月初一，他去孙某顺的承包地里给父亲上坟，发现孙某顺将鸡粪晾在他父亲埋葬的位置上，这件事让他很不爽，可还是压住了怒火，找到了本村的另外一个村民，让这个人帮忙转告侄子孙某顺，让他知道自己父亲的坟头位置，并让孙某顺将鸡粪挪走。

被上诉人孙某伟："虽然是坟头平了，但尸骨、骨灰还在地下，你这是对老人和后人不敬啊。"

2015 年元宵节当天，按照当地的习俗，村民都要去祭祖上坟。这天傍晚孙某伟去父亲的坟前上蜡烛，俗称上坟灯，这是缅怀先人的一种方式，寄予感恩之情。他来到墓地时，发现侄子孙某顺仍未将鸡粪移走，于是就去找孙某顺理论，双方发生争执并相互厮打，在打斗过程中，孙某伟把孙某顺打成轻伤。

当天晚上，孙某顺被送进了医院。

经医院诊断，孙某顺为头部外伤、颈部外伤、右肩部外伤、胸腹部外伤，共住院治疗 15 天，花费 2 万余元。后来经市公安局莱城分局刑事科学技术室鉴定，孙某顺的颈部软组织受伤，属于轻微伤。为了此事，孙某伟也付出了代价，他被行政拘留 3 天。

事情发生后，派出所的民警为两人进行了调解。

被上诉人孙某伟："你不出院，一次性打出来 8000 多元钱的药费单子，这么点小伤，这可能吗，你一回就用上了这么多的药？派出所调解的民警和我说，老孙这是医院里开的单子，一共算起来 2 万多元，你拿吧？我说他一个轻微伤，怎么花这么多钱，我不拿。"

一方要赔偿，另一方却不给。

无奈之下，孙某顺一纸诉状将孙某伟告进了法院。2015 年 8 月，莱城区人民法院开庭审理了此案，在经过庭审调查和辩论后，2015 年 8 月 27 日，莱城区人民法院于作出判决。

一、被告孙某伟赔偿原告孙某顺医疗费 8186.46 元、误工费 2401.8

元、护理费1050元、住院伙食补助费450元、交通费200元，共计12288.26元的50%，即6144.13元。

二、驳回原告孙某顺的其他诉讼请求。

叔侄两人各自承担50%的责任，案件判决后，原告孙某顺不服一审判决，向莱芜市中级人民法院提起上诉。

上诉人孙某顺："他打了我，本身打人是犯法的，打伤了我，还得给我50%的过错，所以我就上市里来问问，我凭什么50%的过错，我错在哪里。这个地我是正常耕种，无论是按照民俗还是按照国家法律规定，我都不占错。"

2015年10月，莱芜市中级人民法院开庭审理了此案，也就是一开始大家看到的庭审现场。通过法庭调查后，根据上诉人的上诉请求以及被上诉人的答辩，法庭归纳了双方的争议焦点。

上诉人孙某顺是否存在过错，一审判决认定的50%的赔偿比例是否得当。

由于双方当事人对争议焦点都没有异议，法庭进入调查阶段。

首先，上诉人对焦点问题发表了意见。

上诉人孙某顺："没有新证据，我没有过错，我的晒粪耕种是在自己承包地里，一审庭审过程中，我在回答一审法官提问时说，我晒粪是在自己承包的耕种的全部范围，并不是唯独晾晒在被上诉人所说的其父亲的埋葬位置。我正常耕种的行为没有过错，被上诉人无故殴打我应承担全部责任。"

被上诉人孙某伟也发表了意见。

被上诉人孙某伟："一审法院判决的50%，我不承担，原告得承担200%的责任，这事全部是由他引起的，他的律师也没有实际调查，只听他的一面之词，事实也是错误的，他是九月初六晾的粪，到了正月十五这是多长时间，这是160天，耕种地160天种的什么地？他纯粹胡编乱造，我也不会说什么话，法官你看着办。"

被上诉人孙某伟的女儿作为代理人作了补充说："上诉人上面有说过被上诉人故意殴打上诉人应承担全部责任，事实上是上诉人把俺爸爸摁到地上，俺爸爸不得不维权才把他脖子弄成那样。"

各说各理

这真是叔说叔有理，侄说侄有理。叔叔说，侄子把鸡粪晾到了父亲埋葬的位置上了，而侄子却说没有。叔叔说，侄子的这种做法是对老人不敬，而侄子却认为这是叔叔在找茬。这起事件到底是谁该承担更多的责任呢？办案法官又展开了调查。

法官："被上诉人，你父亲埋葬的位置是不是有坟头。"

被上诉人孙某伟："坟头早已平掉了，大约是20年前平的。"

法官："上诉人有无异议。"

上诉人孙某顺："没有坟头，平了多年了，他说20年，甚至都多，也没有坟头，也没有供桌石。"

法官："被上诉人，你父亲埋葬的位置有无供桌石。"

被上诉人："没有，因为平掉了20多年了。"

法官："上诉人，你的承包地里都有谁家的坟头。"

上诉人："我这个地不是承包地，是我种的口粮田，都是我父亲的坟头，亲哥哥的坟头、叔辈哥的坟头，就这些坟头。"

法官："被上诉人，你如何确定你父亲坟头的位置。"

被上诉人："年年上坟都是在同一个地方，没有标志。"

法官："被上诉人，你与上诉人是什么关系。"

被上诉人："我们都是一个老爷爷。"

上诉人孙某顺针对被上诉人孙某伟的说法，提出了异议。

上诉人："有异议，被上诉人记忆上坟的地点不对，根据平时被上诉人家里人上坟的情况观察到，没有确定的地点，一会儿在这，一会儿在那，被上诉人的二哥在西边上坟，自2009年以后我父亲埋葬后，以及2011年我叔辈哥下葬时就争议过，那时有我的亲哥哥，被上诉人的父亲埋葬时我哥哥参与过。关于被上诉人的父亲具体埋葬地点被上诉人的三哥自己一个意见，被上诉人的二哥与我的亲哥哥，以及对方的三嫂，他们三个一个意见。就是他父亲不在他说的这里，俺哥哥说的在我地里西边，在西南角上。"

由于没了坟头，最终被上诉人的父亲埋葬地点也没办法确定。在法庭调查结束后,法庭展开辩论。

审判长:“现在进行法庭辩论,上诉人发表辩论意见。”

上诉人:“上诉人正常的耕种自己的承包地,正常施粪的行为一审法院认为是违背公序良俗,对事实认定错误,上诉人如果是单独把粪晒在被上诉人的父亲埋葬的位置,也是说不过去的,事实上上诉人是把粪晒在自己的承包地的整个范围内,包括已经被整平的自己爷爷奶奶的坟地位置。”

上诉人孙某顺认为坟头被整平,就是为了正常耕种,充分利用土地资源。如果把正常耕种土地的行为认定为是违背公序良俗,那么很多的土地资源就会被浪费。

审判长:“被上诉人发表辩论意见。”

被上诉人:“上诉人的陈述与事实不符,我父亲坟头的位置是事实,并不是上诉人所陈述的是浪费资源。上诉人父亲的坟头与我老爷是挨着,上诉人陈述我父亲坟头在西边与事实不符,上诉人已经占用了我爷爷的坟头地。请求法院查清事实。”

辩论结束后,法庭征询各方最后意见。

上诉人的意见是支持自己的上诉请求,被上诉人的意见是驳回上诉,维持原判。但双方当事人都表示愿意通过调解来解决此事,庭审结束后,根据当事人的意愿,主审法官给双方做了大量的调解工作,但因双方调解意见偏差太大,最终调解没有成功。

2015 年 11 月 20 日,依照《中华人民共和国民事诉讼法》的有关规定,莱芜市中级人民法院依法作出判决。

如今,孙某顺耕种的土地上早已经没有孙某伟父亲的坟头,也没有祭祀用的供桌石。在此情况下,孙某顺在自己耕种的土地上晾粪,并不违反法律规定,而孙某伟也无证据证实当地存在平坟多年后他人不得在土地上晾粪、耕种的民俗。

判决结果

一、维持一审法院民事判决第二项,即维持:驳回孙某顺的其他诉讼请求。

二、变更一审法院民事判决第一项“孙某伟赔偿孙某顺医疗费、误工费、护理费等,共计12288.26元的50%,即6144.13元。”为“孙某伟赔偿孙某顺医疗费、误工费、护理费共计12288.26元的70%即8601.78元”,于本判决生效后10日内履行。

如果未按本判决指定的期间履行给付金钱义务,应当按照《中华人民共和国民事诉讼法》第253条之规定,加倍支付迟延履行期间的债务利息。

法官点评

莱芜市中级人民法院法官对本案做了如下点评:

据被上诉人所说,即一审查明情况来看,上诉人要求被上诉人支付2万余元的损失费用,但在二审中,双方当事人对一审判决认定的各项损失数额未提出异议,因此对孙某伟的各项费用共计12288.26元,本院予以认定。

公民的健康权受法律保护,两个人因上坟发生纠纷相互厮打,孙某伟造成孙某顺轻微伤,对此损伤结果,孙某伟的责任明显大于孙某顺。一审判决孙某顺对自己的损失承担50%的责任,明显偏重。本院认定孙某顺对自己的损失承担30%的责任,孙某伟对孙某顺的各项损失承担70%的赔偿责任。

本案小结

因为阴宅,每年全国各地都会出现各种纠纷。

在此,我们希望大家遇到类似的事情,要相互理解,相互尊重,有事要好好地协商,不要矛盾不断,甚至大动干戈,以免闹出更大的不幸,相信这也非逝者所愿。(文/亓雪飞　李文超)

39 墙倒伤人,谁之过?

挡土墙,有时我们称为景观墙,是为了遮挡一些施工现场,在工地外围临时性建设的一些墙体,这种墙因为地基浅,存在一些安全隐患。2015年4月,家住莱芜市的一对老夫妻,就碰到了这种倒霉事,他们在散步时,被突然倒塌的挡土墙砸伤,他们应该怎样维权呢?

2015年11月17日,在莱芜市钢城区人民法院开庭审理了一起生命权、健康权、身体权纠纷案。原告一名叫陈某丽,原告二名叫张某,两名原告是一对夫妻;被告是莱芜市某城建局和莱芜市某街道办事处。

突然倒全塌的墙体

陈某丽的代理人:“2015年4月4日,陈某丽在府前大街散步时,被倒塌的墙体砸伤。”

这天傍晚,陈某丽夫妻和小区里的几个老伙伴相约去散步,一伙人三五成群有说有笑的正走着,这时路边的景观墙突然倒塌,让老两口躲闪不及。

陈某丽:“我和几个老太太,还有我老伴,我们相约去南湖散步。当时我们正走着,一个老头说塌墙了,我往前迈了一步,可能是年龄大了,他们都蹦出去了,石头都砸到我身上去了。”

由于离墙最近,陈某丽来不及躲避就被墙体压倒在地,一脸惊恐的她惊魂未定,转头却看到老伴也倒在了血泊中。

陈某丽:“当时我脸砸破了,还有骨折,腰椎也骨折。老头也砸伤了，砸到了他的头，砸破淌血了。”

陈某丽和老伴很快就被送到了医院，陈某丽多处骨折，而老伴张某经医院诊断，头部受了外伤、右边上下肢也受了伤。

陈某丽的代理人：“被送往医院治疗，伤情诊断为多发损伤、L1 椎体骨折、头面部损伤、脑挫裂伤、多发软组织损伤。”

陈某丽：“老头在重症监护室里待了好几天，他看我这样躺不住了，他急得哭啊，我要是再也站不起来怎么办呢。”

当时陈某丽和老伴只能躺在床上，失去了生活自理能力，一切都得靠人伺候。陈某丽说，两个人突然同时受伤了，家里顿时乱作一团。陈某丽和老伴只有一个孩子，还在外地工作，家里还有个小孙子也需要人照顾。本来应该卧床休养的老伴，身体稍微好了一点，就忍着伤痛，帮儿子照顾自己。

陈某丽：“小便、吃饭、喝水都离不了人。我老头觉得能走路了，疼点疼点吧，就下来走几步，我是直接不能起床。”

那段时间，陈某丽说儿子忙得焦头烂额，一边照顾他们，一边还要替他们讨要说法。后来，儿子聘请了律师，在律师的帮助下，他们找到了这堵墙的“主人”。

陈某丽的代理人：“经查，倒塌的墙体归某街道办事处所有，管理人是钢城区城建局。”

一纸诉状，陈某丽夫妻把这两家单位告上了法庭。

2015 年 11 月，在钢城区人民法院颜庄法庭第一审判庭，开庭审理了这起纠纷案。

陈某丽的代理人：“现依法向贵院起诉，请求依法判令两被告连带赔偿原告医疗费、住院伙食补助费、伤残赔偿金、护理费 13300 元、后续治疗费精神抚慰金、鉴定费等共计 188976.17 元。”

在庭审中，两名被告也发表了各自的主张。

被告某城建局：“某城建局不是涉案墙体的所有人及管理人，陈某丽要求某城建局承担责任没有事实及法律依据，请求法院驳回陈某丽的诉讼请求。”

被告某街道办事处：“涉案墙体所有人不是某街道办事处，某街道不应该承担任何赔偿责任。”

根据双方的起诉和答辩,法庭归纳了本案的两个争议焦点:

一、两被告在本案中应否承担责任,如应承担责任,承担何种责任。

二、原告要求被告赔偿的项目有无相应的事实及法律依据。

证据的力量

庭审中围绕本案,三方会提交什么样的证据呢?

审判长:“下面进行法庭调查,由原告、被告围绕第一个焦点问题提交证据。”

陈某丽的代理人:“证据一,西冶派出所加盖公章的出警现场记录及处结备案单一份,西冶派出所出具的证明一份,证明 2015 年 4 月 4 日原告在莱钢集团对面被椁椤村一面墙砸伤,该墙位于钢城区府前大街东头南侧,在汶源办事处的管辖范围内。”

被告某城建局:“对证据一无异议。”

被告某街道办事处:“对证据一证据本身真实性无异议。但由于被告二不是处理现场的机关,不了解当时的实际情况,对于该证据证明的内容被告二不发表质证意见。”

被告某街道认为,他们单位并没有参与现场的事故处理,对当时的情况也并不了解。所以,他们对该证据也不便发表意见。随后,原告继续向法庭提交证据。

陈某丽的代理人:“证据二,原告儿子张某文与城乡建设局工作人员的录音对话光盘一份,原告儿子与椁椤社区工作人员的录音光盘一份,证明被告城乡建设局对涉案墙体有管理权。”

陈某丽的代理人说,当时某街道椁椤社区的工作人员,已经承认他们对涉案墙体的管理责任,并对原告的儿子也作出了承诺,他们会积极处理这件事情。

被告某城建局:“对证据二有异议。一、该录音不能证实其对话人是城乡建设局工作人员李某某。二、该录音内容不清楚,无法核实录音与原告整理文字的一致性,不能证实该录音的内容。三、录音中原告陈述的李某某并不是城乡建设局的法人代表。”

被告城建局的代理人说,即使该录音内容是真实的,椁椤社区的工作人员也不能代表城乡建设局的意见,不能证实被告一是涉案墙体的管理人及所有人。原告当即出示证据来回驳被告的主张。

陈某丽的代理人:“证明:一、李某某是被告城建局的工作人员,分管城东大队,而城东大队主要负责办事处管辖范围内的城乡建设事宜,李某某对涉案墙体的管理人是知悉的。二、被告某街道对城东大队也有管理权,办事处对涉案墙体倒塌也有责任。”

陈某丽的代理人在庭审中还强调,李某某不仅是城建局的工作人员,他还是城建局指定负责处理本次事故的工作人员。当初,原告的儿子和被告城建局在最初的交涉中,因为双方对赔偿的数额达不成一致,所以被告提议走司法程序来解决这个问题。

陈某丽的代理人:“但因双方对赔偿数额有分歧,李某某告知原告方需要走法律程序确定其具体的赔偿数额,以便在出账的时候给单位有个交代,这是李某某作为被告城建局作出的意思表示。城建局应该受该意思表示的约束。”

随后,陈某丽向法庭提交了第七份证据。

陈某丽的代理人:“证据七,事发时的现场照片一张,通过照片可以看出,涉案墙体是挡土墙,墙体内侧的高度明显高于府前大街的路面高度,该墙体的作用在于稳定墙体内侧的土体,防止土体失稳影响府前大街的正常通行。”

原告向法庭提交了一份“中华人民共和国住房和城乡建设部《关于城市道路工程设计技术措施》等14项国家建筑标准设计”的通知,在城市道路工程设计技术措施目录中,说明挡土墙是城市道路工程的配套设施。

陈某丽的代理人:“被告城建局是府前大街的建设单位,城市道路附属设施包含挡土墙,涉案墙体是府前大街的附属设施,被告城建局是涉案的建设者也是管理者。被告一对涉案墙体拥有管理权。”

针对第一个焦点问题,原告认为城建局和街道办是挡土墙的所有者和管理者,由于他们管理不善,让自己和老伴受了伤。因此,两被告就应该承担责任。那法院会认可这种观点吗?他的要求有无相应的事实及法律依据,我们继续向下看。

审判长:“由原告围绕第二个焦点问题向本庭提交证据。”

陈某丽的代理人:“莱钢医院急诊病历一份、住院病历一份、诊断证明书一份,证明原告因本次事故造成左肱骨近段粉碎性骨折、L1 椎体骨折的伤情,住院治疗 95 天。护理人张某文、张某峰身份证复印件及户口本复印件。参照护工标准主张的护理费。”

被告城建局:“关于护理人员并没有相关的医疗证据来证明需要两人护理,所以原则应当以一人护理为准。”

被告某街道办事处:“同第一被告的质证意见。”

原告当即做出了解释,他说根据公安部的关于护理人员、误工人员伤残及误工人员护理人员人数及时间的评定标准,原告的这种伤情应当是需要两人护理的,这是有法律依据的。

陈某丽的代理人:“因原告所受伤部位为腰部椎体骨折及其他部位的粉碎性骨折,当时的现状是原告本人只能躺着,没有生活自理能力,到今天开庭原告仍然没有恢复好。”

提起那段痛苦的经历,陈某丽还是很激动。

陈某丽:“两个月必须有人伺候,90 天的时候能起来了,虽然能起来,但跟前离了人也不行,白黑的得有人照顾。”

法庭调查结束后,庭审进入辩论环节,双方发表了辩论意见。

陈某丽的代理人:“通过刚才的举证可以看出,被告城乡建设局对涉案墙体拥有管理权,应该对原告的损失进行赔偿。被告办事处对其管辖范围内的建筑物管理不善给原告造成身体伤害,也应该承担赔偿责任。”

被告城建局:“根据《侵权责任法》第三十六条规定,建筑物倒塌造成人身伤害的,应该由建设单位和施工单位承担连带赔偿责任。本案中并没有任何证据证明被告一是涉案墙体的建设单位、施工单位,甚至是所有人和管理人,被告一不应承担责任。”

第二被告依然坚持他们的主张,他们也进行了答辩。

被告某街道:“原告在诉状中声称,被告二是涉案墙体的所有人,被告一是管理人,而在庭审中原告没有任何证据证明被告二是涉案墙体的所有人,现在辩论中原告又声称被告一是涉案墙体所有人,由此可以看出,被告二不是涉案墙体的所有人是确定的。请求驳回原告对被告二的诉讼请求。”

陈某丽的代理人："陈某丽是在公共人行道上正常行走的行人，自身不存在过错，造成陈某丽受伤的，是某城建局管理、维护的墙体倒塌所致，某城建局应对陈某丽的损失承担全部赔偿责任。"

2015年11月30日，根据《中华人民共和国侵权责任法》等规定，钢城区人民法院做出了判决。

判决结果

一、被告城建局于本判决生效之日起5日内赔偿陈某丽损失，共计176426.17元，以及原告张某的损失，共计2768.87元。

二、驳回两原告的其他诉讼请求。

法官点评

莱芜市中级人民法院法官对本案做了如下点评：

依据本院对事故现场的调查，足以认定倒塌墙体是城建局建设的，城建局对倒塌墙体依法负有管理、维护的义务。由于该城建局未尽到管理、维护的法定义务，致使墙体倒塌，造成陈某丽和张某受伤，依法应承担赔偿责任。该城建局辩解不是倒塌墙体的所有人及管理人的理由，本院不予采信。陈某丽要求某街道承担共同赔偿责任，但她没有提供相应的证据证实，本院不予支持。

本案小结

在这里，我们真心希望有关部门，再建设这种挡土墙的时候，不要建成一般意义上的景观墙、遮丑墙，而是要建成安全墙、放心墙，这样才能让市民安全放心的出行。同时，也提醒广大市民，在路过这种临时性建筑的时候，一定要提高安全意识，做好自我防护。（文/尹祥丽　周伟）

40 校园内受伤，谁之责？

好动，是孩子的天性。做游戏、翻跟头、跑跑闹闹，孩子才能健康成长，即使在校园里，我们也不可能禁止他们玩耍。可如果在校园里，孩子们因为做游戏出现意外伤害，这种情况到底该由谁来负责呢？下面我们就来关注一起校园侵权赔偿案。

一场猫鼠游戏

2016年5月23日，莱芜市中级人民法院公开开庭审理了一起生命权、健康权、身体权纠纷案。记者了解到，上诉人是钢城某学校和该校一名学生，被上诉人是另一名学生。上诉人张某，13岁，他是一审的被告。被上诉人李某，14岁，他是一审的原告，他们都是这所学校的在校学生。

审判长："现在开庭，首先由上诉人陈述上诉请求及事实和理由。"

学校的代理人："上诉请求。一、请求二审法院依法审理撤销一审民事判决书。二、本案的一、二审费用由被上诉人承担。"

张某的代理人："上诉请求。一、请求二审法院依法审理撤销一审判决书第一项，改判由被上诉人李某自行承担第一项确定的责任。二、上诉费由被上诉人承担。"

张某的代理人说，一审法院认定张某承担赔偿责任无事实及法律依据。主要依据的是对方提供的证明以及学生出具的证言，而这两组证据不能证实案件发生的真实过程，学生的证明也是在老师的引导下出具的，真实性也值得怀疑。被上诉人李某的代理人也陈述了答辩意见。

李某的代理人:"一审认定事实清楚,请求驳回上诉人上诉请求,维持原判。关于李某的户口性质,根据户口本的记载,性质系城镇户口。"

紧接着,上诉人钢城某学校也进行了答辩。

学校的代理人:"我方提交的证据符合证据形式,应认定为有效证据,虽然在校学生未满 18 周岁,但均为限制民事行为能力人,对客观事件存在明辨是非的能力,我国法律对证人并没有规定年龄下限,故在原审程序中我校根据学校突发事故处理程序所收集的事故证据应是合法有效的。另外,对于李某户口性质的认定,同我方在上诉状的上诉意见。"

三方当事人都说出了理由,也都在推脱责任。

一审原告李某回忆,2015 年 1 月 6 日,他们班在上体育课时,自己和其他同学玩起了"猫捉老鼠"的游戏。在做游戏过程中,同学张某将他绊倒,致使自己锁骨骨折。李某说,自己受伤后,学校及时通知了双方家长,双方家长共同将自己送进医院进行治疗。

李某住院后,很快就康复出院了。但接下来的问题,却让李某的父母非常恼火。原来,李某在住院期间,前后花了八九万元,除去张某父母为李某垫付的两万多元,还花了六七万元的医疗费用,这些钱总不能自家负担吧,于是他们就去找学校,去找张某的家长进行协商,但是三方最终没有达成和解协议。

随后,李某的家人把学校和张某监护人告上了法庭,2015 年 11 月 25 日下午,莱芜市钢城区人民法院开庭审理了此案。

法官:"庭审中,原告李某父母认为,李某受伤的原因是由张某造成的,张某的监护人应承担相应的赔偿责任,虽然在李某受伤后,张某的父母也支付了部分医疗费,但其他损失拒不赔偿,因此原告请求法院判决被告支付原告损失 9 万余元,并由被告承担诉讼费用。"

张某的父母却认为,他们不是李某受伤的实际侵权人,李某所受伤害与他们无关,他们没有义务赔偿。李某受伤后,他们已经从人道主义出发为他垫付了医疗费 27356. 41 元。在经过保险赔付后,他们实际支付原告医疗费 15955. 55 元。

法官："庭审中，被告针对原告的诉讼请求，表明了自己的观点，拒绝赔偿并保留向学校追索的权利，被告认为自己给原告支付的医疗费是出于善意为学校垫付的，最终应该由学校承担责任。"

学校一方并不同意这种观点，他们认为学校没有过错，学校不应当承担赔偿责任。学校的代理人说，该案中李某是在与张某玩耍过程中造成的。该事故的发生是学校无法预知的，学校对原告所受伤害没有责任。

2016年3月16日钢城区人民法院依法作出判决。

判决结果

一、被告张某的父母赔偿原告李某各项损失共计40177.58元，扣除已支付的15910.55元，还应支付24267.03元。

二、被告钢城某学校于本判决生效之日起5日内赔偿原告李某各项损失共计26785.05元。

三、驳回原告李某其他诉讼请求。

一审判决张某父母承担60%的责任，学校承担40%的责任。

张某的监护人和学校都不服判决提起上诉。张某的监护人认为，这件事和自己的孩子并没有关系，他们不应该承担赔偿责任。而学校认为，他们也不应该承担责任。在二审中，三方会提交什么样的证据？案情的发展又会有什么变化呢？接下来，我们再回到二审的庭审现场。

案件进入二审

庭审中校方代理人认为，一审法院认定事实错误，而且一审法院超过原审原告的诉讼请求范围进行了裁判，伤残补助金的计算也没有证据支持。针对这一观点，被上诉人陈述答辩意见。

李某的代理人："关于李某的户口性质，根据户口本的记载，性质系城镇户口并且李某长期缴纳城镇医疗保险，户口自出生一直跟随其父亲；一审法院认定某学校承担赔偿责任认定事实清楚，李某是在学校上体育课受到的伤害，上课的体育老师在上课期间不在场，存在过错，事发后学校老师以及学校没有尽到告知和救治义务,存在重大过错。”

张某的代理人:“事故发生在上体育课期间,体育老师不在现场指导孩子上课,而让孩子自由活动,可以看出学校具有明显的过错,一审法院判定某学校承担责任符合法律规定,请求维持一审判决第二项。”

根据两上诉人的上诉以及被上诉人的答辩,法庭归纳争议焦点是:

一、李某的损失数额应如何认定。

二、张某的父母是否应当承担赔偿责任,赔偿数额应如何认定。

三、某学校是否应承担赔偿责任,承担责任的方式和数额如何认定。

针对焦点问题,上诉人张某的代理人没有新证据提交,而学校针对证据三提交了一份新证据。

校方代理人:“针对焦点三有新证据,学校各项工作流程一份,证实在该工作流程第四项学生意外伤害处理流程图,明确了该学校中若发生意外事故,应当由当班教师或学生将该事故告知班主任,由班主任老师处理该事故,包括履行、告知学生家长及救治义务,而当班老师继续上课。”

据校方代理人说,这份证据还证实事件发生后,学校严格按照该流程对事故进行了处理,学校尽到了法律规定的告知及救治义务,学校对该事故不存在过错,不应承担赔偿责任,上诉人张某的代理人及被上诉人李某代理人分别进行了质证。

张某的代理人:“对该证据有异议,该证据无法证实事故发生的任何细节,也无法证实该份证据上诉人某学校向学生及家长公开过流程图,同时该份证据系上诉人某学校单方制作,是学校内部管理问题,与本案无关。”

李某的代理人:“对该份证据有异议。该证据只能证实其学校发生意外事件的流程过程,不能证实李某发生伤害时按照体育老师、班主任及学校按照该流程进行了处理,反而当时的体育老师并不在场,事后很长时间才通知家长,学校存在重大过错。”

调查结束后,法庭进入辩论阶段,各方均同意己方的上述意见,上诉方支持上诉请求,被上诉方坚持驳回上诉维持原判。法庭因校方不同意调解而宣布结束。

随后，记者在庭后采访了校方的代理人。

校方的代理人："对这起事故，我们学校还是非常重视的，学校这边不调解是因为校方有一个校方责任险，保险公司说如果需要进行赔付的话，必须需要法院的裁判文书，如果学校里通过私下的方式结案，去保险报销可能会比较烦琐一些，保险公司对一些事实可能不会认可，如果有判决书，就可以避免这个事情。"

庭审结束后，承办法官对当事人进一步做了调解工作，最终当事人在 2016 年 6 月 1 日达成调解协议。

协议结果

一、张某的监护人已经实际支付李某医药费 15910.55 元；张某的监护人一次性再赔偿李某各项损失共计 17000 元，当庭付清。

二、钢城某学校一次性赔偿李某各项损失共计 23000 元，于 2016 年 6 月 20 日前付清。如钢城某学校未能按期付款，则应按一审判决确定的数额 26785.05 元赔偿。

三、各方当事人均放弃其他诉讼请求，各方互不追究。

一审案件受理费 2084 元，减半收取 1042 元，由李某监护人负担；二审案件受理费减半收取为 1042 元，由张某监护人负担 521 元，钢城某学校负担 521 元。

法官点评

莱芜市中级人民法院法官对本案做了如下点评：

在我国民法中，限制民事行为能力人是指 10 周岁以上 18 周岁以下的未成年人，但年满 16 周岁未满 18 周岁以自己的劳动作为主要收入来源的除外，身体有缺陷以及患有间歇性精神病的人也是限制民事行为能力人。本案中，张某的父母作出了赔偿，因为张某是限制民事行为能力人，父母是他的监护人。按照《民法通则》中的规定，无民事行为能力人、限制民事行为能力人造成他人损害的，由监护人承担民事责任。

依据《中华人民共和国侵权责任法》的规定，限制民事行为能力人在学校或者其他教育机构学习、生活期间受到人身伤害，学校或者其他教育机构未尽到教育、管理职责的，应当承担责任。如果学校有足够的证据证明其做到了教育和监管职责，那就不应该承担责任。

本案小结

校园安全无小事，牵动着千万家。

校园安全作为社会安全的一部分，涵盖教学、后勤、安全、管理方方面面，不可能只靠单一的规定，或依赖某个部门推进就能解决。在这种复杂的背景下，化解校园的安全风险，除了安全工作的传统措施，构建新型的校园安全风险保障机制至关重要。学校注重安全教育和设施建设，家长也要注重安全提醒和正面引导。无论从学校、家长还是社会都不愿意看到任何一个学生受到伤害。（文/王玮　于晓敏）

41 少年溺水案

每年的夏季,特别是暑假期间,是未成年人溺水死亡的高发期。据不完全统计,我国每年有5.7万人死于溺水,而在青少年意外伤害致死的事故中,溺水事故已成为头号杀手。如今学生也都放暑假了,每当这时,我们都非常担心孩子们的人身安全,虽然防溺水警钟长鸣,可孩子溺水的消息却时有传来,下面的案件,就跟溺水有关。

孩子没有回来

2016年9月20日下午,在莱芜市莱城区人民法院牛泉法庭内,开庭审理了一起生命权、健康权、身体权纠纷案。

审判员:“请原告向法庭陈述诉讼请求及依据的事实和理由。”

原告:“一、依法判令被告赔偿原告死亡赔偿金630900元、丧葬费26230元、精神损失费5万元,共计707130元。二、诉讼费用由被告负担。”

这到底发生了什么事情呢?

在开庭前,我们采访到了老吕,他是两名原告的代理人之一,也是两名原告的叔叔。他告诉我们,溺水少年是原告的儿子,叫小航。2016年7月的一天,为了避暑纳凉,小航和被告小杰从公司出发,先到公园玩耍后,两个人又去了城西的某水库游泳,在游泳的过程中,小航不幸溺水身亡。

原告的代理人:“发生这事后,我们去他家找了好几趟,找他想处理这件事,他一直躲着,并且说了一些不讲理的话。”

老吕说，小航出事时只有17岁，在一所学校读书，出事时正值暑假。事发后，小航的父母痛苦万分，悲痛之余将小杰告上了法庭。可话又说回来，小杰和小航是什么关系，难道仅仅是因为一起去游泳，就被人家告上了法庭？

原告的代理人："事情发生的经过是，小航跟着小杰打工已经有一段时间了，出事的这天下午，是在上班时间，上班时间出了事，他能没有责任？"

原告的代理人说，小航喜欢玩轮滑，认识了同样喜欢轮滑的小杰，因为共同的爱好，两人成为了好朋友。小杰比小航大九岁，他经营了一家公司，因业务发展就主动邀请小航利用假期时间来公司打工。原告认为，溺水事件恰巧发生在工作时间段内，被告小杰作为雇主，他应该承担责任。

原告："被告作为老板，在明知或者应当知道，去水库存在安全隐患，在未采取任何安全防护措施的情况下，未尽到安全保障义务，小杰作为雇主不好好抓经营管理，而是在上班时间，领着员工小航，先去逛公园，又去水库洗澡，造成小航溺水身亡。"

针对原告的起诉，被告做了答辩。

被告："首先，对本案溺水事故深表同情，对两原告表示真诚的安慰。其次，针对诉讼请求，依据事实和法律，说明以下意见：小航虽属于限制行为能力人，但年龄接近18岁，又是在校学生，学校或教育局每个假期，都特别强调避免溺水事件发生的安全问题。小航应该对当天下水游泳有可能发生的后果有足够的认识，小航本人疏于判断，对溺水死亡应自行承担相应的责任。"

被告的代理人还说，小航属于未成年人，根据《中华人民共和国民法通则》第十八条的规定：

监护人不履行监护职责或者侵害被监护人的合法权益的，应当承担责任。

小航的父母作为他的法定监护人，应该对未尽监护职责造成的后果承担相应责任。另外，在溺水发生的时间上，小杰对小航不构成侵权，不应该承担赔偿责任。

被告："首先，答辩人显然不存在违法行为，更不存在违法行为和溺水死亡之间的直接因果关系。其次，答辩人在小航提议下水游泳时，多次问小航会不会游泳，还问水下的人，水凉不凉？答辩人对溺水事件的发生不存在过错。”

根据原被告的意见，法庭归纳了双方争议焦点。

一、小航死亡的经过，时间、地点、原因及导致死亡的有关人员的责任问题。

二、本次事件给原告造成哪些损失，有何事实及法律依据。

双方对法庭归纳的争议焦点都没提出不同意见，法庭进入调查阶段。原告针对第一个争议焦点进行了举证。

原告：“证据一，两原告身份证和户口登记卡及小航户口登记卡各一份（复印件），证实原告的身份基本情况，证实两原告与小航系父、母、子关系，证实小航溺水时系未成年。”

证据二，公安机关的证明一份，证明事发时两人一起去水库并造成小航溺亡的事实。证据三，原告申请法院调取的公安机关材料一份，证实四项内容。

一、证实了双方存在雇佣关系，同时证实了在雇佣关系活动中造成了小航溺水身亡。

二、证实了溺水时间是在上班时间，小杰作为雇主存在重大过错，造成小航溺水身亡。

三、证实小航溺水后施救、报警及通知小航家人的过程。

四、证实了小杰的店面及办公地点。

被告：“对证据一、证据二，根据法律规定，原告应当提交证据原件，我方暂不发表质证意见。对证据一小航的户籍信息，只有提供证据原件才能证实小航是否是限制民事行为能力人。”

针对原告提交的证据三，被告对真实性无异议，但对证实的内容有不同意见。被告认为溺水事件并不是在雇佣活动中发生的，与雇佣活动无关，因此构不成雇佣关系。

被告方认为，“该组证据的第三页倒数第 10 行，内容为小航说：‘咱洗洗吧？’被告说：‘不洗了，我感冒刚好，再说这水不干净’，小航说‘洗洗吧，你陪着我’这些内容证实，是小航提议下水游泳”。

这份证据还显示，被告小杰曾多次询问小航是否会游泳，小航的回答都是肯定的,这一内容证实被告小杰,已经尽到了基本的注意义务。被告对原告的证据三和证据四没有异议。原告对被告的质证发表了反驳意见,并进行了补充。

原告:“对证据一原件,我方可以庭后提交法庭。对证据二,我方可以当面提交原件。”

原告当庭提交了第二份证据,公安机关的证明原件,被告再次做出质证,并对证实的内容提出异议。

被告:“一起到水库,被告认可这一事实。但是,到水库的目的是去看灯展,并且是由小航提议的,由原告提交的询问笔录可以证实,因此被告方对公安机关的陈述有异议。”

原告:“我方认为公安机关出具的该证明材料是合法有效的,因为公安机关是代表国家、代表政府出具的具有职权范围内的证明,其真实性是可靠的,应当作为定案的依据。”

针对焦点一,小航溺水的经过及导致死亡有关人员的责任问题。被告也提交了证据。

被告:“提交法庭调取的询问笔录,证实:一、第一份笔录第三页,证实从公园出来后,被告不同意去水库,小航提议去水库看灯展,第三页中间部分证实提议游泳的是小航。”

被告还说,笔录内容能证实,小航溺水后,被告小杰积极救助,尽到了救助的基本义务。被告在小航提议游泳后,曾询问小航是否会游泳,小航回答会游泳,并且在日照经常游泳,以上内容证实被告对小航下水游泳尽到了基本的注意义务。

被告:“在第一份笔录的第五页,证实当时水库里有十多个人在游泳,这一事实证实当时水库是具备基本游泳条件的,小航下水后发生事故是因他自身原因造成。当时参与游泳的十几个人也能证实小杰积极参与营救的事实。另外,去公园及去水库,均与雇佣活动无关,并不属于从事雇佣活动的行为。”

但原告却说,该证据是小杰自己的叙述,他们认为应当根据整个笔录综合分析才能确定其证实效力,被告通过个别词语来推脱责任,是没有法律依据的。

原告:“是雇主亲自安排,驾车带领雇员去洗澡,这个事实是确定无疑的,因为两份笔录都是这样陈述的,水库周围设置了明显的警示标志,作为雇主是完全行为能力人,应当知道进水库洗澡的危险性。被告身为雇主,为什么不去制止?”

审判员:“被告,认可原告的陈述吗?”

被告:“一、原告陈述的今天有点热,咱不上班了,原告多次强调,这句话恰恰说明当天下午不是上班时间,不是从事的上班事务,两人所从事的不管什么事情,都与雇佣活动无关。二、被告有没有法定义务去制止小航下水游泳,代理人认为被告与小航仅仅是一般朋友关系,不是其法定监护人或委托监护人,因此没有法定义务去制止,更何况笔录证实,当时提议游泳的是小航。”

被告代理人认为,下水游泳与小航发生溺水死亡事件没有直接因果关系。首先出去玩不是小杰的安排,小杰安排仅仅是雇佣活动部分,既然小杰没有安排工作,小航不上班之后,想做什么是自己的决定,小杰也就不存在安排小航的权利了。

审判员:“原告,你认为在本次事件的发生中,被告是否承担责任,承担何种责任,有何依据?”

原告:“我方认为小航在上班时间,雇主安排其去洗澡应当属于在从事雇佣活动,因为雇员在雇佣活动中必须无条件地服从雇主安排,这是铁的事实,因此雇员在从事雇佣活动中造成雇员小航溺水身亡,依照最高人民法院《关于审理人身损害赔偿案件的若干问题的解释》第十一条,雇员在从事雇佣活动中,造成自身损害的,雇主应当承担赔偿责任。”

被告:“不认可。雇员无条件服从雇主安排是无任何法律依据的。本案中,作为雇主的被告也没有强迫小航服从雇主的安排,更没有强迫小航下水洗澡,至于原告坚持下水游泳是雇佣关系,应由原告提供证据证实雇佣活动的内容有游泳这一事实。”

被告辩解,本案中作为小航法定监护人的两名被告,也就是小航的父母,他们有法定义务监管、教育小航,而两原告疏于管理造成本事件发生,应当承担相应责任。被告当庭表示,对两名原告确实造成了精神损失及经济损失,如原告同意调解,愿意给予相应补偿。

法庭深入调查

法庭随后针对焦点二,进行了调查。

原告分别针对要求的死亡赔偿金和精神损失费进行了举证,总计70多万元,法庭相继进入法庭辩论。

原告:"一、在从事雇佣活动中造成雇员溺水身亡,雇主应当承担赔偿责任。二、小航在从事雇佣活动时系未成年。三、在上班时间雇主驾车带领雇员去洗澡造成了雇员溺水身亡,雇主未尽到安全提醒和安全保障义务,雇主应当承担全部赔偿责任。四、雇员小航为雇主从事雇佣活动19天,工资未发,雇主应当按照约定全额支付给雇员亲属并赔偿全部损失。"

被告:"第一点,本案属于生命权纠纷而不是雇佣关系的相关纠纷,原告的观点为小航是在从事雇佣活动中受伤,原告主张引用某司法解释衡量双方过错,代理人认为原告在实用法律上出现了错误。本案是否构成侵权,这是第二点,作为被告在本案中主观上不存在过错,没有违法行为。"

庭审结束后,审判员征询了双方的意见,由于原告不同意调解,审判员决定择期宣判。

2016年12月8日,莱城区人民法院依法作出判决。

判决结果

一、被告小杰于本判决生效之日起10日内赔偿原告小航父母因小航溺水死亡而造成的死亡赔偿金、丧葬费、精神损害赔偿金等损失共计133426元。

二、驳回原告小航父母的其他诉讼请求。

法官点评

莱芜市莱城区人民法院法官对本案做了如下点评:

本院认为,小航虽不是完全民事行为能力人,但溺水时已年满16周岁,应当对在水库游泳的危险性的后果有充分的预见和认识,应当对溺水承担主要责任;两原告系小航父母,作为法定监护人未严格履行自己的监护职责,也应当承担相应的责任;被告小杰作为唯一的具有完全民事行为能力人的同行者,对小航负有安全保障义务,因此也应承担一定责任。综合上述情况,认定由小航承担70%的责任、由两原告承担10%的责任、由被告小杰承担20%的责任。

本案中,他们两个人先去公园,再到水库游泳,游泳既不属于从事雇佣活动,也非从事与雇佣相关的活动,原告主张小航溺亡是因从事雇佣活动导致,应由雇主承担全部赔偿责任,于法无据,本院不予支持。

一审判决后,原告不服该判决,向莱芜市中级人民法院提起上诉,二审法院经过公开审理后,依法驳回,维持原判。

本案小结

小航的不幸,再次敲响了警钟。

虽然,小航的父母得到一定的赔偿,但再多的赔偿也换不回孩子的生命。如今已经进入盛夏,孩子们也都放了暑假,家长们一定要看好自己的孩子,教育他们不要去河边等危险场所戏水玩耍,以免引起不测,希望这样的悲剧不再重演。(文/万东　于晓敏)

柒 家事纠纷类

家庭，不仅包括柴米油盐、生老病死，甚至包括我们每个人的每个生活细节。由于家人的钱财"堆放"在一起、生活"拥挤"在近距离之间、感情和情绪无一日不在"摩擦"，纠纷也就在所难免。但是，大多数纠纷被亲密关系溶解，一部分纠纷则打成了需要用法律才能打开的"结"。这些"结"，便是轻则消耗钱财、重则伤害感情的家事纠纷。

42 为离婚，三上公堂

对于婚姻，相信已步入围城里的人都深有体会。电视剧《裸婚时代》中刘易阳说："细节打败爱情。"这说得一点也没错，要是不用心经营和爱护，婚姻可能会亮起红灯。

2016 年 3 月，在莱芜市中级人民法院的第二审判庭，审理了一起离婚纠纷案。当事人双方都是上诉人。

患病后的落差

上诉人马某的代理人："上诉人马某是第三次提起离婚诉讼，坚决离婚的态度足以证实双方的婚姻名存实亡，感情破裂。"

上诉人吴某静的代理人："我们坚决不同意离婚。"

法庭上，丈夫要求离婚，而妻子却坚决不同意。

妻子吴某静说，他们曾经有一个幸福的家，两人有一个健康可爱的儿子，丈夫马某在一家煤炭企业工作，她在家相夫教子，日子过得温馨甜蜜。可不知道从什么时候开始，他们的婚姻出现了裂痕。

吴某静的代理人："在夫妻共同生活期间，马某作为正式单位的职工，不仅没有拿出一分钱，履行家庭义务，反而以种种理由向吴某静索要钱财，马某对家庭不管不顾长达 3 年。"

吴某静哭诉，过去两人婚后感情一直很好，只是近几年丈夫思想变化很大，动辄打骂她，并将她赶出家门，因长期精神压抑，2012 年她患上了乳腺癌。即便如此，丈夫对她也没有丝毫的怜惜。

吴某静的代理人："吴某静生病后，多次向马某提出要求给予钱财治病，马某没有拿出一分钱用于吴某静的治疗。"

吴某静说自己患病之后，丈夫并没有尽到应尽的责任，反而变本加厉地折磨她，身体的伤痛和心理上的折磨让她疲惫不堪。最终，自己选择了逃离。但吴某静的这种说法，丈夫并不同意。他说，两个人的婚姻其实早就名存实亡了。

马某的代理人："实际双方在共同生活期间，吴某静是自 2010 年 3 月 15 日离家出走，截至庭审时已经 6 年。不尽家庭义务，也没有给婚生子支付生活及学习费用。"

2013 年至 2014 年期间，马某以婚姻生活产生矛盾为由，两次将妻子吴某静起诉至钢城区人民法院要求离婚，法院两次下达了民事判决书，不准予马某和吴某静离婚。

2015 年，马某第三次诉至法院，要求与吴某静解除婚姻关系。钢城区人民法院受理此案后，通过庭审查明，2014 年 4 月，马某领取单位发放的股金 9. 18 万元，随后马某将其中的 4 万元转款给了儿子，用于儿子的生活和学习费用，剩余款 5. 18 万元由马某持有。

2015 年 12 月，钢城区人民法院经过审理后，下达了民事判决书，判决如下。

一、准许原告马某与被告吴某静离婚。

二、原告马某一次性支付被告吴某静婚内财产分割款 15900 元。

三、原告马某于本判决生效之日起 5 日内一次性支付被告吴某静经济帮助 50000 元。

一审判决后，原被告双方都不服判决，两人同时上诉至莱芜市中级人民法院。这也就有了开篇的那一幕。

吴某静的代理人："对于 9. 18 万元的股金，因吴某静生病急需大量用钱，其间曾多次向其索要，而马某都以花了为由推脱。"

庭审中，吴某静说自己生了病，马某不仅不管他，现在又提出离婚想摆脱她，无论是从物质上，还是从精神上她都应该得到一定的补偿，吴某静的要求过分吗？我国法律是怎么规定的呢？

法条链接

根据《中华人民共和国婚姻法》第四十二条的规定，离婚时，如一方生活困难,另一方应从其住房等个人财产中给予适当帮助,具体办法由双方协议,协议不成时,由人民法院判决。

对方的辩解

面对吴某静的指控,马某会怎么辩解呢?

审判长:“上诉人马某 2014 年 4 月你主张的钱财已经花光有无证据?”

马某的代理人:“没有书面证据提供,全部用于正常生活支出。”

马某说,他之所以不帮助吴某静,也是有自己的苦衷的。

马某的代理人:“马某虽是煤矿职工,但企业效益不好,工资发不下来,而且马某自己身体有病,现在只能用药物维持,该病如严重会导致全身瘫痪,现在马某的生活极其困难。”

马某说,他已经做出了让步,房子同意给吴某静居住,财产也都给了孩子,自己相当于净身出户,现在不仅没有什么财产,也没有任何收入来源,因为长期在井下高温潮湿的地方工作,自己还患上了间歇性麻痹症和皮肤病,严重影响了他的工作和生活。

马某的代理人:“不能正常上班,长期以药物维持,且经常住院治疗,加之单位也不景气,工资基本上发放不下来。”

对此,吴某静认为,马某的这种说法是在推脱责任,他得的只是一种常见的职业病,并没有什么生命危险。

吴某静的代理人:“马某的病是常见病,无须拿药长期治疗。”

吴某静认为,在他们的婚姻存续期间内,马某所发放的股金她也有权支配,但是马某在没有与她商议的情况下,就擅自把一部分股金转赠给他们的儿子,这对她来说不公平。那么,我国的法律又是怎么规定的呢?

法条链接

《婚姻法》第十七条第二款规定,夫妻对共同所有的财产,双方对共有财产均享有平等的占有、使用、收益、处分的权利。

财产纷争

吴某静认为,马某的做法只是一种赠与行为,并不能影响她对股金的持有权。

吴某静的代理人:“不属于家庭支出,而是一种赠与行为,从意愿和目的来看,马某给付是发生自一审庭审后,不是日常生活的支出,目的是为了转移财产,不给付吴某静用于治病,此行为构成遗弃行为。”

马某掌管的股金是夫妻共同财产,他独占股金不让吴某静使用,剥夺了吴某静对夫妻共同财产行使支配、处分的权利。因此,吴某静要求马某从其掌管的夫妻共同财产中分一半,但是马某对此却持反对意见,他说,吴某静在离家出走这 6 年的时间,对孩子、家庭没尽过一点义务,也就无权分得股金。

马某的代理人:“吴某静是自 2010 年 3 月 15 日离家出走,在此期间,吴某静有自己的收入,并且自己购买了养老保险,自己独立生活。”

审判长:“吴某静有没有缴纳养老保险金?”

吴某静的代理人:“2011 年买的 3 万元灵活就业人员保险金,至今一直按年缴纳,55 周岁开始领取。”

吴某静说,自己是购买了保险,但是现在还不到领取保险金的年龄,并且现在每年还要支付一定比例的保险额度,年满 55 周岁后她才能领取保险金。她现在的病情,根本不能外出打工挣钱,目前连吃饭都成问题,更别说治病了,她现在的所有花费,也全都是自己的姊妹接济帮助的。

吴某静:“治疗费用是亲戚凑的。”

吴某静的代理人:“一、坚决不同意离婚。二、请求依法对夫妻财产 9.18 万元的股金进行分配。马某的住房公积金、养老保金个人交付部分、住房补贴进行分割,并支持马某给吴某静的 20 万元帮助金、精神损害抚慰金 10 万元。”

对于吴某静不离婚的主张,马某表示强烈反对。他说两人感情已经破裂,婚姻已是名存实亡,已经没有继续生活的必要和意义了。

马某的代理人:“吴某静在一审审理时是明确同意离婚的,并且双方就包括房产在内的主要财产达成了协议。”

审判长：“根据两上诉人的上诉以及各自的答辩，本庭归纳争议焦点是：一、双方感情是否确实破裂。二、马某股金应如何分割，应否支付吴某静经济帮助金。三、马某住房公积金、养老金个人实缴部分应否应予分割。”

审判长：“首先由上诉人马某对焦点问题发表意见。”

马某的代理人：“对于剩余的5.18万元，上诉人马某用于正常的生活、治疗，已经全部消费完毕，不存在重新分割的前提。住房公积金、养老金个人部分没有缴纳，不存在分割的前提。提交工资收入单一份。”

审判长：“上诉人吴某静对工资单进行质证。”

吴某静的代理人：“证据系复印件。对真实性不认可，即便收入单是真实的，进一步证明马某有养老保险的个人交付部分，对住房公积金从9月没有看出扣除，并不意味着没有。”

吴某静认为，马某所在的工作单位是国企，养老保险和公积金是必交的，在他们的婚姻存续期间就有，她是有权进行分割的，那她的这种要求合理吗？下面我们再介绍一条法律知识。

法条链接

根据最高人民法院关于适用《中华人民共和国婚姻法》的规定，马某的住房公积金和养老金账户中的个人实际缴付部分应当作为夫妻共同财产平均分割。

审判长：“上诉人吴某静对焦点问题发表意见。”

吴某静的代理人：“新证据。一、莱芜市人民医院的诊断证明书，证明身患乳腺癌。二、吴某静的诊断治疗费用清单一份，证明吴某静的疾病需要大量的钱治疗。”

马某的代理人：“对证据二有异议，在2014年吴某静已经提起诉讼向马某主张医疗费，在法院主持调解下双方达成调解意见，马某支付2.4万元，目前该案在执行过程中，已经查封了马某的工资。”

马某认为，他的工资现在还在扣发中，他已经为吴某静负担了一部分的医疗费，现在他没有义务再出一分钱。

马某的代理人："工资自 2014 年 8 月查封至今，没有发放分文钱，除了工资没有其他收入。"

吴某静的代理人："2.4 万元治疗费已经支付了 1.5 万元，钱是法院扣划的，当时动手术的费用。"

吴某静认为，这些钱也是自己通过法律途径争取来的，她的病是在没离婚的时候就查出来了，马某拿这些钱给自己治病也是应该的。

吴某静的代理人："马某与吴某静的短信记录，证明马某对吴某静存在家庭暴力，吴某静提出的帮助金有事实根据。"

庭审中，吴某静向法院提交的证据中，有一份是马某发来的短信，短信内容是对她恶意的辱骂，吴某静的代理人认为，这也是马某对吴某静实施的家暴。

审判长："上诉人马某质证。"

马某的代理人："不能证实吴某静的主张存在家庭暴力，同时短信记录无法确定双方通信人员，不具备证据形式要件，为无效证据。"

法庭辩论结束后，吴某静向法庭做了最后陈述。

2016 年 4 月，依照《中华人民共和国民事诉讼法》第一百七十条第一款第一项、第一百七十五条之规定，莱芜市中级人民法院作出了判决。

判决结果

驳回上诉，维持原判。

二审案件受理费 300 元，由上诉人马某负担 150 元，上诉人吴某静负担 150 元。

本判决为终审判决。

法官点评

莱芜市中级人民法院法官对本案做了如下点评：

通过双方互相起诉的情况综合分析，应视为夫妻感情确已破裂，一审判决准予马某与吴某静离婚符合法律规定，吴某静不同意离婚的上诉请求，无事实及法律依据，本院不予支持。

关于马某股金如何分割的问题,马某主张股金已全部用于生活支出,不应该再进行分割,因无事实及法律依据,法院不予支持;主张自己生活困难,不应支付经济帮助金的请求,法院不予支持。吴某静上诉请求判令马某支付20万元帮助金、10万元精神损害赔偿,因无事实及法律依据,法院不予支持。

对吴某静请求分割马某住房公积金、养老保险金个人部分的主张,因一审中未涉及该项内容,二审调解未果,吴某静可另行主张权利,本院不予审查。

本案小结

我们都说百年修得同船渡,千年修得共枕眠,夫妻之间本就应该患难与共,相互帮扶。在婚姻里,并没有真正的赢家,要是想弄出个是非对错,也只能是两败俱伤。(文/李莎莎　张耀海)

43 离婚后，婚内债务谁来还

随着夫妻间的财产关系逐渐多元化、复杂化，如何处理“婚内借款”也成了不少人关注的焦点。丈夫婚前借款，离婚后债权人拿着借条起诉丈夫以及他的前妻讨要借款，这种婚内债务，法院将如何审理呢？

很委屈的当事人

2015年6月10日，在莱芜市中级人民法院第五审判庭内，审判长宣布开庭，审理了上诉人管某丽与被上诉人通海公司（化名）、原审被告孙某民间借贷纠纷一案。

在上诉状中，上诉人管某丽感觉很委屈，很冤枉。

这件事还要从她的前夫孙某的一笔借款说起。管某丽和孙某曾经是一对夫妻，在他们离婚前，孙某分别于2007年9月和2008年9月从通海公司借走140万元现金，事后孙某没有按照约定及时归还全部欠款。通海公司催要借款，孙某偿还了22.5万元，还欠117.5万元。后来又多次催要，孙某拒不偿还。于是，通海公司把孙某、管某丽告上了法庭。钱是孙某借的，该公司凭什么和管某丽打官司呢？

法条链接

根据最高人民法院《关于适用〈中华人民共和国婚姻法〉若干问题的解释（二）》第二十四条的规定：“债权人就婚姻关系存续期间夫妻一方以个人名义所负债务主张权利的，应该按夫妻共同债务处理。但夫妻一方能够证明债权人和债务人明确约定为个人债务,或者能够证明属于婚姻法第 19 条第 3 款规定情形的除外。"

从这条法律规定来看,债权人起诉夫妻双方,要求偿还借款并没有过错。2013 年,一审法院经过审理后,作出判决:

判被告孙某、管某丽共同偿还原告通海公司借款及利息共计 117.5 万元。

一审判决后,让管某丽情绪失控。可是法律规定,婚姻存续期间的财产和债务都是夫妻之间共同享有和共同承担的,既然是在婚姻存续期间的债务,让他们共同偿还,也是有理有据。

管某丽为什么会觉得委屈呢?

管某丽的姐姐:"要是确实是我妹妹花了这钱,我们姊妹几个一定会筹钱还人家,但是我们没有。"

管某丽的姐姐是管某丽的代理人,在庭审中她也一直为她的妹妹叫屈喊冤,她说孙某借的钱,妹妹一分也没见到,更别说拿这笔钱用于家庭开销了。管某丽的姐姐说,她们是被通海公司起诉后,才知道有这笔钱的存在。

管某丽的姐姐:"他们告我妹妹,我们接受不了,我妹妹确实没花这个钱。我们根本不知道。"

糊里糊涂成被告

管某丽糊里糊涂成为被告,她如何维护自身的权益呢?根据法律规定,女方如果认为这笔借款与自己无关,我国《民事诉讼法》规定的"谁主张,谁举证"的原则,女方可以向法院提供证据,证明债权人和前夫约定借款是属于前夫的个人借款,或者能证明这些借款没有用于夫妻共同生活。否则法院只能认定该债务为夫妻共同债务。

面对一审判决,管某丽提起了上诉。在二审中,管某丽的代理人说,当时孙某在借据上就早已注明,这笔钱是孙某个人所用的,和其他人没有关系。并且那 140 万元的借款,其中有 110 万元汇入了一个案外人的账户。那汇入案外人账户的钱是不是孙某借的钱呢?对此,被上诉人提出异议。

通海公司："将借款打入案外人的账户，是因为孙某系银行员工，表示以自己的账户收款不便，故按照孙某指示打入的。"

通海公司的代理人辩解，当时孙某说要在济南买房子，资金紧张，所以才向一直有业务往来的通海公司借钱，但是孙某是银行职工，用自己的账户来收支这笔钱不合适，所以就提供了一个案外人的账户，但是让人不解的是，第二天那笔钱就被转走了。

通海公司："第一笔110万元的款，我方打入张某某的账户，但从张某某（案外人）账户流出200多万元，不能证明这200多万元里面有被上诉人借出的110万元。"

从张某某账户流出的这200万元，怎么才能证明，里面包不包括通海公司借给孙某的那110万元呢？

通海公司："从客观上，出借人也无法控制款项借出以后的流向，是否按照约定用途使用。"

借款去向成为一个谜，在这里暂且不讨论这个问题。

可是，孙某借钱的事为什么还要瞒着妻子管某丽呢？管某丽说，她与孙某早在2007年就已分居，婚姻也名存实亡，孙某是在和她分居期间向通海公司借的钱。所以对借款的事，她不知道。

管某丽的姐姐："她虽然是2011年年底离的婚，但是我们找孙某找不着。"

找不到孙某，妹妹的婚姻关系一直维系着。直到有一天，妹妹接到一个女人的电话，才如梦惊醒。管某丽的姐姐还说，孙某现在的妻子，给我妹妹打电话说，你不要再跟孙某生活了，我已经跟他有孩子了。

"我们根本不知道，我们太善良了，根本就没往那方面想。"管某丽的姐姐说。

要不是这个电话，管某丽还一直被蒙在鼓里，虽然已和孙某分居多年，但是让她想不到的是，孙某竟然和别人生了孩子。无情的背叛，让管某丽万念俱灰。离婚后，管某丽很长一段时间对所有的事情都失去了兴趣，甚至找不到活下去的理由和勇气。

管某丽的姐姐："她那时候她根本就不想活了，我跟她另一个姐姐轮流看着她，你不知道我们这些年是怎么过来的。"

庭审争议

在家人的关爱和陪伴下，管某丽渐渐走出了阴霾。可是孙某给管某丽造成的伤害却没有结束。2013 年 6 月，管某丽收到了法院的开庭传票，一审判决后，因为管某丽不服判决，也就出现了开篇的那一幕。在二审中，根据管某丽的上诉及被上诉人通海公司的答辩，法庭归纳了争议焦点。

被上诉人所主张的借款是否应由上诉人管某丽与原审被告孙某承担共同还款责任。

审判员："下面进行法庭调查，上诉人针对焦点问题发表意见。"

管某丽的代理人："孙某在借款后直接又借为他用，不可能用于管某丽的生活，所以上诉人不应该承担原审被告借款的责任，孙某在借款时在借据上明确写明了是个人所用。"

针对管某丽的意见，被上诉人也提出了自己的看法。

通海公司："上诉人提出上诉人（孙某）借款时手续上载明了个人借款，被上诉人强调个人借款不是个人债务，个人借款在当时的语境下的含义只能是与公司借款或单位借款相对，上诉人把它等同于个人债务，明显是一种故意曲解。"

紧接着，上诉人和被上诉人又针对焦点提出了几点意见。

管某丽的代理人："被上诉人申请调取了上诉人与孙某的离婚档案材料，及孙某与王某某结婚的档案材料，上诉人（管某丽）与孙某已经分居两年之久，之前孙某与王某某已育有一女。被上诉人在一审举证时，110 万元借款汇入了案外人张某某的账户，张某某于次日又汇给了案外人彭某某。至今未收回。此借款也没有上诉人的合意，也不可能用于夫妻共同生活。"

通海公司："上诉人提供的离婚证明仅仅能证明借款是发生在孙某与管某丽的婚姻存续期间，不能证明孙某与现任妻子非法同居的事实，该情况即便属实，也是孙某的个人隐私，被上诉人并不知情。因此，被上诉人借款时认为还款的义务人是被上诉人及当时其在民政机关登记的合法配偶。"

在法庭调查中，审判员又询问了上诉人管某丽，问她有没有新的证据向法庭提交。

管某丽的代理人："有新证据。公证书一份，是张某某的证言证词。证明孙某所借被上诉人的款项打入了张某某个人账户后，又将此笔款项转给了彭某某，即证明资金流向。"

审判员："交被上诉人质证。"

通海公司："张某某与孙某系利害关系人，因此其证词的证据效力我方存疑。"

审判员："交原审被告质证。"

孙某代理人："从形式上，本人没有异议，关于其证明的事实，与一审及现有证据是一致的，对此公证书予以认可，有证据效力。"

在经过法庭调查和辩论后，根据有关法律规定，法庭征询各方最后意见。

审判员："上诉人陈述最后意见。"

管某丽："依法改判，驳回被上诉人对上诉人的请求。"

审判员："被上诉人陈述最后意见。"

通海公司："驳回上诉，维持原判。"

审判员："原审被告陈述最后意见。"

孙某："请求二审法庭支持上诉人的请求。"

2015 年 6 月 23 日，莱芜市中级人民法院对本案作出判决。

判决结果

一、撤销一审法院民事判决。

二、一审被告孙某于本判决生效之日起 7 日内，偿还被上诉人通海公司借款本金及利息，共计 117.5 万元。

法官点评

莱芜市中级人民法院法官对本案做了如下点评：

夫妻共同债务是指在婚姻关系存续期间，夫妻双方或一方为维持共同生活需要，或出于共同生活目的从事经营活动所引起的债务。理论上，认定婚姻关系存续期间的债务属于夫妻个人债务还是共同债务，首先要考虑两个判断标准。第一,夫妻有无共同举债的合意。如果夫妻举债系双方共同意思表示,无论该债务所带来的利益是否为夫妻共享,该债务均应视为共同债务。第二,夫妻是否分享了债务所带来的利益。尽管夫妻事先或事后没有共同举债的合意,但该债务发生后,夫妻双方共同分享了该债务所带来的利益,同样视为共同债务。

根据最高人民法院《民一庭关于婚姻关系存续期间夫妻一方以个人名义所负债务性质如何认定的答复》的规定:"在债权人以夫妻一方为被告起诉的债务纠纷中,对于案涉债务是否属于夫妻共同债务,如果举债人的配偶举证证明所借债务并非用于夫妻共同生活,则其不承担偿还责任。"本案中,管某丽提供的证据能够证实前夫孙某借的 110 万元,在到账后次日就转给了案外人,孙某并未持有该笔借款,该笔借款转作其他用途,也并非将该笔借款用来在济南买房,被上诉人通海公司无证据证实管某丽从孙某借款中享受了利益,该笔借款并未用于他们两人的夫妻共同生活,因此管某丽不承担偿还责任。

本案小结

今天我们所讲的这个案例,在婚姻生活中虽然不常见,却非常的典型。可以说,婚姻失败,感情破裂后,都会伴随各式各样的纠纷和矛盾,如果能够做到好合好散,那是最好的结果。但是如果平白无故地受到伤害,受害方就应该拿起法律的武器,保护自己的合法权益。(文/焦玉兴　张耀海)

44 抚恤金之争

人到晚年，都希望儿孙绕膝，合家团圆。

可如今62岁的亓某玉老人，她过得非常揪心，因为一笔抚恤金，她把儿子高某强告上了法庭，虽然她打赢了官司，可是儿子竟然不服一审判决，向中级人民法院提起了上诉，这是怎么一回事呢？

2015年6月29日，在莱芜市中级人民法院第二审判庭内，法官宣布开庭审理一起共有权纠纷案。

意外死亡

法官："今天在这里依法开庭审理上诉人高某强、李某晶与被上诉人亓某玉、高某霞、高某静共有权纠纷一案，现在开庭。"

据了解，上诉人高某强和李某晶是一对夫妻。被上诉人也不是外人，她们是高某强的母亲和两个姐姐。

开庭后，记者发现高某强夫妻并没有来到庭审现场，坐在上诉席上的是他们的代理人。看到儿子高某强没有来参加庭审，坐在被上诉席上的亓某玉和两个女儿显得格外生气。

亓某玉："当时我老伴出了事故，人家赔偿了我们110万元，我替儿子还了1万元钱的债务，还有109万元。后来儿子和儿媳一个抱住一个抢，抢了存折后就不养老，我和他要钱，他说连门也没有。"

亓某玉说，这些钱都是自己老伴用命换来的。2014年5月，亓某玉的老伴高某某在某工地打工时，从高空坠落不幸死亡。事故发生后，雇工单位作出了赔偿。

法官认为："发生事故后，雇工单位与死者的第一顺序合法继承人达成《赔偿协议书》，约定一次性赔偿死者家属110万元，家属协商后，同意这笔赔偿金由死者的儿子高某强接收，这笔赔偿金赔偿后，至于如何分配、处理方式与建筑公司无关。"

高某强拿到钱后，交给了母亲亓某玉。亓某玉先拿出一万元钱还了儿子结婚时欠的债，将剩下的109万元存入邮政储蓄银行。当时儿女们都没有提出分掉这笔钱，家里非常的平静。可是到10月，亓某玉说儿子趁她不注意，回到家中揣起存折和身份证就走了。

亓某玉说："我儿媳挑唆的，我儿子没那么多心眼，为人很老实，都是他老婆在背后挑出的事。"

4天后，高某强将该笔存款转存至自己名下，并从该款中拿出20万元，分别打给大姐和二姐各10万元钱。事情发生后，母亲、大姐和二姐多次找高某强协商，希望合理分配，不仅没有得到答复，还惹来了麻烦。亓某玉说因为此事，儿子高某强要将她赶出家门。

亓某玉："为啥不让我住家里了，因为我姓亓，不让我住。我出去住吧，他又不叫我出去。第三回，我光着脚丫子跑出去的，跑出去邻居这才救了我。"

亓某玉说，自己也曾想一走了之，可自己还有八十多岁的爹和娘需要照顾，始终没有狠下心来。在没有办法的情况下，亓某玉就和两个女儿商量，把儿子高某强和儿媳李某晶起诉到莱城区人民法院，在经过法庭公开审理后，一审法院依法作出判决。

判决结果

一、高某强、李某晶于判决生效后5日内支付亓某玉34万元。

二、高某强、李某晶于判决生效后5日内支付高某静、高某霞各15万元。

三、案件受理费12200元，原告负担2500元，被告负担9700元。

三个焦点

拿到判决书后，高某强不服一审判决，他和妻子提起上诉。

法官:“上诉人高某强陈述上诉请求及依据的事实和理由。”

高某强的代理人:“一、赔偿时,被上诉人亓某玉不具备要求被抚养人生活费的条件,被上诉人尚未年满60周岁,不属于给付被抚养人生活费范畴,应将所有抚恤金109万元在上诉人高某强与三被上诉人之间平均分配。二、上诉人李某晶与本案无关,不应作为本案诉讼主体。三、上诉人高某强在理赔过程中花费了大量交通费、接待费,应当从抚恤金109万元中扣除后再分割。”

针对上诉人高某强的主张,被上诉人答辩说:“一审认定事实清楚,程序合法,适用法律正确,证据确实充分,请求驳回上诉人上诉请求,维持原判。”

在听取了上诉人的上诉请求和被上诉人的答辩意见后,法庭归纳出了双方争议的三个焦点问题。

争议焦点

一、赔偿款是否包含被抚养人亓某玉的生活费,具体数额应如何计算。

二、赔偿款的具体花费有无证据支持,应当如何分配。

三、高某强、李某晶两上诉人是否应当承担共同支付责任。

各方当事人对争议焦点问题都没有提出异议,法官宣布进入法庭调查环节。

法官:“首先由上诉人对焦点问题发表意见。”

上诉人高某强的代理人:“对焦点一,没有新证据提交,死者的赔偿款不应当扣除被抚养人的生活费。赔偿时,被上诉人亓某玉尚未年满60周岁,不属于给付被抚养人生活费范畴。对焦点二,没有新证据,上诉人花费了大量的费用,在合理的范围内合理扣除,扣除之后平均分配。”对于焦点三,高某强的代理人说,他们没有新证据,不过高某强的妻子李某晶不知道高某强侵占抚恤金的事情,因此她与此事无关。在上诉人发表完意见后,被上诉人也发表了意见。

被上诉人:“对于焦点一,没有新证据。我方认为亓某玉年龄已老,本案中因与老高(指死者)是夫妻关系,今后没有生活来源,应当扣除生活费。对焦点二,没有新证据提交,认可一审判决。对焦点三,我方认为李某晶应当共同承担责任,李某晶与高某强是夫妻关系,他们应当共同履行义务。”

对于以上三个焦点,双方持有不同的意见。

一方认为亓某玉应该得到生活费,一方认为不应该得到;一方认为此事与李某晶有关,一方认为无关。法官随后对双方进行了发问。

法官:“上诉人高某强,在赔偿款提取之后是如何使用,由谁控制?”

高某强的代理人:“作为代理人,我不清楚。”

法官:“被上诉人亓某玉,你现在生活及收入情况说一下。”

亓某玉:“现在我生活没有来源,自己生活在家中,只有大女儿高某霞隔三差五回家看望,以及高某静打电话问候。”

对于亓某玉是不是一个人生活,由于上诉人高某强本人没有到庭,他的代理人不清楚,没有提出异议。

法官:“被上诉人亓某玉,当时上诉人高某强是如何取走的钱?”

亓某玉:“因我生病住院,儿子和儿媳将我的身份证及户口本一起抢走的。”

法官:“上诉人有无异议?”

上诉人的代理人:“作为代理人不清楚钱是如何取走的,当时赔偿合同约定钱由高某强支配处理。”

一家四口人为这笔赔偿款争得不可开交,那他们想怎么分配这笔赔偿款呢?法官最后争取了他们的意见。

法官:“你方明确一下诉讼请求,合理分配的标准是什么。”

被上诉人:“抚恤金扣除高某强支付的理赔费用,支付给亓某玉30万元,其余款项由高某强支配,具体理赔费用不清楚。”

法庭调查结束后,法庭进入辩论环节,由于双方的辩论意见均同上诉状和答辩意见,法庭进入最后陈述阶段。

上诉人:“支持上诉人的上诉请求。”

被上诉人:“驳回上诉,维持原判。”

由于双方都同意调解,法官宣布休庭,调解工作将在庭下进行。庭后,亓某玉哭诉道:“他为啥逃避,他为啥抢我,讹我,打我,他现在又不来了呢？他害怕啥？他打我没打死我，他作孽啊，我是怎么养他到30岁的？他喝的西北风吗？"

由于儿子没有来开庭，亓某玉老人耿耿于怀，情绪十分激动，最后被劝离法庭，调解工作一度中断。在多次调解无果后，2015年7月8日，莱芜市中级人民法院依法作出判决。

判决结果

驳回上诉，维持原判。

二审案件受理费12200元，由上诉人高某强、李某晶负担。

法官点评

莱芜市中级人民法院法官对本案做了如下点评：

高某某死亡后，本案当事人与赔偿义务人达成协议，赔偿协议虽载明包含死亡赔偿金、被扶养人生活费等，但并未明确列明相应数额。高某某死亡时，亓某玉尚未年满60岁，不符合主张被扶养人生活费的条件。该赔偿款是建筑公司支付给高某某近亲属的物质补偿，不属于遗产，属于死者近亲属共有。

高某强主张为处理父亲死亡赔偿事宜花费大量交通费、接待费，请求扣下后再分配，因无证据予以证实，法院不予支持。

对于赔偿款的分配，应当按照近亲属与死者高某某关系的远近和共同生活的紧密程度合理分配。在本案中，亓某玉作为高某某的妻子，高某强、高某霞、高某静作为高某某的子女，均为高某某第一顺序继承人，与高某某关系亲近。三个子女均已成年并独立生活。亓某玉与高某某共同生活，并以高某某收入为生活来源，显然亓某玉与高某某生活更为紧密，赔偿款应当多分。三名子女未与高某某共同生活，赔偿款应不分或少分。

亓某玉现已年满60岁，其子女均已成年，一审法院酌定从赔偿金中先为亓某玉留取生活费147860元，其余款项942140元再由亓某玉、高某强、高某霞、高某静平均分割，各得235535元，亓某玉应分得383395元。亓某玉请求分得34万元，不违反法律规定，予以支持。其余款项75万元，依法应由高某霞、高某静、高某强平均分割。高某强、李某晶主张赔偿款分配应向高某强倾斜的主张，于法无据，二审法院不予支持。

高某强依法负有向亓某玉、高某霞、高某静支付各自应得赔偿款的义务。高某强将涉案赔偿款存入自己名下，除支付高某霞、高某静各10万元外，对于其余款项，不能说明用途及去向。李某晶与高某强作为夫妻，共同取得并控制涉案赔偿款，亓某玉、高某霞、高某静要求其共同承担责任，一审法院予以支持是正确的。

本案小结

为了一笔抚恤金，一家人闹得不可开交。

好在亓某玉老人拿起了法律的武器，维护了自己的权益。在这里我们也提醒大家，回报父母的养育之恩是中华儿女的传统美德，因此在生活中不要为了一点利益就见钱眼开，让老人心灰意冷。如果当初大家能够坐在一起，各退一步，好好商量一下，一家人也不用去打官司，事情也不会变得这么糟糕。（文/孙磊　周伟）

捌 土地纠纷类

有句耳熟能详的话说，土地是农民的命根子。此话一语道破了土地对于农民的重要性。由于土地资源价值的提升，土地承包、农村集体土地征用过程中的纠纷高发，成为多年以来社会矛盾聚集点之一。

在面对这类纠纷时，法官如何维护权益并化解矛盾呢？

45 能否收回的承包地

土地是农民赖以生存的资源，没有了土地的农民，就等于失去了稳定的衣食来源。在我们现实的生活中，因为各种的原因，村集体有时需要收回承包出去的土地，可是在回收的过程中，就有可能发生各种纠纷，那如果出现这种情况，我国的法律是怎么规定的呢？

土地复垦，增加价值

2016年2月25日，在莱芜市钢城区人民法院颜庄法庭的第一审判庭内，一起关于农村土地承包的纠纷案准备审理，上午8时40分，审判员走进了审判庭。

审判员："今天在这里依法公开审理原告钢城区艾山街道办事处某村民委员会与被告栾某农村土地承包合同纠纷一案，现在开庭。"

据了解，原告是一家村民委员会，参加庭审的是该村村主任，被告是这个村的村民栾某。在这起土地合同承包纠纷中，究竟发生了什么事情呢，我们先看下原告村委会的诉求。

原告的代理人："诉讼请求，第一项，依法责令被告返还其使用的8亩土地。第二项，本案诉讼费用由被告承担。"

据村委会的代理人说，自2001年5月起，村民栾某一直无偿使用该村位于南岭石灰窑周围的8亩土地。2007年11月19日，双方又签订了一份补充协议。

双方约定：栾某所使用的石灰窑周围8亩土地，若出现法定征地事由及村委用地，栾某应及时将土地使用权返还，地面附着物归栾某所有。

2014年6月初，该村两委研究决定并经党员和村民代表讨论，决定对该8亩土地进行复垦，以此增加该土地利用价值，增加村集体的收益。6月16日，村委会通知栾某要收回土地，栾某拒不交还。

被告栾某的代理人："原告之前起诉过被告，本案不属于人民法院受理的范围，被法院驳回。如今原告的诉讼是重复诉讼，法院应当依法驳回他们的起诉。"

栾某的代理人说，栾某不是无偿使用该片土地，二十几年来，他一直看管绿化了这片荒地。2007年，在村干部的要求下，双方签订了补充协议，但这个协议违反了《土地承包法》第十四条"任何人不得非法变更、解除承包合同"的规定，应为无效。

被告栾某的代理人："该承包地上的石灰窑是栾某合法购买的。承包过来后，这片土地已被政府多次征用，实际已不到4亩，村委会所说的8亩土地已不存在。"

根据原告的起诉、被告的答辩，法庭归纳了双方争议的焦点：

一、原告的起诉是否为重复诉讼，是否应予受理，是否属于法院的受理范围。

二、原告的诉讼请求有无事实依据及法律依据。

三、原告和被告签订的补充协议效力如何认定。

法庭调查

双方当事人对法庭归纳的争议焦点问题没有异议及补充，法庭进入调查阶段。

原告的代理人："对于焦点一，是否为重复起诉的问题，根据《民事诉讼法司法解释》第二百一十二条的规定，人民法院对于驳回起诉不予受理，当事人重新起诉的，人民法院应当依法受理。"

根据以上法律规定，原告认为本案属于人民法院受理的范围，为此他们提交了证据，证明他们的要求是合理的。

原告的代理人："证据一，原、被告签订的补充协议一份，签订的时间是2007年11月19日，协议内容约定因村委用地被告应当及时将土地返还，那么原、被告之间就本案涉案土地属于一个平等主体之间所达成的一个民事法律关系。”

被告栾某的代理人：“对证据一，我们认为补充协议无效，村委没有任何权利，可以随时收回承包方土地。”

原告提交：证据二，2014年6月16日村委会召开党员及村民代表会议的会议记录。会议一致决定，将被告所使用的8亩土地进行土地复垦。证据三，村委依照党员及村民代表会议的决定所作出的关于解除并收回被告使用土地的决定书。证据四，通知一份，证实原告已于2014年6月16日通知被告解除合同，收回土地。

被告栾某的代理人：“我们认为，第三份和第四份证据，是原告单方作出的，不具有任何法律效力，更何况地面附着物是原告已经卖给被告的，现在下通知让被告无偿全部进行清理，严重侵犯了被告的合法权益。”

针对焦点一，被告栾某也已提交了证据。

被告栾某的代理人：“提交证据，2001年5月30日原、被告双方达成一个证明，实际上是原、被告双方签订的一份土地承包合同。这份合同约定我的当事人承包这块地的期限为30年，现在承包期没到，原、被告双方之间的承包仍然有效，原、被告之间的承包合同并没有解除，原告陈述的合同解除是不成立的。”

两份合同，到底哪份合同有效呢？

被告认为，他和村里签的两份合同，第一份合同合法有效。原告村委会却认为，他们已经和被告栾某签订了补充协议，第一份合同应该已经失效，第二份补充协议应该合法有效。

针对本案中的第二个焦点问题，双方也发表了各自的观点。

原告的代理人：“我们的补充协议合法有效，就应当得到法院的支持。对绝大多数村民来讲，提高土地的生产利用价值，是百利而无一害的，而被告一直无偿占用该荒地，拒不返还。已经侵害了村民的合法权益。对于双方签订的补充协议，是双方真实意思表示。”

这份补充协议是在双方签订第一份协议以后的第六个年头做出的，协议的内容是，若出现法定征地事由或村委用地，村民应将该土地使用权返还。作为原告的村委坚决认为这份补充协议是有效的。被告方随后进行了质证。

被告栾某的代理人:“原告提交的补充协议是一个无效协议,在违法的情况下所签订的合同,是一个无效的合同。根据土地承包法规定,土地承包是一个农村集体组织成员享有一项法定的权利,整个法律并没有规定承包费如何缴纳,不能因为村民不缴纳承包费就收回。”

代理人向法庭提交了莱钢都证民字公证书,证明自栾某承包荒山15年以来,对石灰窑进行了复垦,对荒山进行了绿化,前后种植了200棵杨树。被告随后申请证人出庭作证,为了查清事实,法庭予以准许。出庭作证的是原南于家庄党支部书记。

据证人说,当年有个姓刘的老板承包了村里的8亩土地,因种种原因破产后,无法偿还村里的土地承包费,就把石灰窑抵给了村里,附近的村民见状就跑到石灰窑滥采乱伐,村委为了确保本村土地完整,经过商量找到了本案的被告栾某,以1500元的价格将石灰窑卖给栾某,并出具证明。

被告栾某的代理人:“合同里面前面写的石灰窑,另外收回刘老板承包的8亩山地,因无法再复垦耕种,为保证我村土地完整,全归栾某看管使用、负责绿化,使用期30年,在此管理使用期间,不得让他人随便采石侵占。”

被告栾某的代理人:“当时该协议为什么没有约定承包费?”

证人:“当时这个地方没有利用价值,一片石坑,栾某当时还想跟村里要钱,所以村里没有要承包费。我们村委研究,只要有个人给看着,只要不受侵犯就很感谢了。当时是8亩,现在也就够3亩了。因为建成超市占了一些,现在剩下大约3亩。”

被告栾某的代理人:“为什么当时使用时间是30年。”

证人:“时间短了,没人承包,看不住。”

审判员向证人发问

庭审中,审判员也向证人进行了发问。

审判员:“证人,当时把石灰窑及8亩土地交给被告看管使用,是否经过村里民主程序决议?”

证人:“那个时候不兴这个,只是村里开会协商,当时有我、书记、主任、妇女主任、民兵连长,村委协商交给他的。”

原告的代理人:“通过证人的陈述,本案涉案的土地确系当时属于荒地,没有土地利用价值,更加印证了现村委会进行土地复垦的必要性,通过证人的陈述,我们认为被告对涉案 8 亩土地是一个看管的行为,更能看出是一种委托管理的委托合同,现在村委会不需要被告再继续看管,并且与之签订补充协议,约定收回土地的条件完全合情合理合法。”

被告栾某的代理人:“证人如实陈述了当时的情况,合同里面明确约定了由栾某在 30 年承包期内使用看管、负责绿化,现在栾某经过了 15 年的承包,已经将所有的石灰坑基本已经全部复垦,现在村民委员会单方想着把地方收回,不合情也不合法。”

审判员:“原告,卷宗里面有一份 2014 年 6 月 16 日的记录,你说一下这是什么?”

原告的代理人:“这是会议记录,复印件立案时提交,原件刚才已提交。”

审判员:“你提供的会议记录原件与你之前交的复印件多了一句话,为什么?”

原告的代理人:“后来添上的,因为当时会议协商是否进行复垦,至于怎样解除合同,怎么收回土地,是村委会的决定,只要村民委员会同意复垦就达到了会议所要求的内容。另外,村委会决定复垦,并不一定非得需要村民代表大会通过,村委会完全有权利依照职权来决定,因为这是对村民有利的事情。”

针对焦点问题三,原、被告签订的补充协议效力如何认定。

双方都没有证据提交。庭审结束后,由于原告方不同意调解,法庭将择期判决。2016 年 3 月 14 日,钢城区人民法院依法作出判决。

判决结果

驳回原告钢城区艾山街道办事处某村民委员会的诉讼请求。

一审判决后,村委会不服该判决,向莱芜市中级人民法院提起上诉，二审法院审理后，依法驳回上诉，维持原判。

法官点评

莱芜市钢城区人民法院法官对本案做了如下点评：

根据农村土地承包法的有关规定，承包期内，发包方不得收回承包地，不得调整承包地，不得假借少数服从多数强迫承包方放弃或者变更承包土地承包经营权，不得以划分“口粮田”和“责任田”等为由收回承包地搞招标承包，不得将承包地收回折抵欠款。所以，驳回了原告的这一诉讼请求。

原、被告于2007年10月19日所签订的补充协议违反了《土地承包法》第十四条“任何人不得非法变更、解除承包合同”的规定，应为无效。即使该补充协议有效，该协议约定的法定事由征地是指国家政府的行政征收行为，村委用地是指村委建设用地，某村委会的诉请不符合上述情形。

原告提交的会议记录原件，与其立案时提交的复印件相比，添加了“解除栾某石灰窑周边地的看管使用绿化权”的内容。并且会议记录中，“经党员村民代表会议研究讨论同意复垦石灰窑和周边石灰坑”中的“同意”二字存在明显涂改。综合分析全案具体情况，结合双方提交的证据，法院作出以上判决。

本案中，栾某承包的土地尚未到期，且栾某实际使用的承包地已不足8亩，故某村委会主张栾某返还8亩承包地，证据不足，本院不予支持。某村委会提供的村民代表会议记录，存在涂改和添加，不符合证据的客观性特征，故该证据本院不予采信。

本案小结

一场承包土地纠纷，最终有了判决结果。

在这里，我们要提醒广大农民朋友，如果自己的权益受到侵害，就要积极地进行维权，因为我国《土地承包法》第十四条规定，“任何人不得非法变更、解除承包合同”。（文/尹祥丽　周伟）

46 被截留的补偿款

近年来,伴随城市建设和企业经营发展,很多地方的农村集体土地被依法征用,被征用集体土地征地补偿款的分配问题日益凸显。如果在分配时存有瑕疵,往往会造成各种矛盾纠纷。这类矛盾纠纷案在法院里被称为侵犯集体经济组织及其成员权益的纠纷案件。莱芜市钢城区人民法院就开庭审理了这样一起案件。

享受的待遇

赵某静是钢城区里辛镇某村村民。2006 年,赵某静与外地人李某辉相识相恋,登记结婚后,李某辉的户口从外地迁入到赵某静居住的村庄。

村委会的代理人:“男方到女方来居住,女方是我们村里的,男方是泰安来的,李某辉到女方这居住,生了儿子以后户口也落到本村,来了之后,也享受本村村民的一些待遇。”

2007 年 7 月 10 日,赵某静与李某辉的儿子李某鹏降生后,也落户在母亲赵某静的村里,即里辛镇某村。赵某静的丈夫与儿子一直享受着村集体成员的待遇。后来,一家企业占用了该村集体土地,村委每年都会给予本村集体组织成员发放现金或面粉等补偿,李某辉父子和其他成员一样领取同样的待遇。

赵某静:“户口从结了婚,俺儿子出生到现在,一直就在村里,从 2007 年某新能源公司占俺村里的地,俺就一直享受这个待遇,俺儿子和他爸爸也能享受到这个待遇。”

2016年5月,这家企业再次通过村委发放补偿款每人8000元,赵某静再去领钱的时候,却被告知没有了丈夫和孩子的补偿了。这让赵某静不能接受,就在1月前,他们还能正常地领取补偿款,凭什么这一次,就没有了?

村委一方:“两人从2013年离婚,村委不知道,2016年在我们分配土地补偿款的时候,才知道他们离婚这个情况,孩子是判给男方抚养,所以,他前夫和儿子就不是我们村的居民了,就不应该再享受我们村的村民待遇了。”

赵某静:“他说从2016年才知道的俺离的婚,是不大可能的,在一个村里住着,虽然是说俺离了婚,房子归我,孩子归他爸爸抚养,他爸爸现在是住在俺原先家中,他经常出差,不在家,我自己开了个美容店,我在我店里住。孩子他爸爸天天出差,我也不能天天去照顾孩子去,所以就把俺儿子放到他奶奶那里了,由他奶奶照顾。”

赵某静与李某辉虽然已经离婚,赵某静说前夫和儿子的户口还在本村,没有迁出,他们应该继续享有本村村民的权益。

村委会的代理人:“2016年3月,村民代表会进行过表决,像他这种户口,属于空挂户,他离婚之后不在本村居住,他虽然户口在这里,但属于空挂户。村两委会研究,像这种情况,我们得知他们已经离婚,两委会进行了表决,不再进行本村的一切分配。”

赵某静:“他当时开会可就是说的,截至2016年3月26日,之前只要是户口落到俺村里的都有,因为某新能源公司占俺村里的地是从2007年开始占的,只要是户口在俺村里的都有,我认为这笔钱应该给俺。”

村委会的代理人表示,补偿款的分配与发放,与何时占地无关,以前在发放时,赵某静的前夫和儿子作为村内经济组织成员,已经为他们进行了补偿。但这次在发放前,村委会已经查明,李某辉父子已不在本村居住,两人已经成为村里的空挂户,所以不能给予补偿款的分配。

赵某静:“看着俺儿子也是怪可怜的,过年他爸爸都没给他买身新衣服。我去和俺书记要补偿款,俺书记说孩子不归你抚养你无权要,我说俺还每个月支付抚养费了。”

这补偿款难道就真的不该给他们了?

赵某静多次索要后，她代表李某辉父子将村委会告上了法庭。2016 年 12 月 28 日，钢城区人民法院依法公开审理了原告李某辉、李某鹏与被告钢城区里辛街道某村民委员会侵害集体经济组织成员权益纠纷一案。

法官："首先由原告向本庭陈述诉讼请求及依据的事实和理由。"

原告的代理人："1. 依法判决被告支付两原告补偿款 16000 元。2. 诉讼费由被告承担。"

法官："由被告向本庭陈述答辩理由。"

被告的代理人："根据《中华人民共和国村民委会会员组织法》第二十四条之规定，两原告不享受本村村民应有的权利。2013 年，原告李某辉与赵某静离婚后，就带儿子离开了本村，未尽到本村村民应尽的义务。两原告现在只是本村的空挂户，经村两委召开村民代表大会研究决定，两原告实属空挂户，现在已经不是村经济组织成员，非村经济组织成员是不能获得村经济利益分配的，也不参与本村土地分配。两原告不应享有该补偿款，请驳回原告的诉讼请求。"

是否具有村民资格

根据原告的起诉、被告的答辩，法庭归纳争议焦点问题。

两原告是否属于被告所在村村民，如果认定两原告具有被告村村民资格，其所主张的补偿款数额是否属实。

根据法庭归纳的争议焦点，原告首先提交了证据。

原告的代理人："证据一，户口本一份，证实原告李某辉于 2009 年 7 月 10 日因结婚迁入被告处，同时证实原告李某鹏 2007 年 7 月 23 日因出生迁入被告处。证据二，户籍证明一份，证实原告李某辉、李某鹏户籍为里辛街道办事处某村向阳小区 170 号村民。"

对于原告提交的证据，被告提出了异议，认为赵某静与原告李某辉在 2013 年已离婚，但原告提交的证据还显示是同一户人家，明显是原告未去公安机关更改婚姻、户口变更情况。法官随后对相关问题进行了提问。

法官："两原告现在经常居住地是哪？"

原告的代理人:"住向阳小区 170 号平房内。"

法官:"被告是否属实?"

被告的代理人:"不属实,自 2013 年李某辉与赵某静离婚后,就未在该村生活。"

法官:"原告,李某辉什么时间与赵某静离的婚?"

原告的代理人:"2013 年 10 月 25 日。"

法官:"李某辉与赵某静离婚后,是否享受过村民待遇?"

原告的代理人:"享受过,最近一次是 2016 年 1 月 30 日两原告共领取 8000 元补偿款。"

法官:"被告是否属实?"

被告的代理人:"属实,但是因为被告不知道李某辉与赵某静离婚,在发放该补偿款后,才知道他们离婚的事,我们及时召开村民代表大会,共同表决对李某辉不享受本村土地及补偿款待遇。"

关于资格的问题

什么情况才有资格分得土地补偿款呢?

这就需要确定是不是集体经济组织成员,只有具有集体经济组织成员资格,才能有权利分得本集体经济组织征地补偿款项。如何确定农村集体经济组织成员资格,它的标准有哪些呢?

一、是否具有户籍登记为基本的形式标准。

二、是否取得其他农村集体经济组织收益分配。这是判定个人是否具有集体经济组成成员资格,是否该享有收益分配权的实质要件之一。农村居民只能在一个农村集体经济组织内享有成员的权利,不能同时享有两个或多个农村集体经济组织成员的权利。

三、是否取得其他替代性基本生活保障。土地是农村居民的基本生活保障,因而具有农村集体经济组织成员资格、享有集体经济组织权益,应该是无其他基本生活保障的村组成员。

四、是否在该集体经济组织较为固定的生产生活,是否与村组形成较为固定的权利义务关系。

如今,两个人离婚了,前夫和孩子还是不是这个村的集体成员?他们还有权享受村里的待遇吗？办案法官又展开调查。

法官："原告李某辉是否在原籍因为户口迁出，而将承包地抽走？"

原告："抽走了，没有证据提交。"

法官："被告，你村是否给李某辉、李某鹏分得口粮田或承包地？"

被告："没有承包地。"

法官："被告，李某辉离婚前，是否履行过村民的义务？"

被告："没有。"

法官："原告，李某辉是否履行过村民义务？"

原告："履行过，李某辉与该村村民赵某静履行过同样的村民义务，新农合李某辉也交过，个人负担部分交纳过。李某辉作为选民参加过选举。"

法官："李某鹏是否在被告村出生？"

被告："是。"

法官："赵某静与李某辉是否是协议离婚？"

原告："协议离婚，离婚后约定向阳街 170 号平房五间由赵某静所有，李某鹏由李某辉抚养。"

接下来，被告又提交了两份证据。

被告的代理人："证据一，被告出具的证明一份，证实赵某静与李某辉在 2013 年 10 月离婚，村委会开会研究，本村落户婚后离异的，不享受村民待遇。证据二，村民代表大会开会纪要三份，证实到本村落户的婚后离异的，不享有村民待遇。"

原告代理人对证据一、证据二都提出了异议，他认为土地补偿款是某新能源公司企业在原、被告离婚前已占用该集体土地进行的补偿，被告以原告离婚为由，对原告李某辉、李某鹏在 2013 年以前已存在的权利进行剥夺，违反法律强制性规定，侵权了原告作为集体经济组织成员的权益。

法官："被告，某新能源公司占地补偿款是什么时候拨到你村的？"

被告："补偿款一共分三次拨过来，最后一次是 2016 年 4 月，占地不下四次，最早 2007 年、最晚 2014 年"。

法庭调查结束进入法庭辩论，原被告双方均针对争议焦点提出了自己的最后意见。

原告:"两原告作为该村合格村民,理应享受该补偿款,而不应以结婚或离婚为前提条件,剥夺两原告的权利。"

被告:"原告未尽到村民应尽的义务,也不在该村居住,依据法律规定的民主程序,被告有权不予发放该补偿款。被告要求原告本人李某辉必须去村委说明该情况,并查实2016年元月补偿款是否是本人领取。"

庭审结束后,由于一方当事人不同意调解,法庭不再组织调解。2017年2月26日,钢城区人民法院依法作出判决。

判决结果

一、被告莱芜市钢城区里辛街道办事处某村民委员会于本判决生效后5日内支付原告李某鹏补偿款8000元。

二、驳回原告李某辉的诉讼请求。

法官点评

莱芜市钢城区人民法院法官对本案做了如下点评:

根据相关法律规定,公民应当在经常居住的地方登记为常住人口,一个公民只能在一个地方登记为常住人口。婴儿的户口,应在出生后1个月内向婴儿常住地户口登记机关申报出生登记。原告李某鹏的户口,在出生后1个月内向常住地户口登记机关办理了出生登记,符合法律规定。况且,李某鹏之母赵某静是被告村民。李某鹏提交的户口登记簿,能够证实其属于某村委会的常住人口,应依法认定其具有某村委会村民资格。故被告某村委会应依法分配李某鹏土地补偿款。

李某辉提交的所在原籍村委会证明,可证实其系非农户口,不应享受被告村民待遇。虽然2016年1月,李某辉曾经领取过补偿款,但这是在被告不知道李某辉与赵某静已离婚、已不在被告处生活居住的情况下发放的,事后,被告知悉李某辉上述情况后,已做纠正。李某辉与赵某静离婚后,即不再在被告处生活居住,应由户主或本人向户口登记机关申报变更登记。

李某辉虽然因结婚将户口迁入被告处,但他与赵某静离婚后,常年在外打工,不再在被告处生活居住;况且,原本并不属于被告村民、没有分得土地，与被告集体经济组织并没有形成较为固定的生产、生活关系，依法不予认定享有被告村民资格，自然不能享受被告的村民待遇。

本案小结

近年来，随着国家对农政策的不断加大，过去大量已经迁出户口的村民，通过种种方式将户籍再次迁回农村，以图享有农村集体经济的分配收益。这里我们也提醒大家，比如退休后已享受国家养老政策人员、纳入国家公务员序列人员等，因其已经享有基本的生活保障，不再以农村土地为基本生活保障的，无论其户籍是否登记在集体经济组织内，均不应再享有该集体经济组织权益分配。（文/翟慎平　王珊）

47 山场承包的争议

农村土地由农民承包经营,是我国农村的一项基本经营制度。党的十九大报告也明确指出,要巩固和完善农村基本经营制度,深化农村土地制度改革,保持土地承包关系稳定并长久不变。2016 年 6 月 7 日,莱芜市中级人民法院开庭审理了一起农业承包合同纠纷案,据上诉人所述,自己的承包合同还未到期就被村委会转包给了他人,严重损害到了自己的承包权益,这是怎么一回事呢?

承包山场引纷争

上诉人张某,是莱芜市莱城区某村村民。被上诉人是莱芜市莱城区某村民委员会。

2003 年 5 月 1 日,张某与某村委会签订了《山场承包合同》,合同约定承包年限为 30 年,即合同期限至 2033 年。可是在 2015 年 5 月 12 日,村委会又与一个姓周的村民签订了承包合同,将该山场承包给周某。

上诉人张某:"本案涉案的山场,应该由我们进行承包,我们和村里的合同未到期,且合法有效。村委会未经我们同意,就进行了新一轮发包,是违约行为。"

村委会为何违约,将承包合同未到期的山场另外承包给他人?村委会的代理人表示,他们并没有违约,而是以前的合同存在问题。

村委会的代理人:"我们村成立了新的两委班子之后,村两委对我们村里各类合同进行了规范梳理,在规范梳理当中,我们发现有片山场承包出去多年，可村集体一直没有收入，所以我们又进行了排查，在排查当中发现这个问题。”

2014 年 12 月，该村两委班子换届后，新的村两委成员通过对以往的合同相关事务交接整理，发现有份合同的签订，并没有经过村民代表的同意，也没有经过民主议定程序由村民会议讨论决定，所以他们认为合同严格来说是无效的。

村委会的代理人：“因为他违反民主议定程序和相关的法律规定，所以这个合同从根本上来说是无效的，严重损害了村集体的利益，村里也一直不认可这个行为。”

是什么原因，可以越过民主议定程序，不经村民代表的同意，就签下一份山场承包合同，并对山场承包了十余年之久？据村委会的代理人介绍，这都是因为一个人，这个人就是上诉人张某的丈夫，他原来是这个村上一任村支部书记兼村主任。

村委会的代理人：“上诉人张某本来就不识字，不会签字，这份合同是她丈夫在职期间，他带着公章自己替她签的字，通过规范合同，发现了张某的丈夫在任职期间，利用职务之便，有很多合同是他个人的行为。就这个合同来说，第一，是违法的、无效的。第二，他在职期间，承包费根本没交给村里，到了 2014 年以后，他才补上了一个单子。从 2003 年，村里签订了这份合同，一直到现在，一分钱集体账也没有，反而他对外承包的一年交好几万元给他。”

针对这个情况，新的村两委紧急召开了村民代表、全体党员以及两委成员会议，否定了这份合同的有效性，通过大家表决和集体决定，重新对外发包这片山场，对这片山场进行了招标投标，按照法律程序，承包给了周某。

村委副主任认为：“我们这片荒山就是通过两委会议全体党员村民代表已经民主决策的形式对外承包，结果我们承包出去之后他拿着他原来的合同来起诉我们，来告我们村两委会。他告咱的原因就是咱把山承包给了别人。”

2015 年 9 月 24 日，张某将村委会和周某诉至莱城区人民法院，请求法院依法确认张某与村委会签订的《山场承包合同》有效，并确认张某具有山场承包经营权，一审法院驳回了张某的诉讼请求，驳回的理由是她没有证据证明合同签订之时，是按照相关法律规定，经过了民主议定程序，由村民会议讨论决定而承包的。我国相关法律是如何规定的？我们来看一下相关法条。

《中华人民共和国村民委员会组织法》第二十四条规定，涉及村民利益的下列事项，经村民会议讨论决定方可办理：

本村公益事业的兴办和筹资筹劳方案及建设承包方案；

土地承包经营方案；

村集体经济项目的立项、承包方案；

以借贷、租赁或者其他方式处分村集体财产；

村民会议认为应当由村民会议讨论决定的涉及村民利益的其他事项。

村民会议可以授权村民代表会议讨论决定前款规定的事项。

《中华人民共和国农村土地承包法》第十九条规定，土地承包应当按照以下程序进行：

（一）本集体经济组织成员的村民会议选举产生承包工作小组；

（二）承包工作小组依照法律、法规的规定拟定并公布承包方案；

（三）依法召开本集体经济组织成员的村民会议，讨论通过承包方案；

（四）公开组织实施承包方案；

（五）签订承包合同。

根据以上法律规定，一审法院驳回了原告的诉讼请求。

二审争议焦点

一审判决后，原告不服判决，提起上诉，在二审中，她会提供什么新的证据呢？接下来，我们回到二审庭审现场。

庭审调查中，法庭归纳了双方的争议焦点：

一、张某与村委会签订的涉案土地承包合同是否经过民主议定程序，程序是否合法。

二、张某对涉案土地是否具有承包经营权。

法官："首先由上诉人对焦点问题发表意见。"

张某:本案涉及的《山场承包合同》没有违反民主议定原则。因为,根据《村民委员会组织法》第十九条的规定,民主议定原则直接的适用对象是承包方案而不是承包合同本身。

张某认为《村民委员会组织法》也未明确规定,违反第十九条就会导致行为无效的法律效果,更为重要的是,没有任何其他法律法规规定未经村民会议讨论通过的协议就是无效的。对于张某的辩解,被上诉人认为非常牵强。

村委会的代理人:“上诉人所称的承包方案,在本案中他们并没有提交,而事实上根本不存在所谓的承包方案,因而更谈不上后来签订合同的真实性及合法性。”

村委会表明,一审中村委会就提交了会议纪要、村委会成员及村民代表签名的证明等证据,证实村两委成员及村民代表对该承包合同并不知情。

村委会的代理人:“一审中,我方提供的证据对该承包合同并不知情,她的这份合同,更是没有经过研究的证据。”

张某:“从2003年至2015年期间,村委会和村民从未对上诉人承包事宜提出过异议。上诉人也已经支付了2003年至2014年的土地承包费,被上诉人也接受了。这表明,村委会对上诉人承包山场是认可的。”

庭审中,被上诉人村委会再次强调了上诉人张某身份的特殊性需要合议庭注意。在本合同存续期间,张某的丈夫原是村支部书记兼村主任,持有该村的印章,他们认为,正是这一便利条件,才出现了本案诉争的承包合同。

村委会的代理人:“上诉人所称的承包合同系单方伪造,该行为严重损害了村集体成员的利益,在一审中我方已经提供证据。证实上诉人在违法占用涉案荒山期间,从未向村集体缴纳过承包费。致使村集体的经济直接受损失。”

村委会认为,根据举证责任的规定,上诉人张某对本案争议的问题没有提供相关的证据来证实自己的观点。没有证据证实召开过村民大会,也没有证实其土地承包经营权来源的合法性。相反,村委会有充分的证据来证实,张某土地承包这件事没有经过村民会研究,村两委也从没有对外发包土地,所以上诉人属于举证不能。随后,法官对双方进行了发问。

法官:“上诉人,你方对被上诉人在发包土地时有无提出异议?”

张某:“被上诉人发包时,上诉人没有收到通知。”

法官:“被上诉人对上诉人陈述有无异议?”

村委会:“有异议。对诉争的土地在2015年进行新一轮发承包时,经过两委会、村民代表会研究、向村民张贴告示栏公示,喇叭向村民宣讲,村民小组长向村民宣传等多种途径,宣传承包方案,要求大家积极参加招投标,上诉人对这一事实是完全知情并未提出异议,也没有参与竞标。”

最后,上诉人张某发表了辩论意见。

张某:“上诉人与被上诉人之间的承包合同是经过原村两委成员同意的,被上诉人与第三人签订的合同即使程序合法,也不能否定上诉人与被上诉人签订合同的效力。一审判决要求上诉人举证证明本案涉案合同是否经过村民会讨论,加重了上诉人的举证责任,不符合法律规定。本案涉案的山场,应该由上诉人进行承包,双方之前的合同未到期。且合法有效。未经上诉人同意,被上诉人又进行新一轮发包,是违约行为。对此,不应当进行纵容。”

法庭结束后,本案将由合议庭评议后择期宣判。

2016年6月14日,莱芜市中级人民法院依法作出判决。

判决结果

驳回上诉,维持原判。

法官点评

莱芜市中级人民法院法官对本案做了如下点评:

本案中,村委会提交的会议纪要、村委会成员及村民代表签名的证明等证据可以证实村委会与张某的涉案土地合同违反了《中华人民共和国农村土地承包法》第七条规定的公开原则,承包程序不合法。

张某的丈夫原是村支部书记兼村主任,对农村土地发包程序应当熟知,应当知道土地发包时应对土地承包方案进行会议讨论决定,本案中，涉案承包土地未经村两委会议和村民代表大会讨论决定就将土地进行发包，违反了法律规定，超越了他作为村委会法定代理人的权限。

张某的丈夫在任职时以村委名义与其妻子签订合同，约定的土地承包费显著低于村委会与周某约定的承包价款，损害了村委会的权益，故不能认定张某与村委会的涉案土地承包合同为有效合同。因此应当认定周某与被上诉人某村委会的承包合同生效在先。周某对涉案土地取得承包权，张某不再享有承包权。一审判决程序合法，适用法律正确，判决结果正确，依法予以维持。

本案小结

因为违反了《中华人民共和国农村土地承包法》的规定，最终，张某签订的土地承包合同认定为无效合同。另外，我们也提醒大家，在签订合同时一定要多加注意，根据《中华人民共和国合同法》的规定，恶意串通，损害国家、集体或第三人利益的合同；合法形式掩盖非法目的的合同；损害社会公共利益的合同；违反法律和行政法规的强制性规定的合同。这些类型的合同，都会被认定为无效合同。（文/李逢春　于晓敏）

玖 知识产权类

世界正在进入知识经济时代。作为知识经济时代最为重要的资源,知识产权的价值日益彰显。从另一个角度看,知识产权纠纷正在大幅上升。换言之,公正而无偏倚地保护知识产权也是新时代的法官使命之一。

48 小“阿狸”维权

北京一家公司和莱芜市的一家超市对簿公堂,可让人不解的是,他们之间的纠纷竟然是因为一块棉布,是什么样的棉布,会让这两家位于异地的公司大动“干戈”,最后还闹上了法庭呢?

“阿狸”的争夺战

2015年6月9日,莱芜市中级人民法院第三审判庭内,审判长开庭审理了一起侵害著作权纠纷案。原告是北京某文化公司,被告是莱芜某超市,在核对了当事人的身份后,法庭进入调查阶段,由审判员主持。

法官:“首先,由原告陈述诉讼请求及事实和理由。”

北京某文化公司的代理人:“原告是一家设计和运营国内原创“阿狸”为主的动漫文化公司,被告在未经许可的情况下,擅自销售涉案侵权产品,其行为侵犯了原告的著作权。”

原告陈述完诉讼请求后,被告也向法庭陈述了答辩理由。

某超市的代理人:“原告诉我公司侵犯没有事实和法律依据,我公司非生产型企业,原告要求我公司在棉布产品上停止侵权的诉讼请求毫无道理,要求我公司赔偿3万元经济损失的诉讼请求依法不能成立。为此,请求法院查明事实,依法驳回原告的诉讼请求。”

根据原告的起诉、被告的答辩,法庭归纳了本案的争议焦点:

一、原告是否享有涉案“阿狸”相关美术作品的著作权。

二、被告销售的涉案商品的行为是否侵害了原告的著作权。

三、被告所售商品是否有合法来源,应否承担停止侵权并赔偿3万元损失的责任。

庭审中,双方当事人对法庭归纳的争议焦点问题没有异议和补充,法庭继续展开调查。

法官:"围绕本庭总结的焦点一,由原告向本庭提交证据,并说明证据来源和证明内容。"

北京某文化公司的代理人:"针对焦点一,原告依法享有涉案美术作品动漫形象'阿狸'新版的著作权。提交证据一,'阿狸'作品登记证书,登记证号为'京作登字-2012-F-0946',证明原告享有涉案作品动漫形象'阿狸'新版的美术作品著作权。"

从该公证书可以看出,涉案作品动漫形象"阿狸"新版首次发表时间为2006年8月6日,登记时间为2012年4月5日,著作权人为北京某文化公司。这家公司介绍,他们主要运营以"阿狸"以主的原创动漫形象,其团队包括内容创作、市场推广、产品设计、商业授权等业务,与国内的多个知名品牌企业合作。原告发表意见后,被告进行了质证。

被告某超市的代理人:"我们对原告提供的公证书并不清楚,所以对公证书的真实性有异议,即使这份公证书具有真实性,也不能证明原告所登记的作品,在被告处购买商品时的效力状况。所以,该证据不能证实原告方的观点。"

原告在质证中提到了著作权,什么是著作权呢?

著作权,又称为版权,分为著作人格权与著作财产权。其中,著作人格权的内涵包括了公开发表权、姓名表示权及禁止他人以扭曲、变更方式利用著作损害著作人名誉的权利;著作财产权是作者对其作品的自行使用和被他人使用而享有的以物质利益为内容的权利。

著作权是知识产权的一种,知识产权是指:"权利人对其所创作的智力劳动成果所享有的专有权利",在鼓励大众创业、万众创新的今天,保护知识产权意义重大!因为保护知识产权就是保护创新,可以直接助力大众创业和营造更好的商业环境,有利于提高创新对经济增长的贡献率。

答辩中,被告针对焦点一发表了观点,没有提交证明自己观点的证据。针对焦点二,被告销售的涉案商品的行为有没有侵害原告的著作权，北京某文化公司继续提供了证据。

北京某文化公司的代理人："针对焦点二，被告销售涉案侵权产品的行为侵犯了原告的动漫形象'阿狸'新版的著作权，提交证据二公证书及封存产品实物一份，证明被告的侵权事实。"

在法官的主持下，双方当事人当庭拆开了封存的涉案实物，并由原告陈述了侵权产品的具体表现。

北京某文化公司的代理人："'阿狸'新版动漫形象原形为一只红色的小狐狸，整体颜色为红色，耳部、面部、肚子呈肉色，穿有白色小短裤，头部明显大于身体，'阿狸'新版属于动漫形象，其表情、动作是一种拟人化的，有时也可以在该形象上添加部分的衣帽修饰。"

原告的代理人说，这家超市所售棉布上的图案与他们保护的"阿狸"图案非常相似。

北京某文化公司的代理人："该侵权作品与原告所保护的阿狸新版有许多相似之处，均为一只红色小狐狸，两者无论从颜色搭配、身体比例还是身体造型的修饰手法上均相似，除了某些细微之处稍有变化外基本上与我方原型相似，因此构成侵权。"

事件复盘

看到这里，事情的经过就明白了。

这起纠纷很简单，原告对美术作品"阿狸"图案具有著作权，他们认为，没有经过他们的许可，被告就销售了印有"阿狸"图案的棉布，对他们公司构成了侵权。我国相关法律对这种情况是怎么规定的呢？

法条链接

《中华人民共和国著作权法》第四十七条规定：有下列侵权行为的，应当根据情况，承担停止侵害、消除影响、赔礼道歉、赔偿损失等民事责任：

未经著作权人许可，发表其作品的；

歪曲、篡改他人作品的；

剽窃他人作品的；

使用他人作品，应当支付报酬而未支付的；

其他侵犯著作权以及与著作权有关的权益的行为。

如果说，被告销售的棉布上印有"阿狸"图案，原告就有权维护自身的权益。可是，原告的这种观点，被告认可吗？

某超市的代理人："对原告提供的公证书真实性无异议，但通过原告提供的两份证据，公证处公证的棉布上的图案与原告所称的享有著作权的图案并不一致，不能证明棉布上的图案与原告的著作权有关联。"

被告说，原告享有著作权的图案阿狸穿着是三角形的短裤，而棉布上的图案是一个倒蘑菇形的图形，而且从面部表情看也不一致，棉布上的图案嘴巴较大，而且眼睛下方各有两道斜线。他们销售棉布上的图案与原告所称的享有著作权的图案明显不同。

某超市的代理人："我们出售棉布上阿狸的图像没有眉毛，原告公证书上是有眉毛的，在被告公证书的图形上阿狸形象面部有一小圆形的缺槽，我们与他的作品显著不同。被告出售的商品形象都是成对出现的，而原告公证书上的享有著作权的图形均是单个，被告出售的商品上的小狐狸都是坐着的，而原告的图形都是站立的，具有显著不同。"

被告认为，以上这些特征决定了棉布上的图样与原告所说的图样有本质不同。另外，布样上没有任何注明阿狸的字样，同时在该布样上还有其他的图案并存，而且上面还标明了一些英文字母，这个图案不是阿狸。针对这一焦点，被告提供了证据并发表意见。

某超市的代理人："提交证据一，订货单一份，证明被告所定购棉布的数量、单价、汇款账号，被告所购棉布是市场上正常销售的产品，流通本身说明了其已经通过了市场的监管环节。证据二，中国银行客户回执单一份，证明被告所购棉布的价款支付情况。证据三，名片一张，证明产品销售商的基本情况，该销售商是周村纺织大世界的店铺之一，被告没有理由怀疑其销售产品来源的合法性。"

提交了证据后，这家超市对涉案的棉布做了进一步说明。

超市的代理人说，本次涉案的棉布长 1.6 米，是从周村花了 32 元购买的，平均每米 20 元。对上述三份证据，北京某文化公司代理人发表了质证意见。

北京某文化公司的代理人："对证据一的真实性有异议，不认可，对证据二与本案无任何关联性；对证据三的真实性不予认可。"

对于这三份证据，北京某文化公司提出质疑，他们认为这些证据和本案无关。那本案中某超市该不该停止侵权并赔偿3万元损失的责任呢？北京某文化公司又提交了证据。

北京某文化公司的代理人："我们当时从超市里购买了涉案棉布作为证据，现在提交购买发票及小票原件，证实北京某文化公司为了维权所支付的合理费用，购买此案涉案产品的花费是发票中的第二项棉花布。"

针对焦点三被告发表了质证意见，并提交了一份证据。

某超市的代理人："对证据的真实性无异议，需说明的是棉布仅是其中的一部分商品，价值仅为32元。提交超市营业执照副本复印件一份，证实我们超市成立的时间短，规模小，仅仅是属于社区服务机构，并不像原告说的，我们销售了很多棉布。"

原告对被告的登记情况认可，但认为无法证实被告所阐述的内容。针对这个问题某超市做了补充说明。

某超市的代理人："我们进的棉布一共进了两种，涉案棉花布仅仅是40米，而且标明价格，每米12.3元，在货物购进过程中，该40米棉布花费运费15元。"

法庭调查结束后，庭审进入辩论环节。

北京某文化公司的代理人："被告既没有审查所谓的供货商是否合法存在，也没有与其签订相应的合法的合同，出具相应发票，足以看出其没有尽到最基本的审查注意义务，其主观恶性较大，请求法院判决时依法从重处理。"

某超市的代理人："我们超市对所购货单位的选择是慎重的，而且就有关的购货凭证进行了保留，而且不存在所谓主观恶性大小的问题，这也不是知识产权审理裁判所用的术语。"

最后陈述

法庭辩论结束后，根据《中华人民共和国民事诉讼法》第一百四十一条的规定，法庭征询了双方的最后意见。

法官："原告陈述最后意见。"

北京某文化公司的代理人："坚持诉讼请求。"

法官："被告陈述最后意见。"

某超市的代理人："驳回原告的诉讼请求。"

法官："根据相关法律规定，当事人可以在法庭主持下进行调解。原告是否同意调解？"

北京某文化公司的代理人："同意。"

法官："被告是否同意调解？"

某超市的代理人："同意。"

庭审结束后，办案法官进行调解，双方最终都作出了让步，达成了调解协议。2015 年 10 月 16 日，原告北京某文化公司向莱芜市中级人民法院提出撤诉申请。市中级人民法院认为，原告的申请符合法律规定，依法予以准许。依照《中华人民共和国民事诉讼法》第一百四十五条第一款的规定，作出裁定。

判决结果

准许北京某文化公司撤回起诉。

案件受理费 275 元，由原告北京某文化公司负担。

法官点评

莱芜市中级人民法院法官对本案做了如下点评：

北京某文化公司对其主张的"阿狸"作品的著作权提供了著作权登记证书作为证据，在无反证的情况下，可以认定其该形象的著作权。被告某超市所出售的棉布上的"阿狸"形象与原告的美术作品的创作特征相似，体现了原告作品的创造性特点，两者在表达上构成实质性相似。

本案中涉案棉布上使用的动漫形象，与原告登记著作权的"阿狸"新版动漫形象，都是小狐狸造型，在整体造型、身体比例、色彩搭配及头部、身体的造型修饰处理手法上与"阿狸"新版美术作品基本相同，仅在细节上进行了修改，按照普通消费者的视觉认知，两者构成相似。被告未经原告许可，销售印有原告享有著作权的动漫作品的“棉布”，侵害了原告作品的发行权。

本案中，原告北京某文化公司虽然能够证明被告侵权，但对于被告侵权造成的实际损失以及被告销售侵权商品的违法所得没有相应的证据证实，在赔偿数额方面，我们综合考虑阿狸动漫形象的知名度、商业价值以及原告为制止侵权行为的合理开支，被告的过错程度、经营规模、侵权产品的价格等因素。最终，某超市拿出一部分资金做了赔偿，双方握手言和，达成了和解协议。

本案小结

近年来，知识产权引起的诉讼案件还真不少。在此，我们提醒广大商家，不管是一首歌、一个商标，还是一个“阿狸”形象图案，如果在生产和经营中把不住关口，就可能造成不必要的纠纷。（文/鞠荣荣　孟凡虎）

49 山寨“如家”的尴尬

俗话说，在家千日好，出门一日难。

出门在外，大家一般都会选择服务态度好、知名度比较高的宾馆，这吃和住要是合心意了，就可以缓解旅途之苦。因此，许多商家就想给自己的宾馆或旅店起一个好听的名字，以此吸引更多的顾客。可是在给宾馆或旅店取名时，一味地进行模仿也可能引起纠纷。

此“如家”非彼“如家”

2016 年 2 月 24 日，莱芜市中级人民法院第三审判庭内，审判长宣布开庭审理原告上海和美酒店与被告莱芜“如家”宾馆侵害商标权纠纷一案。

审判长：“首先由原告向法庭陈述诉讼请求。”

原告：“诉讼请求，一、请求贵院依法判令被告停止侵犯原告‘如家’的商标权。二、被告更改经营字号。三、被告应支付原告因侵权导致经济损失费 10 万元。”

据了解，上海和美酒店是一家餐饮住宿连锁企业。该公司目前有如家酒店、和颐酒店等多个酒店品牌，在全国 300 个城市，拥有 1800 家连锁店。2014 年，如家酒店以 4.2 亿美元的品牌价值，入选中国品牌一百强，居酒店行业之首。如今，随着“如家”品牌知名度的提高，许多商家开始冒用他们的商标和名字，以此谋取不正当的利益。

原告的代理人：“被告于 2013 年 7 月 15 日注册了莱芜市如家宾馆，经营的宾馆名称为‘如家’宾馆。原告认为，被告注册了含有‘如家'字样的企业字号,被告实施了侵犯商标权的行为。"

原告认为,被告的这种行为违反了《中华人民共和国商标法》的规定,严重侵犯了"如家"的商标权。我国相关法律是怎么规定的呢?接下来链接一下相关法律知识。

法条链接

《中华人民共和国商标法》第五十七条:有下列行为之一的,均属侵犯注册商标专用权:

(一)未经商标注册人的许可,在同一种商品上使用与其注册商标相同的商标的。

(二)未经商标注册人的许可,在同一种商品上使用与其注册商标近似的商标,或者在类似商品上使用与其注册商标相同或者近似的商标,容易导致混淆的。

根据以上法律规定,原告认为未经他们的许可,被告就擅自用他们的知名商标在类似行业进行经营,被告的这种行为不仅构成侵权,并且对上海和美酒店造成了损害,被告莱芜"如家"宾馆会同意原告的这种说法吗?下面再回到庭审现场去看看。

审判长:"下面由被告李某云向本庭陈述答辩理由。"

李某云:"答辩人,莱芜如家宾馆无任何侵权行为,作为个体工商户,在开业时,我们仅将莱芜市如家宾馆作为字号进行使用,而并未将其注册为商标。"

被告李某云说,过去她和丈夫在家务农。三年前,夫妻二人进城开了一家宾馆,起名为"如家宾馆",两人到工商部门进行了注册登记,并且顺利地通过审核。因此,他们认为她经营的如家宾馆只是个体工商户的字号,并非注册商标,他们的行为也不是故意侵权,被告的这种观点对吗?记者来到一家律师所,采访了非本案代理人的王律师,他是怎么认为的呢?

王律师:"我给大家举个例子,如沈阳宏达科技有限公司,该公司的'宏达'是著名商标,是该地的名牌产品,都有证书的,我在莱芜注册个体工商户,名叫莱芜宏达电子经营部,经营产品是一样的,区别是他们生产，我只是销售。我认为只要不在同一行政区域，对方的商标不是‘中国驰名商标’的情况下，是没问题的。”

这种行为会不会侵权，要看对方是什么样的商标。

据了解，早在 2008 年时和美酒店旗下的如家酒店就被国家工商总局认定为中国驰名商标。2015 年 10 月，和美酒店的总部接到会员的投诉，说他们出差时预定了莱芜“如家宾馆”，但入住时却发现不是“如家”连锁酒店，入住的宾馆在住宿环境上和连锁店存在巨大差异，作为“如家”的会员，他们没有享受到会员应有的保障。

原告的代理人：“2015 年 11 月，原告发现被告经营的如家宾馆，将宾馆外观设计为‘如家宾馆’，多次使用了‘如家’文字，并在企业经营和宣传中，多次使用了‘如家’文字标识，与原告注册的‘如家’标识相同。”

原告在发表观点后，被告李某云进行了反驳。李某云说自己经营的酒店虽然也有“如家”字样，但是如果仔细看，两者有很多明显的区别。

李某云：“我们的字号‘莱芜如家宾馆’与原告所持有商标，无论是整体还是局部设计及渲染均存在显著不同，旅客无论是通过网上搜索还是实地住宿，均能轻易将两者加以区分，不存在误认。”

对于李某云的辩解，原告的代理人提出不同意见。

他说顾客凭借对“如家”连锁酒店的信任，选择入住莱芜“如家宾馆”，是因为他们公司旗下的“如家”连锁酒店。只有顾客入住后才发现，这是一家“山寨版”的如家酒店。

原告的代理人：“她利用原告‘如家’的高知名度和高品牌价值来推销自己的酒店，引起消费者的混淆，导致消费者产生原被告有关联关系，误认为是‘如家’连锁酒店，以谋取不正当利益，被告主观上明显具有侵权故意。”

代理人说，被告在其外部装潢和内部陈设中，多次使用“如家”文字及服务标识，与原告“如家”注册商标相同。这种行为还违反了《中华人民共和国反不正当竞争法》第五条的规定。这条法律是怎么规定的呢？接下来听听王律师是怎么说的。

王律师：“《中华人民共和国反不正当竞争法》第五条规定，经营者不得采用下列不正当手段从事市场交易，损害竞争对手：一、假冒他人的注册商标。二、擅自使用知名商品特有的名称、包装、装潢，或者使用与知名商品近似的名称、包装、装潢，造成和他人的知名商品相混淆，使购买者误认为是该知名商品。三、擅自使用他人的企业名称或者姓名，引人误认为是他人的商品。”

自己有没有侵权，李某云说她不懂的。她认为自己只是用了“如家”两个字，这与原告的连锁酒店有本质的区别。再说自己的“如家宾馆”只是个体工商户名称，并不是商标。再说自己也是经过工商局审核了的，既然工商部门都已核准了，也应该受到法律保护。

李某云：“提交个体工商户注册登记的所有信息，证明我开店是按程序来的，名称是经过批准的，该证据是从工商局打印的。”

审判长：“交原告质证。”

原告：“该证据是复印件，对真实性没法认可，即使是工商局调的档案，起码有工商局档案复制的章，该证据没有，假设宾馆名称经过了相关机关的核准，但我们的商标为在先商标，被告使用原告商标进行经营，构成侵权及不正当竞争。”

被告李某云说，明明是工商部门核准的，对方却说是假的，针对原告的这种说法，李某云觉得很冤枉。

李某云：“当时我去注册时，我不知道如家酒店的商标，我也不知道如家酒店的事，更不知道他们已注册，我是通过工商部门窗口专门核名并且核下来了，如果当时他说不让用，我就不再用了，但核下来了，我为什么不用呢。”

原告认为被告的这种说辞，显然是为逃脱责任的一种说辞，既然开旅馆就一定会考察市场，莱芜也有正规的如家连锁酒店，如果说被告的酒店名称恰巧和如家重名了，这显然是说不过去的。

原告：“被告作为同行理应知晓，注册登记是应该对已经有的商标主动避让。被告在成立之初就有‘搭便车’‘傍名牌’的故意，在她注册字号、酒店装潢等均使用‘如家’文字，使消费者误认，严重损害了‘如家’的品牌商誉，其主观恶意非常明显。”

如果李某云侵权了，赔偿的标准是多少呢？双方对赔偿数额接着也展开了争论。

原告:“被告的经营规模较大,地处繁华路段,按照被告客房总数20多间,房价从一百元到几百元不等,可以推算其所获的巨大利润。原告想问一下被告,全天住宿标准是多少?”

被告认为,原告说法并不属实,她开的这家宾馆并不在繁华地段,他们房价收费标准也没有原告说的那么高。

李某云:“我的宾馆是在一条巷子的里面,怎么会在繁华路段,原告说我有二十余间,但我们实际只有十余间,我们的房价只是在二十元到五十元之间,装修风格及外观、内部设施与原告说的完全不符,法庭可以去调查,包括经营方式,我们的经营方式是从汽车站上叫人,那条街上均是这么做的,我没有到原告的酒店去拉人。”

侵权成立

法庭调查结束后,案件审理进入了下一个环节。

审判长:“下面进行法庭辩论,原告发表辩论意见。”

原告:“我们拥有的‘如家’注册商标专用权是在先权利,被告使用‘如家’文字登记注册与在先的‘如家’注册商标专用权相冲突。”

审判长:“被告发表辩论意见。”

李某云:“原告说我们谋取不正当利益,我们没有涉及原告的利益,我们不应承担责任,不应赔偿。”

2016年3月,依照相关规定,市中级人民法院依法作出判决。

判决结果

一、被告莱芜如家宾馆停止侵害“如家”商标专用权的行为,即于判决生效之日起10日内停止在宾馆经营场所、商业宣传中使用“如家”文字及标识。

二、被告莱芜如家宾馆于判决生效之日起10日内更改个体工商户字号名称中“如家”字号,更改后的字号不得与“如家”文字相同或相似。

三、被告莱芜如家宾馆于判决生效之日起10日内赔偿原告和美酒店经济损失30000元。

四、驳回原告上海和美酒店的其他诉讼请求。

法官点评

莱芜市中级人民法院法官对本案做了如下点评：

本案中，被告的企业名称于2013年7月15日注册登记，而和美酒店旗下的“如家”商标于2008年被评为中国驰名商标。被告将“如家”注册商标作为企业名称中的字号使用，容易使公众产生混淆，被告的行为构成不正当竞争，应停止商标侵权行为并赔偿损失。

一审判决后，判决文书已送达双方当事人，根据《民事诉讼法》的规定，如果当事人不服一审判决，可依法提起上诉。

本案小结

看了这期节目，相信大家对商标有了进一步的认识，对知识产权的保护也有了更深刻的了解。在这里，我们提醒广大市民朋友，在给自己的企业和门头起名号时，一定要多留个心眼，不要像这家宾馆一样，稀里糊涂侵了权，为此赔了好多钱，白白忙活好几年。（文/刘念波　孟凡虎）

拾 执行类

由于当事人支付能力受限或者恶意逃避责任,给法院执行工作带来很大困难。执行难,因此成为法院工作中的“老大难”。为了破解这一顽症,在失信被执行人曝光等制度的建立让法律长出了新的“牙齿”之外,对拒不执行判决者进行司法拘留甚至依法追究刑事责任彰显了“牙齿”的威力。

50 害人的执行异议

在一起交通事故纠纷执行案件中，法院查封了被执行人的财产，可就在法院准备执行时，被执行人的亲友突然提出执行异议，要求法院解除查封。

2013年9月3日上午，莱城区人民法院的工作人员刚上班，就来了一位气呼呼的市民，这名市民叫马某军，他对着工作人员发起了牢骚，说他到法院来，是抗议法院查封他的线路补偿款。

马某军："你们到公路局查封的线路补偿款，那笔钱是我的，不是我弟弟马某民的，你们搞错了，我这里有材料可以证明，请你们不要冻结那笔钱。"

马某军的话还没说完，这时又来了一位叫吴某燕的市民。

吴某燕："我把存折放在我弟弟家，你们去他家搜查，把我的存折扣押了，这怎么行？你们快点把存折还给我！"

这到底是怎么回事？

打赢官司，却没得到赔偿

原来在2012年9月，马某军的弟弟马某民驾驶着一辆客车与市民李某相撞。车祸发生后，李某因伤势严重住进了医院，双方对赔偿数额协商不成，最终李某把车主吴某强和司机马某民告到了法院。

莱城区人民法院法官："2012年11月，莱城区人民法院作出一审判决，判决肇事车辆车主吴某强和司机马某民共同赔偿受害人李某23

万元。"

这场车祸导致受害人多处骨折，住院治疗欠了不少钱，一家人期盼着这笔"救命钱"！判决生效后，受害人李某终于放了心。可让李某没有想到的是，在判决书确定的履行期间内，肇事车主和司机都推脱没有钱！

受害方打赢了官司，却没有得到赔偿。

肇事车的车主和司机是真的没有能力赔偿？还是他们千方百计想赖账？在受害人家属多次催促后，车主和司机还是拒绝赔偿，没有表现出一点诚意！万般无奈之下，受害人向莱城区人民法院申请强制执行。

执行法官："无论是车主还是司机，他们都说自己没有经济能力赔偿，向对方推脱责任。在交通事故赔偿案件中，车主和司机都推脱责任的情况比较少见。"

既然不主动赔偿，那只能另想办法。

办案法官迅速启动执行程序，制订了执行方案，分头去查询两名被执行人的财产状况。

先说吴某强这边。

进入执行后，车主吴某强多次更换手机号码，后来干脆不见了人影。执行法官多方查询后，2013 年 8 月 30 日凌晨 5 时，终于把车主吴某强堵在了家中。可吴某强吃了秤砣铁了心，张嘴就是没钱！面对这种情况，当天上午，法院决定对吴某强采取司法拘留措施，并对他家实施了搜查。进入被执行人的家中，执行法官经过一番搜查，终于扣押了两张存折，金额共计 13 万元。

在马某民那边也有了重大进展！

经过查询，执行法官发现被执行人马某民名下有辆营运客车，这辆客车挂靠在一家客车运输公司名下，以前专门跑莱城到乡镇的路线。在调查中发现，这辆车在不久前已经被政府收回了线路运营权，政府已经给马某民补偿了一笔钱。这笔线路补偿款目前还在客车运输公司的账户上，马某民还没有来得及提取。

执行法官："我们核实这一情况后，马上赶到这家运输公司。运输公司财务人员说确实有这一笔补偿款，他们的补偿款是按照营运车辆号登记的。我们去调查，马某民名下登记的那辆营运车补偿款 15 万元,确实没有提取。我们立即下达了查封手续。”

回到法院后,执行法官非常高兴。

执行法官:“这边扣住 15 万元补偿款,那边还扣住一个存折,13.5 万元。这下好了,执行后咱可以把钱交给申请人了。”

峰回路转的执行案

看到了这里,案件的执行可谓峰回路转,柳暗花明,虽然两名被执行人都逃避执行,但总算查到了执行财产,受害人终于看见希望。可就在此时,事情发生了新的变化。

9 月 6 日,执行法官通知申请人来领取执行款。

9 月 7 日,李某让儿子一大早就来到法院,正准备办理领款手续时,执行法官接到了一个电话,说有人对这个案件提出了异议,现在异议人就在立案大厅,请执行法官前去接待。执行法官来到一楼大厅,也就看到了刚开始的那一幕。

车主吴某强的姐姐和司机马某民的哥哥对案件提出异议,要求解除查封。原来,在吴某强家搜查出来的存单,存单上是他姐姐吴某燕的名字。

吴某燕:“我家在外地,常年在莱芜做买卖,为了方便安全,我让弟弟代我保管这张存折。你们法官去他家搜查时,不问青红皂白就扣押了我的存折。”

而司机马某民的那条线路赔偿款,似乎也有了新的说法。

马某军:“我向法院提供一份证据,我和客运公司签订的线路挂靠书,这份证据可以证明,这一笔线路补偿款是我的,不是他弟弟马某民的,所以你们法院应该解除查封。”

法官收下异议后,按照法律规定对执行异议进行依法审查。并告诉李某的儿子,暂时不能领取这笔执行款,眼看就要到手的赔偿,转眼出了岔子。李某得知这个消息后,又气又急,病情突然加重,不幸撒手人寰,受害人直到去世都没有拿到赔偿款!

执行法官:“我们听到这个消息,感到非常遗憾,针对这种情况,我们决定尽快查明事实真相,依法执结这个案子,以此来抚慰受害人家属的创伤！”

办案法官认真审查了异议。

执行法官A:“去搜查的时候,吴某强和他的妻子都在扣押的清单上签了字,两口子当时也没说这钱是他姐姐的。”

执行法官B:“但存折上是他姐姐的名字,现在他姐姐来提异议,也不是没有道理。”

执行法官A:“只看存折名字,不能证明什么。还有那个司机那边。你说好不容易查封到他有一笔线路补偿款,怎么他哥哥又冒出来了,还提供了和一家公司的挂靠手续。”

执行法官B:“我去这家公司查询过,营运车辆都要挂靠到公司。马某民他哥哥提供的挂靠手续说明他和车有一定关系。”

真相水落石出

吴某强家中的存折,到底是谁的？马某民的线路赔偿款,真的是他哥哥的吗？面对两个案外人提出的异议,执行工作如何开展,在查看查封的存折时,办案法官发现了问题。原来,办案法官发现这张存折是在判决生效后才新开的账户,于是决定先去核查吴某强的这张存折,在这家存折的开户银行,法官根据开户日期调取了当时的录像。

办案法官发现,录像中去银行开户的是吴某强,不是他的姐姐吴某燕。随后,办案法官找到了吴某燕,询问她当时开户情况。吴某燕坚持说是她自己去开的户,办案法官现场播放了从银行调取的监控录像,吴某燕在录像面前低下了头。

执行法官:“我们向她讲明提供虚假证明的法律后果,陈述利弊,终于吴某燕扛不住了,她说了实话。她说弟弟在输了官司后找到她,说是借自己的身份证办一张存折,想把钱转到她名下,这样法院在银行就查不到在吴某强名下的钱了。”

接着,办案人员又去排查马某民线路补偿款,他们走访了交通管理部门,在和工作人员的交谈中,也有了关键性的突破。

执行法官:“从交通管理部门了解到,营运车辆虽然都是在挂靠公司的,但是车辆刚开始买的时候,并不是直接挂靠公司的,而是车主在购买后,为了跑线路才挂靠到公司里的。”

得到了这个线索后,办案法官立即去交通管理部门,查询了该营运车辆和线路档案。

执行法官:“我们调出了原始档案,发现最早营运线路和车辆都是登记在马某民名下,只是后来挂靠在富通公司时,才用的他哥哥的名字。”

在铁证面前,肇事司机马某民也说出了事情的原委。

马某民:“当时办好营运手续后,按照国家规定,营运客车必须挂靠在公司才行,那时候我正好在外地有事回不来,为了尽快开始营运挣钱,我就让我哥哥帮我跑的挂靠手续。”

原来,马某民当时委托他哥哥办理了手续,并让哥哥以他的名义和公司签个挂靠协议。

马某民:“那时候就想,反正就是个挂靠协议,在谁名下也无所谓。后来摊上这个案子后,法院把这个车的补偿款给查封了。我就想,挂靠协议不是我哥签的吗,叫我哥去提异议,也许能蒙混过关了,把钱弄出来。没想到法官滴水不漏,把我原始手续都查出来了。”

几番周折,真相终于水落石出,办案法官用铁证驳回了吴某燕和马某军提出的异议。2013 年 9 月 12 日,在莱城区人民法院,受害方终于领取了 23 万元的执行款。然而,这起因交通事故引发的诉讼案件并没有结束。

莱城区人民法院对这起恶意规避执行的当事人和异议人,依法采取了拘留和罚款措施。2013 年 9 月 27 日,莱城区人民法院根据《中华人民共和国民事诉讼法》和最高人民法院《关于人民法院执行工作若干问题的规定(试行)》第一百条有关规定,对吴某强、马某民、马某军和吴某燕,依法决定拘留,并处以罚款。

面对处罚,吴某强悔恨不已。

吴某强:“我现在很后悔,当时我为啥这么糊涂啊!为了这点钱,耽误了人家治病,还把我亲姐姐给害了,现在说啥都完了,要是早一点给人家,也不会到现在这个地步。”

处罚结果

一、依法对吴某强拘留10天，罚款3万元。

二、依法对马某民拘留10天，罚款3万元。

三、依法对马某军拘留6天，罚款1万元。

四、依法对吴某燕拘留6天，罚款1万元。

法官点评

莱芜市莱城区人民法院法官对本案做了如下点评：

在案件执行过程中，案外人可以对执行的标的提出异议，这是法律赋予案外人的一项权利。但是，这项权利决不能被滥用。然而，有的执行案件中，被执行人为了达到逃避债务的目的，与案外人相互串通，伪造证据，滥用执行异议权，使债权人的债权无法得到及时兑现，而且浪费司法资源，损害司法权威。

根据我国民事诉讼法、最高人民法院《关于执行工作若干问题的规定》，案外人和被执行人恶意串通，通过转移被执行人财产的，人民法院应当根据情节轻重予以罚款、拘留。对个人的罚款金额，为人民币10万元以下。对单位的罚款金额，为人民币100万元以下。构成犯罪的，依法追究刑事责任。

本案小结

大家会不会觉得这两名当事人非常可笑？他们真是机关算尽太聪明，到头来既被罚款，又被拘留，法律义务也没办法逃避。在此，我们提醒大家，虽然提异议是每个公民的权利，但是如果想利用异议来恶意逃避债务，一定会受到法律的制裁，这样不仅害了别人，也会害了自己。（文/许光国　周伟）

图书在版编目(CIP)数据

法槌落下 : 山东莱芜法官断案说法 / 山东莱芜市中级人民法院编著. -- 北京 : 法律出版社, 2019
ISBN 978-7-5197-3081-9

Ⅰ. ①法… Ⅱ. ①山… Ⅲ. ①案例-汇编-山东 Ⅳ. ①D927.520.05

中国版本图书馆CIP数据核字(2019)第021204号

法槌落下——山东莱芜法官断案说法
FACHUI LUOXIA—SHANDONG LAIWU FAGUAN DUANAN SHUOFA

李　杰 主编

策划编辑 李秀平
责任编辑 李云虹　吴艳红
装帧设计 贾丹丹

出版 法律出版社
总发行 中国法律图书有限公司
经销 新华书店
印刷 固安华明印业有限公司
责任校对 郭艳萍
责任印制 张建伟

编辑统筹 法律与生活
开本 710毫米×1000毫米　1/16
印张 22.5
字数 351千
版本 2019年1月第1版
印次 2019年1月第1次印刷

法律出版社 / 北京市丰台区莲花池西里7号(100073)
网址 / www.lawpress.com.cn
投稿邮箱 / info@lawpress.com.cn
举报维权邮箱 / jbwq@lawpress.com.cn
销售热线 / 010-83938336
咨询电话 / 010-63939796

中国法律图书有限公司 / 北京市丰台区莲花池西里7号(100073)
全国各地中法图分、子公司销售电话:
统一销售客服 / 400-660-6393
第一法律书店 / 010-83938334/8335　西安分公司 / 029-85330678　重庆分公司 / 023-67453036
上海分公司 / 021-62071639/1636　深圳分公司 / 0755-83072995

书号: ISBN 978-7-5197-3081-9　**定价:** 62.00元